Klaus Schertel

Excel unter Windows

Eine anwenderorientierte Einführung mit dem PC

Software Trainer Aufbaustufe

Klaus Schertel

Excel unter Windows

Eine anwenderorientierte Einführung mit dem PC

Friedr. Vieweg & Sohn Braunschweig / Wiesbaden

CIP-Titelaufnahme der Deutschen Bibliothek

Schertel, Klaus:
Excel unter Windows: e. anwendungsorientierte
Einf. mit d. PC/Klaus Schertel. – Braunschweig;
Wiesbaden: Vieweg, 1988
(Software-Trainer: Aufbaustufe)

Der Verlag Vieweg ist ein Unternehmen der Verlagsgruppe Bertelsmann.

Umschlaggestaltung: Peter Lenz, Wiesbaden

ISBN-13: 978-3-528-04625-5 e-ISBN-13: 978-3-322-85592-3
DOI: 10.1007/978-3-322-85592-3

Vorwort

Nach dem großen Erfolg von Excel auf dem Macintosh haben alle Insider lange auf die Version für IBM, Compaq und kompatible Computer gewartet. Seit einigen Wochen liegt nun dieses Programm in deutscher Version vor. Zielgruppe dieses Produkts sind alle, die intensiv mit Zahlen arbeiten. Konzepte wie Textverarbeitung oder Datenkommunikation spielen bei Excel eine Nebenrolle und sind daher eher versteckt vorhanden. Der Anwender soll sich auf das wesentlich konzentrieren, in diesem Falle auf die Zahlenverarbeitung. Alle anderen Anwendungsbereiche sind untergeordnet oder können auf komfortable Weise mit Hilfe von MS-Windows an Excel angekoppelt werden. Dadurch ist ein einfacher Übergang zu einem Textverarbeitungsprogramm wie beispielweise MS-Word möglich.

Alle Anwender, die schon einmal mit Excel gearbeitet haben, sind beeindruckt davon, welch komplexe Vorgänge erarbeitet werden können und wie stark das Programm in die Tiefe geht. Dies betrifft sowohl mathematische und statistische Berechnungsmöglichkeiten als auch verschiedene Darstellungsformen. Bei der Erstellung von Analysen, Berichten und Grafiken wird der Anwender vielleicht nur 20 % der Möglichkeiten nutzen, die das Programm bietet. Aber gleichgültig, was er in Zukunft berechnen oder analysieren will, er wird nur schwerlich an die Grenzen von Excel stoßen. Somit deckt Excel ein breites Spektrum von Anwendungsmöglichkeiten im Bereich der Zahlenanalyse ab. Kernstücke des Programms sind Tabellenkalkulation, grafische Darstellungen und einfache Datenverwaltung, die wiederum miteinander verknüpft sein können. Hinzu kommt noch die Möglichkeit der Makro-Programmierung, die immer wiederkehrende Abläufe definiert und leicht abrufbar macht. Sind solche Abläufe erst einmal programmiert, läßt sich das Programm auch von Computerlaien bedienen. Ein Bonbon in diesem Zusammenhang ist sicherlich die Möglichkeit, eigene Menüs oder eigene Masken zu definieren. Mit solchen Leistungsmerkmalen kann man völlig neue Anwendungen programmieren, und der Benutzer wird später gar nicht mehr bemerken, daß er mit Excel arbeitet. Er befaßt sich nunmehr mit Budgeverwaltung, Auftragsabwicklung o. ä.

Diese Komplexität und die vielfachen Möglichkeiten des Programms sind sicherlich kein Kennzeichen für den zukünftigen Verkaufserfolg, hinzukommen muß eine einfache Bedienung. Diese ist gewährleistet durch Pull-Down-Menüs, exzellente Hilfestellungen und eine Bedienmöglichkeit über die Tastatur und Maus.

Das Erscheinungsbild des Programms ist eine konsequente Weiterführung der Philosophie von Windows-Applikationen. Derartigen Presentations-Managern gehört die Zukunft. Schließlich setzen sie sich im DOS-Bereich als Windows 2.XX und Windows 386 immer mehr durch und werden auch unter OS/2 die Bedienung des Betriebssystems und der Programme wesentlich erleichtern. In diesem Zusammenhang sei eine Lanze gebrochen für die Maus. Dieses lange Zeit geschmähte Bedienungsinstrument gewinnt unter den Presentation-Managern immer mehr an Bedeutung. Eine Bedienung von Windows oder von Excel über die Tastatur erscheint wenig sinnvoll. Daher sollte der Anwender sich schnell und rechtzeitig an dieses revolutionäre Zeigeinstrument gewöhnen.

Konsequenterweise setzt auch dieses Buch hier an. Alle Vorgehensweisen und Anwendungen werden mit der Maus durchgeführt. Sicherlich gibt es zu allen beschriebenen Befehlen auch einen Tastaturschlüssel, doch wird dieser nicht mitbeschrieben. Der interessierte Anwender mag im Excel-Handbuch zu diesem Thema nachschlagen. Langfristig macht es meiner Ansicht nach keinerlei Sinn, Excel über die Tastatur zu bedienen.

Nicht zuletzt deshalb ist Excel als hochwertiger Ersatz für Multiplan und Chart zu benutzen. Dies dürfte allerdings nur die unterste Stufe der Anwendungsmöglichkeiten sein. Die Spezialitäten von Excel liegen in anderen Bereichen. Das zu zeigen ist ebenfalls Aufgabe dieses Buches.

Über dieses Buch

Das Buch ist kein Ersatz für ein Handbuch. Es sollen vielmehr die speziellen Anwendungsmöglichkeiten von Excel anhand verschiedener Beispiele dargestellt werden. Alle Beispiele sind anwenderorientiert und stellen verschiedene Einsatzmöglichkeiten dar. So gibt es Modelle zum kaufmännischen Bereich, zur Statistik und zum Kreditwesen. Alle Beispiele des Buches sind auch auf einer Diskette erhältlich und können so direkt am Computer nachvollzogen werden. Diese Begleitdiskette enthält alle Modelle, die im Buch verwendet werden. Damit richten wir uns sowohl an den ambitionierten Einsteiger, der mit Hilfe dieser Modelle erste intensive Erfahrungen sammeln möchte, als auch an den fortgeschrittenen Anwender, der bereits mit Excel arbeitet und neue Ideen oder Modelle verwenden möchte. Es werden im ersten Kapitel zunächst einfache Vorgehensweisen dargestellt, die immer komplexer ausgebaut werden. Dadurch hat der Leser die Möglichkeit, den Schwierigkeitsgrad der Bearbeitung und damit seinen Lernfortschritt auf einfachste Weise selbst zu bestimmen. Haben Sie keine bzw. noch keine Begleitdiskette zur Verfügung, sollen Sie versuchen, sich durch gleichzeitiges Arbeiten am eigenen Gerät wie auch durch das Nachvollziehen der zahlreichen Bildschirmdarstellungen des Buches den Stoff zu erarbeiten. All diese Beispiele, der Text des Buches und die dazugehörigen Bilder sind auf einem Compaq Portable 386 und einem Compaq Deskpro 386/20 Model 130 entstanden. Beide Geräte wurden freundlicherweise von der Firma Compaq Computer GmbH zur Verfügung gestellt. Die Verarbeitungsgeschwindigkeit der Modelle und die Layouterstellung mit MS-Word waren dadurch erfrischend schnell. Der Firma Compaq Computer GmbH sei daher an dieser Stelle noch einmal mein Dank ausgesprochen. Schließlich gehören zu einem leistungsfähigen Programm auch leistungsfähige Maschinen. Last not least wünscht der Autor dem Leser genau so viel Spaß bei der Bearbeitung der Beispiele, wie dies beim Schreiben des Buches der Fall war.

Inhaltsverzeichnis

Kapitel Eins

Kurze Einführung in Excel

In diesem Kapitel sollen kurz einige wesentliche Hinweise für die Arbeit mit Excel gegeben werden. Wie Sie mit dem Computer umgehen, wie Sie die Maus bedienen, all das sollten Sie den entsprechenden Handbüchern entnehmen oder bei Ihrem zuständigen Handelspartner erfragen. Einige Details, die wir in unseren Beispielen nicht erwähnen, können Sie später in den Handbüchern nachlesen.

Hardware-Voraussetzungen

Für die Arbeit mit der Begleitdiskette des Buches benötigen Sie einen Computer mit 640 KB Speicher (oder größer), einem 1,2 MB Laufwerk, 5 1/4" und einer Festplatte. Ein Arbeiten mit umfangreichem Zahlenmaterial ist eigentlich nur mit Festplatte möglich. Im übrigen ist es empfehlenswert, den Speicher des Computers auf 1 bis 2 MB aufzurüsten und den Speicherraum über 1 MB hinaus als "expanded Memory" zu definieren.

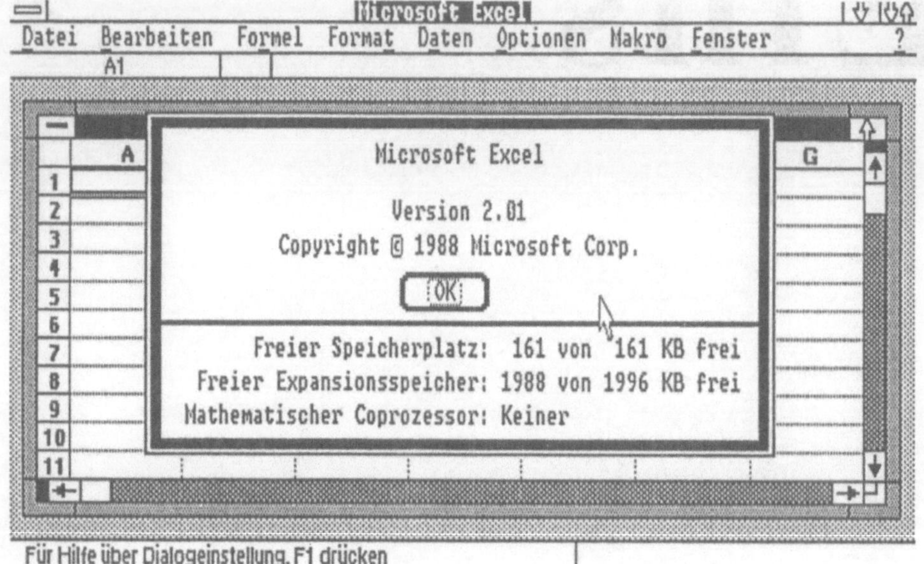

Anzeige der Gerätekonfiguration in Excel

Dadurch besteht die Möglichkeit, auch mit großen Modellen zu arbeiten, die bei einem 640 KB Computer gar nicht mehr laufen würden. Dieses "expanded Memory" stellt seinen Speicherraum allen DOS-Programmen direkt zur Verfügung, die dem LIM-Standard genügen. So etwas ist beispielsweise mit Intel Above Board oder mit einem Compaq Expanded Memory Manager auf einfache Weise lösbar. Bei komplexen Rechenoperationen, die über einfaches Addieren und Subtrahieren hinausgehen, kann bei langer Rechenzeit der Einsatz eines Coprozessors sinnvoll sein. Von Excel werden dabei auch die neuesten Versionen des 80387 Coprozessors, 20 und 25 MHz getaktet, unterstützt.

Arbeiten mit der Software

Excel läßt sich am sinnvollsten auf einer Festplatte installieren. Dies kann in Zusammenhang mit einem Presentation-Manager geschehen (Windows 2.XX oder Windows 386). Falls solch ein Presentation-Manager nicht zur Verfügung steht, wird Excel mit Hilfe einer Run-Time-Version von Windows trotzdem in solch einer Umgebung angelegt. Diese Windows Run-Time-Version bietet dem Excel-Anwender auf jeden Fall erhöhten Komfort durch die Verfügbarkeit der Systemsteuerung an. Alle anderen Windows-Programme sind nicht im Lieferumfang vorhanden. Bei einer solchen Installation ist es sinnvoll, einigen Speicher als expanded Memory zu definieren, falls Speicher über 1 MB zur Verfügung steht.

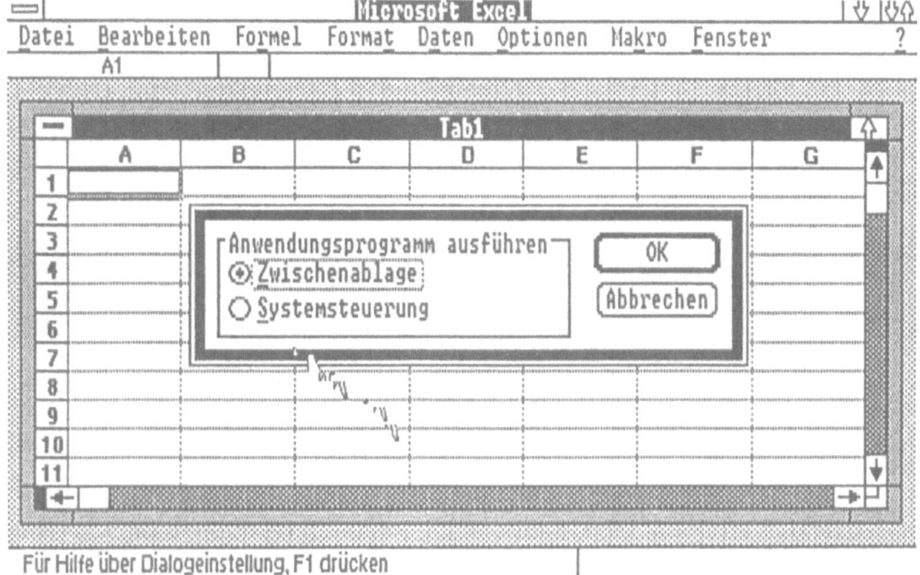

Windows-Elemente in Excel

Wenn Sie Excel öffnen, gelangen Sie zunächst auf ein leeres Arbeitsblatt mit dem Titel "Tab 1". Dieses Arbeitsblatt hat 16384 Zeilen und 256 Spalten. Der Sinn eines solch großen Arbeitsblattes besteht nicht darin, kleine Modelle auf großen Blättern hin- und herzuschieben, sondern viele Eintragungsmöglichkeiten für die Datenverwaltung zu besitzen. Daher auch die große Anzahl von Zeilen. Erfreulicherweise ist der Inhalt einer solchen Tabelle mit Excel nicht so begrenzt, wie es in der Vergangenheit bei anderen Kalkulationsprogrammen der Fall war. Die Begrenzungen werden bei Excel eher durch die Verfügbarkeit des RAM-Bereiches im Computer begrenzt. Auf jeden Fall werden auch große Tabellen vom Programm akzeptiert, wenn entsprechendes expanded Memory zur Verfügung steht.

Wenn Sie mit Excel arbeiten, gibt es drei verschiedene Arten von Dokumenten. Diese unterschiedlichen Dokumente - wie das Kalkulationsblatt, die Grafiken oder die Makros - besitzen unterschiedliche Namenserweiterungen. Die Bezeichnung "XLS" steht für ein Kalkulationsblatt, "XLM" für ein Makro-Arbeitsblatt und "XLC" für ein Diagramm.

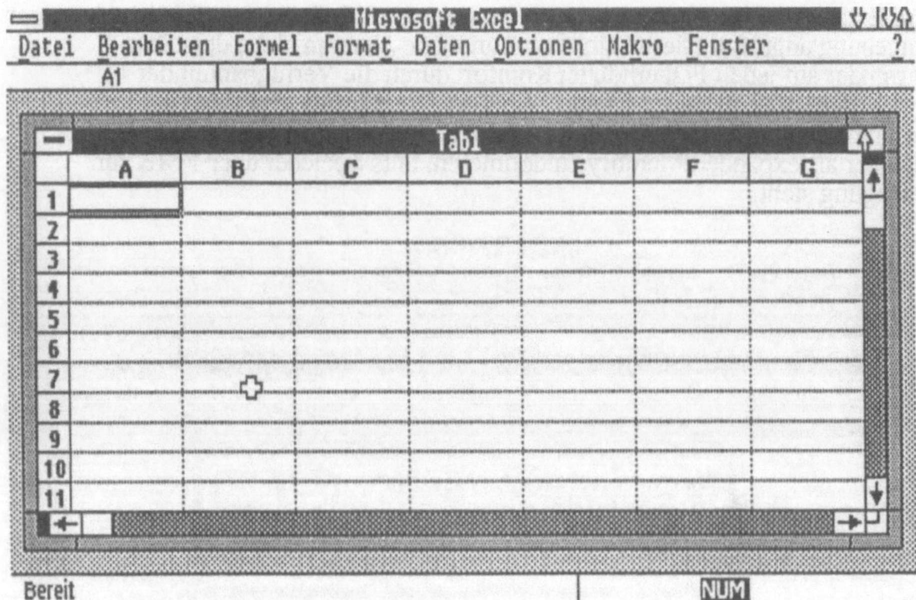

Ein leeres Arbeitsblatt

Wenn Sie sich zum ersten Mal mit Excel beschäftigen, wählen Sie am besten zunächst das Menü unter dem Fragezeichen an und starten das Lernprogramm.

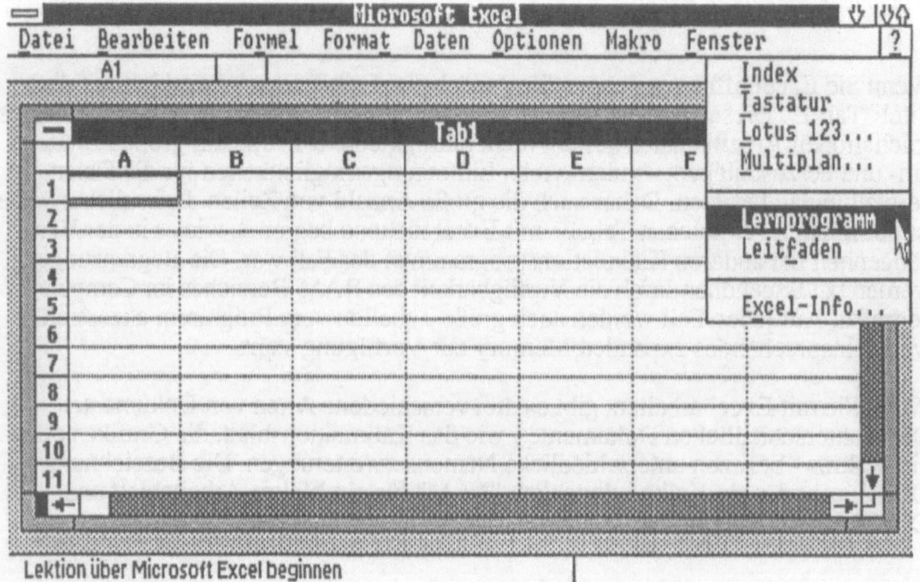

Das Hilfemenü

Mit dem Lernprogramm und dem Leitfaden erhalten Sie einen sehr guten Einstieg in den Umgang mit Excel und bekommen einen Überblick über die Leistungsfähigkeit der einzelnen Programmteile.

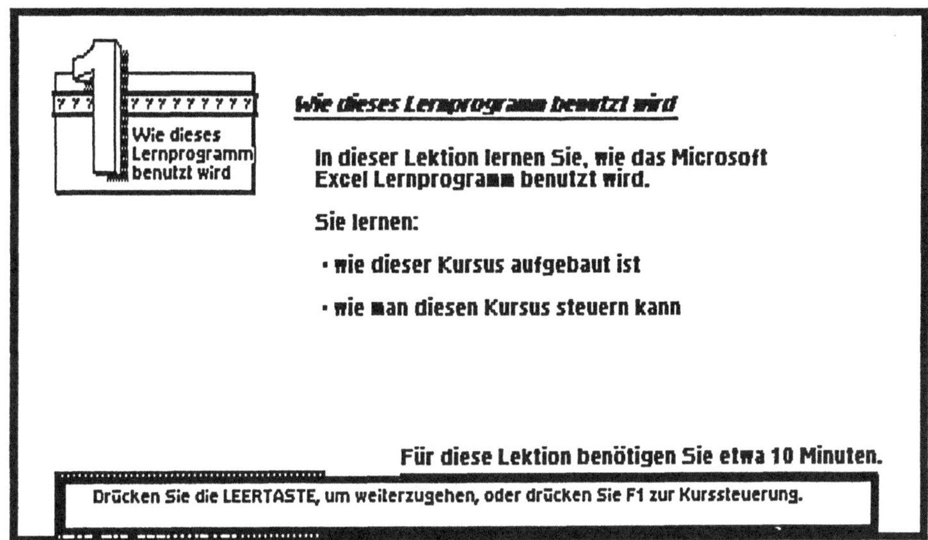

Ein Auszug aus einem Lernprogramm

Wenn Sie diese beiden Bereiche konsequent durchgearbeitet haben, besitzen Sie die besten Voraussetzungen für das Verständnis unserer Beispiele im Buch.

Kapitel Zwei

Kundenanalyse

Das erste Modell, das es zu erstellen gilt, ist die Analyse der Kunden eines Unternehmens. Dieses Unternehmen möchte ermitteln, welche Geschäftsbeziehungen sich als lohnend erweisen und welche nicht. Das vorliegende Modell ist besonders für den Einsteiger in Excel gedacht, der sich zwar schon mit grundlegenden Einsatzmöglichkeiten beschäftigt hat, dem aber dennoch einige Besonderheiten wie das Auffüllen von Formeln, das Erstellen von Formeln, logische Abfragen usw. nicht geläufig sind. Das Modell, das hier erstellt wird, basiert auf insgesamt fünf Kunden, ist jedoch durch einfaches Auffüllen zusätzlich für weitere Kunden erweiterbar.

Bei der Erstellung eines solchen Modells werden grundsätzlich 3 Bereiche unterschieden - der Modell-Rahmen, die Eingabefelder und der Ergebnisbereich. Der Modell-Rahmen beinhaltet die Benennungen. In unserem Fall ist das die Überschrift, die Kopfzeile mit den Kundenbezeichnungen und die Benennung des linken Randes. Die Eingabefelder stellen den variablen Zahlenbereich dar, der einer jeweils neuen Situation immer angepaßt werden muß. Hierzu gehören die Felder "Aktueller Umsatz" und "Aktuelle Kosten" bei den entsprechenden Kunden und die Beurteilung, ob man bei einem Kunden Hauptlieferant, also Hauptpartner ist oder sich gegen starken Konkurrenzdruck zur Wehr setzen muß. Umsatzzuwachs, Zusatzkosten und laufender Kostenanteil sind ebenfalls Eingabefelder und können später auf die aktuellen Werte addiert werden. Diese Möglichkeit, innerhalb eines Feldes eine Addition durchzuführen, ohne das Feld vorher löschen zu müssen, ist eine Besonderheit von Excel und soll später im Detail erläutert werden. Alle restlichen Felder stellen den Ergebnisbereich dar und werden aufgrund ganz bestimmter Formeln automatisch berechnet.

Microsoft Excel - KUNDE.XLS

Datei Bearbeiten Formel Format Daten Optionen Makro Fenster ?

B3

	A	B	C	D	E	F	G
1	Analyse der Kunden						
2		Kunde A	Kunde B	Kunde C	Kunde D	Kunde E	Gesamt
3	Aktueller Umsatz						
4	Aktuelle Kosten						
5							
6	Gewinn						
7							
8	Anteil laufender Kosten						
9	Nettogewinn						
10	Gewinnanteil						
11							
12	Möglichkeiten						
13	Hauptpartner						
14							

Bereit NUM

Modell-Rahmen und Eingabebereich der Kundenanalyse

Der Rahmen eines solchen Modells kann nun mit 2 verschiedenen Schriftarten weiter formatiert werden. Es ist aber sinnvoll, Überschriften wie "Analyse der Kunden" oder "Eingabe zum Aufaddieren" fett und die einzelnen Kundenbezeichnungen kursiv darzustellen, einschließlich der laufenden Kostenanteile. Zu diesem Zweck werden die verschiedenen Bereiche mit gedrückter Maustaste aktiviert.

Microsoft Excel - KUNDE.XLS

Datei Bearbeiten Formel Format Daten Optionen Makro Fenster ?

A20 | Laufender Kostenanteil

	A	B	C	D	E	F	G
1	**Analyse der Kunden**						
2		Kunde A	Kunde B	Kunde C	Kunde D	Kunde E	Gesamt
3	Aktueller Umsatz						
4	Aktuelle Kosten						
5							
6	Gewinn						
7							
8	Anteil laufender Kosten						
9	Nettogewinn						
10	Gewinnanteil						
11							
12	Möglichkeiten						
13	Hauptpartner						
14							

Bereit NUM

Änderung der Schrifttypen

Das gleichzeitige Aktivieren verschiedener auseinanderliegender Bereiche mit Hilfe der Steuerungs- oder Controltaste, wie z. B. "Analyse der Kunden" in Feld A1 und "Eingabe zum Aufaddieren" in Feld A17, die ja beide in möglichst einem Arbeitsgang fett dargestellt werden sollten, erleichtert die Vorgehensweise. Der Befehl "Schriftarten" im Menü "Format" beinhaltet unter anderem die beiden Schrifttypen "fett" und "kursiv". Auf diese Art und Weise läßt sich ein Modell gestalten, wodurch verschiedene Modellbereiche deutlicher gekennzeichnet werden können.

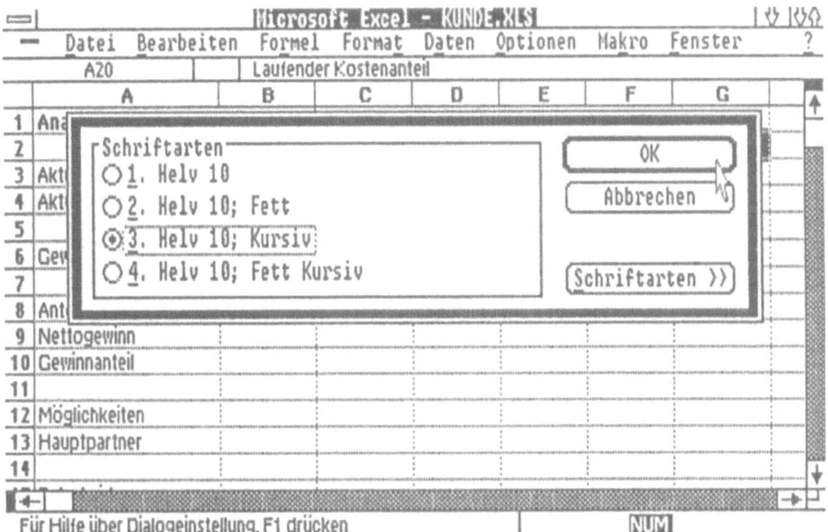

Dialogfeld zur Auswahl der Schriftarten

Selbstverständlich lassen sich auch andere Schriftarten anwählen, die dem System oder dem Drucker zur Verfügung stehen.

Nun soll eine erste Formel erstellt werden. Im Feld B6 wollen wir den "Gewinn" aus "Aktuellem Umsatz" minus "Aktuelle Kosten" ermitteln.

Zunächst wird das Feld B6 aktiviert. Die Eingabe des Gleichheitszeichens (=) macht dem Programm klar, daß jetzt eine Formel erstellt werden soll. Die Formel lautet: "Aktueller Umsatz" minus "Aktuelle Kosten" bei "Kunde A". Zu diesem Zweck klicken Sie in das Feld B3, dies entspricht dem aktuellen Umsatz; geben Sie ein Minuszeichen (-) ein, klicken Sie in B4, was den aktuellen Kosten entspricht, und drücken Sie die Eingabetaste. Damit bestätigen Sie die Formel, und in Feld B6 erscheint eine 0 als Ergebnis. Ihre Formel wird oben in der Eingabeleiste angezeigt, wo Sie sie ebenfalls mit Hilfe des Häkchens bestätigen oder wieder löschen können, wenn Sie mit der Maus das Kreuz anklicken. Aktivieren Sie nun die Felder B6 bis G6, und wählen Sie unter dem Menü "Bearbeiten" den Befehl "rechts ausfüllen". Die soeben eingegebene Formel wird nun relativ nach rechts ausgefüllt und bezieht sich damit immer auf den jeweils zugehörigen Kundenbereich.

Microsoft Excel - KUNDE.XLS

Datei Bearbeiten Formel Format Daten Optionen Makro Fenster ?

B6 =B3-B4

	A	B	C	D	E	F	G
1	**Analyse der Kunden**						
2		*Kunde A*	*Kunde B*	*Kunde C*	*Kunde D*	*Kunde E*	*Gesamt*
3	Aktueller Umsatz						
4	Aktuelle Kosten						
5							
6	Gewinn	0					
7							
8	Anteil laufender Kosten						
9	Nettogewinn						
10	Gewinnanteil						
11							
12	Möglichkeiten						
13	Hauptpartner						
14							

Bereit

Die Formel wird in den aktivierten Bereich aufgefüllt

Die Formel für den Gesamtumsatz und die Gesamtkosten sollen mit einer Summenfunktion gebildet werden, die im Programm fest eingebaut ist. Diese Summenfunktion ist eine von 130 fest im Programm installierten Funktionen. Sollte sich allerdings einmal Ihre ganz spezielle Funktion trotz des reichlichen Angebotes nicht in dieser Übersicht befinden, so können Sie eigene Funktionen an dieser Stelle mit Hilfe eines Makros installieren. Dieses Thema soll in einem späteren Kapitel noch ausführlich erläutert werden.

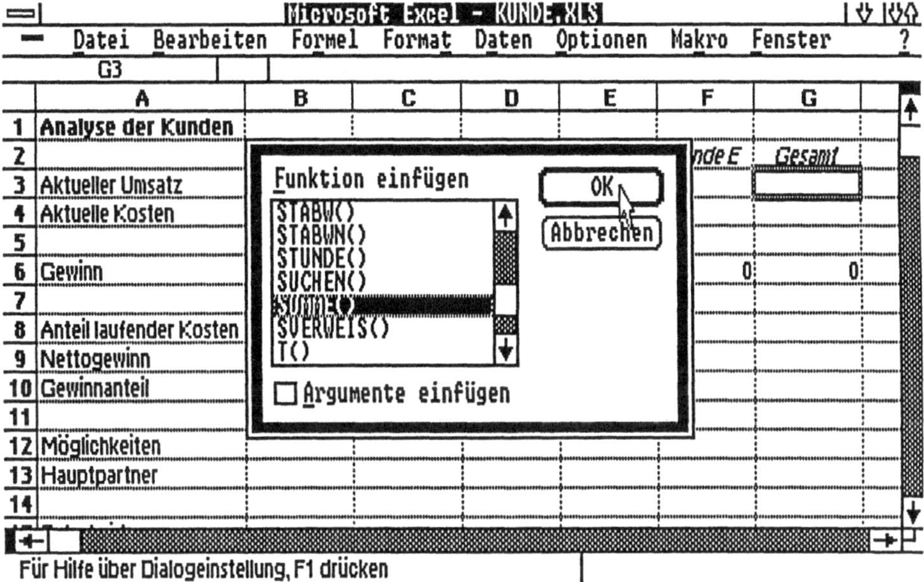

Die Liste der Funktionen

Wenn wir nun den Gesamtumsatz definieren wollen, wird das Feld G3 aktiviert. Wie gewohnt wird das Gleichheitszeichen (=) eingegeben; unter dem Menü "Formel" wählen wir den Befehl "Funktion einfügen" und erhalten damit eine Liste der Funktionen, die in alphabetischer Reihenfolge geordnet ist. Wenn Sie sich das lästige Suchen durch Auf- und Abrollen in diesem Fenster ersparen wollen, tippen Sie einfach den entsprechenden Anfangsbuchstaben Ihrer Formel ein, und Sie gelangen automatisch in diesen Bereich. Für uns wäre also der Buchstabe "S" für Summe fällig, und wir gelangen somit auf einfachste Weise zu unserer Funktion "Summe". Aktivieren Sie diese Funktion und bestätigen Sie mit OK. Der Cursor im Eingabefeld am oberen Rand des Bildschirms blinkt nun zwischen den zwei Klammern, weil dort die Eingabe des Bereichs erwartet wird, über den die Summe gebildet werden soll. Aktivieren Sie einfach die Felder B3 - F3, und betätigen Sie die Eingabetaste. Die Summe sollte nun ermittelt werden, und der entsprechende Wert befindet sich im Zahlenfeld. Wenn Ihnen die Syntax einer Funktion nicht mehr ganz geläufig ist, klicken Sie bei der Auswahl der Funktion einfach in das Feld "Argumente einfügen", wodurch die erwartete Schreibweise der Formel im Eingabebereich dargestellt wird.

Microsoft Excel - KUNDE.XLS

Datei Bearbeiten Formel Format Daten Optionen Makro Fenster ?

B3 =SUMME(B3:F3)

	A	B	C	D	E	F	G
1	Analyse der Kunden						
2		Kunde A	Kunde B	Kunde C	Kunde D	Kunde E	Gesamt
3	Aktueller Umsatz						MME(B3:F3)
4	Aktuelle Kosten						
5							
6	Gewinn	0	0	0	0	0	0
7							
8	Anteil laufender Kosten						
9	Nettogewinn						
10	Gewinnanteil						
11							
12	Möglichkeiten						
13	Hauptpartner						
14							

Zeigen

Eingabe der Summenformel

Als nächstes sollen die entsprechenden Zahlenwerte formatiert werden. Eine Darstellung in der Landeswährung ist vorzunehmen. Aktivieren Sie deshalb die verschiedenen Zahlenbereiche. Sie wissen noch, wie das geht? Richtig, mit Hilfe der Steuerungstaste (Strg). Wählen Sie nun aus dem Menü "Format" den Befehl "Zahlenformat" an. Hier werden insgesamt 21 Formate vorgegeben. Sollte Ihr Format nicht dabei sein, so läßt es sich einfach im Formatfeld neu erzeugen. Sie erhalten dadurch Ihr 22., 23. usw. Format, das auf diese Weise in der Übersicht fest installiert wird. Insgesamt lassen sich auf diese Weise 43 solcher Anwenderformate hinzufügen. Beachten Sie aber, daß Textbezeichnungen in Anführungsstrichen eingegeben werden müssen. Mit dieser Möglichkeit lassen sich dann auch Felder fest benennen.

Wählen Sie die Darstellung mit 2 Stellen hinter dem Komma, mit DM, Tausenderpunkt und negativem Vorzeichen bei Verlusten. Bestätigen Sie diese Auswahl mit OK. Wenn Sie beispielsweise in $ abrechnen, müssen Sie zu diesem Zweck ein neues Zahlenformat erstellen. Wenn Sie das $-Zeichen hinzufügen, wird es als einzige Ausnahme ebenfalls als Währungsbezeichnung erkannt. Beachten Sie aber bitte in allen anderen Fällen, daß andere Währungsbezeichnungen und überhaupt andere Bezeichnungen als Text interpretiert werden und in Anführungszeichen gesetzt werden müssen. Diese Vorgehensweise gilt für alle Textformate.

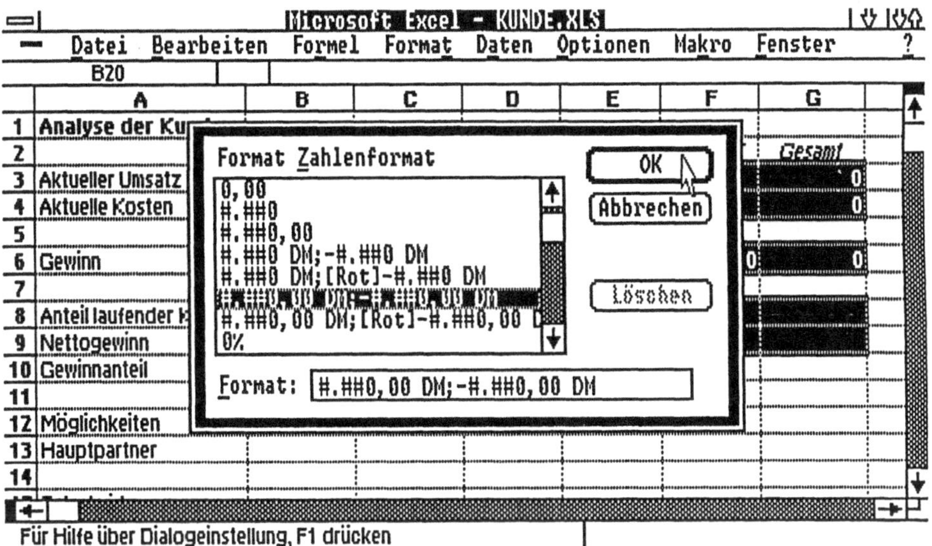

Auswahl der Formate

Nun sollen noch alle weiteren Formeln eingegeben werden. Zunächst betrifft das die Aufteilung unserer laufenden Kosten. Laufende Kosten können z. B. Büromiete, Personalkosten u. ä. sein. Dieser Kostenfaktor soll nicht gleichmäßig sondern entsprechend der Gewinnanteile auf die Kunden verteilt werden. Je höher der Gewinn bei einem Kunden ist, desto größer soll auch der Anteil an der Übernahme der laufenden Kosten sein. Diese Tatsache wird durch die Formel in B8 zum Ausdruck gebracht.

Microsoft Excel - KUNDE.XLS

Datei Bearbeiten Formel Format Daten Optionen Makro Fenster ?

B8 =$B$20*(B6/$G$6)

	A	B	C	D	E	F	G
1	**Analyse der Kunden**						
2		*Kunde A*	*Kunde B*	*Kunde C*	*Kunde D*	*Kunde E*	*Gesamt*
3	Aktueller Umsatz	5.670,00 DM	5.900,00 DM	5.150,00 DM	4.900,00 DM	4.780,00 DM	26.400,00 DM
4	Aktuelle Kosten	4.000,00 DM	2.900,00 DM	3.100,00 DM	1.900,00 DM	1.150,00 DM	13.050,00 DM
5							
6	Gewinn	1.670,00 DM	3.000,00 DM	2.050,00 DM	3.000,00 DM	3.630,00 DM	13.350,00 DM
7							
8	Anteil laufender Kosten	275,21 DM					
9	Nettogewinn						
10	Gewinnanteil						
11							
12	Möglichkeiten						
13	Hauptpartner						
14							

Bereit

Anteil der laufenden Kosten

Wie gewohnt wird das Gleichheitszeichen eingegeben. Sie klicken auf B20, den laufenden Kostenanteil, und wählen im Menü "Formel" den Befehl "Bezugsart ändern". Sofort erscheint vor dem B als auch vor der 20 ein $-Zeichen. Dies macht deutlich, daß der Bezug zu B20 absolut ist. Geben Sie dann den Stern als Multiplikator ein (klicken Sie in B6, den Gewinn, geben Sie den Querstrich für die Division ein, klicken Sie in G6 vor den Gesamtgewinn und ändern Sie auch hier wieder den Bezug). Die geschlossene Klammer und die Eingabetaste beenden die Formel. Wenn wir nun diese Formel von B8 nach G8 auffüllen, bleibt der Bezug zu den Feldern, die mit dem $-Zeichen gekennzeichnet sind, konstant.

Ein Bezug zu einem Feld läßt sich auf vierfache Weise ändern. Nehmen wir als Beispiel ruhig noch einmal das Feld B20. Vier Darstellungsweisen sind möglich:

B20 - dies ist der relative Bezug
$B$20 - dies ist der absolute Bezug zu dieser Zelle
$B20 - dies ist der absolute Bezug zur Spalte, die Zeilen können sich beim Auffüllen ändern
B$20 - dies ist der absolute Bezug zur Zeile, die Spalten können sich beim Auffüllen ändern.

Je nach Modell haben alle Darstellungen ihre Berechtigung.

Ermitteln Sie als nächstes den Nettogewinn B6 - B8, und füllen Sie die Formel nach rechts auf.

Microsoft Excel - KUNDE.XLS

Datei Bearbeiten Formel Format Daten Optionen Makro Fenster ?

B9 =B6-B8

	A	B	C	D	E	F	G
1	Analyse der Kunden						
2		*Kunde A*	*Kunde B*	*Kunde C*	*Kunde D*	*Kunde E*	*Gesamt*
3	Aktueller Umsatz	5.670,00 DM	5.900,00 DM	5.150,00 DM	4.900,00 DM	4.780,00 DM	26.400,00 DM
4	Aktuelle Kosten	4.000,00 DM	2.900,00 DM	3.100,00 DM	1.900,00 DM	1.150,00 DM	13.050,00 DM
5							
6	Gewinn	1.670,00 DM	3.000,00 DM	2.050,00 DM	3.000,00 DM	3.630,00 DM	13.350,00 DM
7							
8	Anteil laufender Kosten	275,21 DM	494,38 DM	337,83 DM	494,38 DM	598,20 DM	2.200,00 DM
9	Nettogewinn	1.394,79 DM	2.505,62 DM	1.712,17 DM	2.505,62 DM	3.031,80 DM	11.150,00 DM
10	Gewinnanteil						
11							
12	Möglichkeiten						
13	Hauptpartner						
14							

Bereit

Die Formel für den Nettogewinn

Im nächsten Schritt wird der Gewinnanteil ermittelt. Dieser bedarf eines anderen Formats. Die Anteile sollen in "%" dargestellt werden. Wählen Sie zu diesem Zweck den Befehl "Zahlenformat" aus dem Menü "Format" aus, und bestätigen Sie das %-Format mit 2 Stellen hinter dem Komma.

Geben Sie nun die Formel ein: B9 geteilt durch den gesamten Nettogewinn G9 (mit den entsprechenden $-Zeichen). Auf diese Weise haben wir den Gewinnanteil der jeweiligen Kunden in Prozent ermittelt.

Microsoft Excel - KUNDE.XLS

Datei Bearbeiten Formel Format Daten Optionen Makro Fenster ?

B10 =B9/$G$9

	A	B	C	D	E	F	G
1	Analyse der Kunden						
2		*Kunde A*	*Kunde B*	*Kunde C*	*Kunde D*	*Kunde E*	*Gesamt*
3	Aktueller Umsatz	5.670,00 DM	5.900,00 DM	5.150,00 DM	4.900,00 DM	4.780,00 DM	26.400,00 DM
4	Aktuelle Kosten	4.000,00 DM	2.900,00 DM	3.100,00 DM	1.900,00 DM	1.150,00 DM	13.050,00 DM
5							
6	Gewinn	1.670,00 DM	3.000,00 DM	2.050,00 DM	3.000,00 DM	3.630,00 DM	13.350,00 DM
7							
8	Anteil laufender Kosten	275,21 DM	494,38 DM	337,83 DM	494,38 DM	598,20 DM	2.200,00 DM
9	Nettogewinn	1.394,79 DM	2.505,62 DM	1.712,17 DM	2.505,62 DM	3.031,80 DM	11.150,00 DM
10	Gewinnanteil	0,12509363					
11							
12	Möglichkeiten						
13	Hauptpartner						
14							

Bereit

Die Formel für den Gewinnanteil

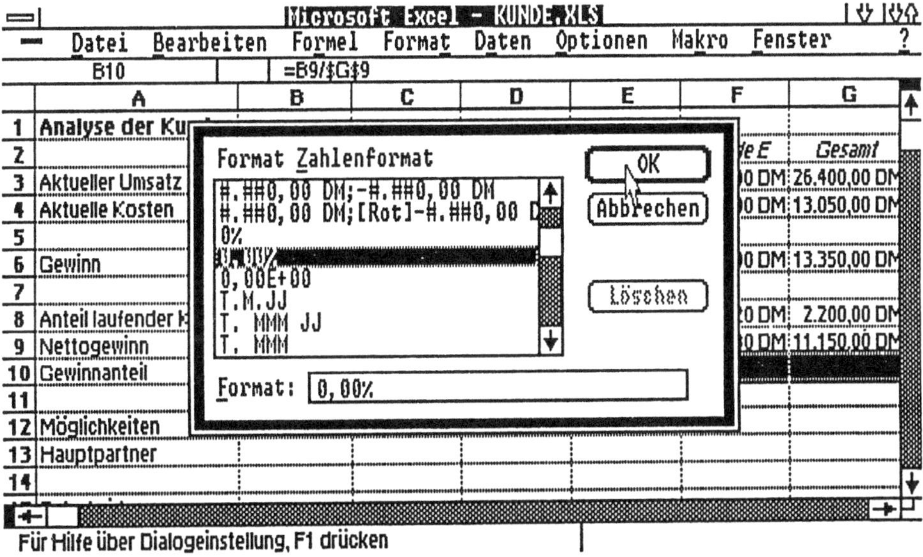

Umwandlung der Dezimalzahlen in Prozentwerte

Als nächstes wollen wir uns mit logischen Formeln auseinandersetzen. Es sollen die Möglichkeiten bei den einzelnen Kunden beurteilt werden und eine Entscheidung über die weitere Zusammenarbeit gefällt werden. Solche Formeln können nur auf der Basis von Wahrheitsaussagen erstellt werden. Zur Ermittlung der Möglichkeiten wird ein ganz bestimmtes Kriterium festgelegt, mit dessen Hilfe sich die Situation beurteilen läßt. Wenn der "Gewinnanteil" multipliziert mit der "Anzahl der Kunden" größer als 90 % ist, dann sollen unsere Möglichkeiten positiv beurteilt werden, wenn nicht, sollen die Möglichkeiten eher negativ sein. Dieses Kriterium ist willkürlich festgelegt, berücksichtigt allerdings durch die Art der Festlegung die Anzahl der Kunden bei der Betrachtung der Gewinnanteile. So liegt ein 10-%iger Anteil bei einem Kundenstamm von 5 Kunden sicher unter dem Durchschnitt, bei einem Kundenstamm von 20 Kunden jedoch weit über dem Durchschnitt. Dies soll natürlich in dem Kriterium auch zum Ausdruck kommen.

Damit die Kundenzahl besonders bei langen Listen nicht immer nachgezählt werden muß, wollen wir uns eines kleinen Tricks bedienen. Zu diesem Zweck wird für die Zelle B2 bis F2, also die Bezeichnung der Kunden, ein Name vergeben. Unter dem Menü "Formel" wird der Name "Kunde" definiert und dem aktivierten Bereich zugeordnet.

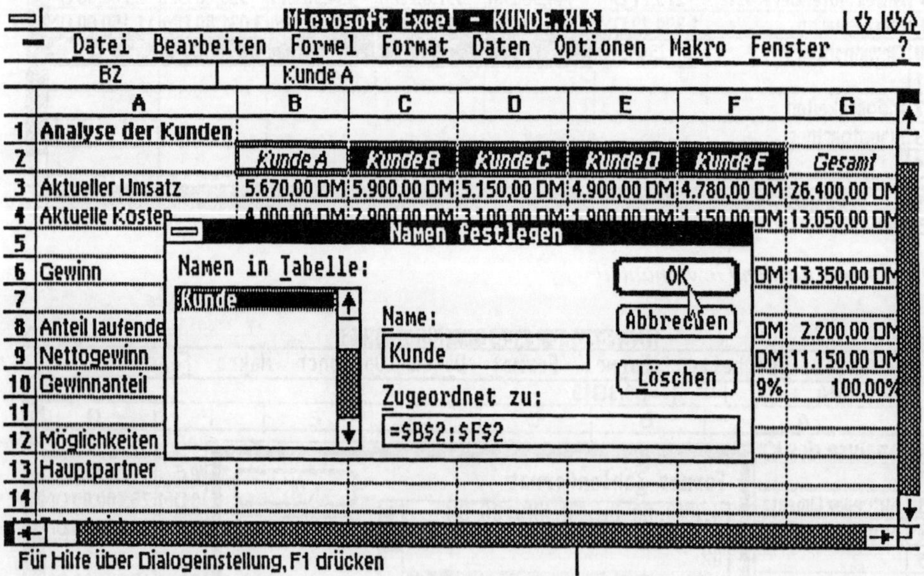

Einem Tabellenbereich wird ein Name zugeordnet

Bereits definierte Namen werden im linken Kästchen aufgelistet. Im Kästchen "Name" findet man immer die Bezeichnung der aktivierten Zelle und im Kästchen "zugeordnet zu" die Zuordnung zum aktivierten Bereich.

Darüber hinaus bietet Excel die Möglichkeit, daß die oberste Zeile, die linke Spalte, die unterste Zeile oder die rechte Spalte eines Modells generell als Name für alle nachfolgenden oder vorhergehenden Zellen vergeben wird. Dadurch können in Zukunft Formeln umgangssprachlicher dargestellt werden. Statt B3 - B4 beispielsweise könnte man dort dann die Bezeichnungen einsetzen: Aktueller Umsatz - Aktuelle Kosten. Dies führt zu erhöhter Transparenz, besonders für Anwender, die ein Modell nicht selbst erstellt haben. Zur weiteren Verdeutlichung einer Formel oder des Inhaltes einer Zelle läßt sich im Menü "Formel" noch der Befehl "Notiz" auswählen. Auf diese Weise läßt sich eine Erläuterung zum Zellinhalt formulieren. Später kann sich dann der Anwender unter dem Menü "Fenster" mit dem Befehl "Info zeigen" die Information zu der jeweils aktivierten Zelle anzeigen lassen. Dies betrifft die Feldbezeichnung, die Formel im Feld, etwaige Verbindungen zu anderen Tabellen oder Grafiken und die Darstellung der oben erwähnten Notiz.

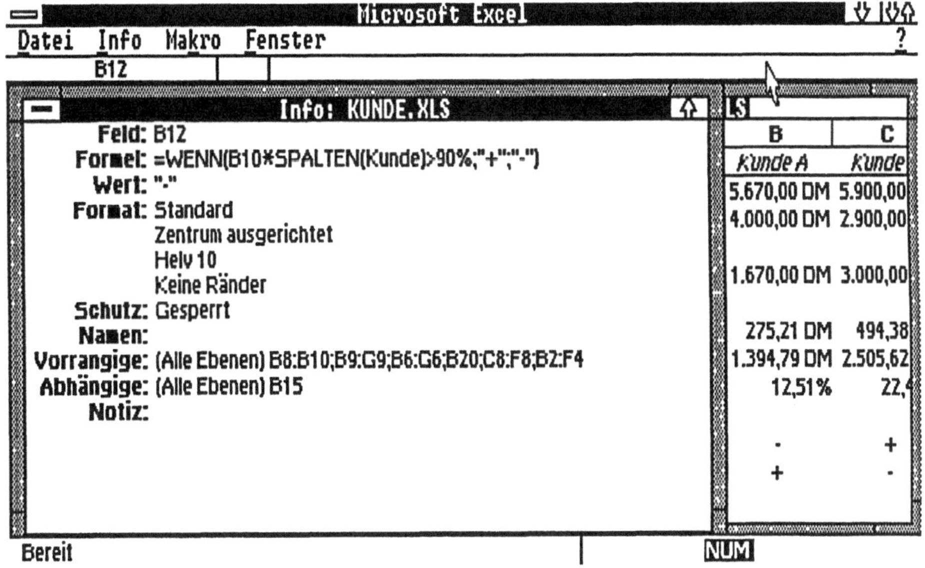

Das Informationsblatt zum Feld B12

Kommen wir nun aber zu unserer Formel in B12 zurück. Zur Beurteilung der Möglichkeiten benutzen wir eine "Wenn-Funktion". Sie ist in 3 Bereiche unterteilt. Im ersten Bereich beinhaltet sie ein Kriterium oder eine Aussage. In unserem Fall ist es die Aussage

"Gewinnanteil * Anzahl der Kunden < 90 %".

Der Gewinnanteil steht in B10, die Anzahl der Kunden ermitteln wird aus der Funktion

SPALTEN(Kunde).

Kunde ist der Name, der soeben für den Kundenbereich festgelegt wurde.

Hinter diesem Kriterium oder dieser Aussage wird eine Eintragung festgelegt für den Fall, daß der erste Teil der Funktion wahr ist, d. h., daß unsere Aussage gilt. In diesem Fall ist diese Eintragung ein Plus (+). In allen anderen Fällen soll ein Minus eingetragen werden. Die drei Bereiche einer Wenn-Aussage werden durch ein Semikolon getrennt. Umgangssprachlich könnte man dies so formulieren:

Wenn der Gewinnanteil * Anzahl der Kunden >90 % ist, dann gilt Plus, ansonsten gilt Minus.

Als nächstes wird die Formel nach rechts aufgefüllt.

Microsoft Excel - KUNDE.XLS

Datei Bearbeiten Formel Format Daten Optionen Makro Fenster ?

B12 =WENN(B10*SPALTEN(Kunde)>90%;"+";"-")

	A	B	C	D	E	F	G
1	Analyse der Kunden						
2		*Kunde A*	*Kunde B*	*Kunde C*	*Kunde D*	*Kunde E*	*Gesamt*
3	Aktueller Umsatz	5.670,00 DM	5.900,00 DM	5.150,00 DM	4.900,00 DM	4.780,00 DM	26.400,00 DM
4	Aktuelle Kosten	4.000,00 DM	2.900,00 DM	3.100,00 DM	1.900,00 DM	1.150,00 DM	13.050,00 DM
5							
6	Gewinn	1.670,00 DM	3.000,00 DM	2.050,00 DM	3.000,00 DM	3.630,00 DM	13.350,00 DM
7							
8	Anteil laufender Kosten	275,21 DM	494,38 DM	337,83 DM	494,38 DM	598,20 DM	2.200,00 DM
9	Nettogewinn	1.394,79 DM	2.505,62 DM	1.712,17 DM	2.505,62 DM	3.031,80 DM	11.150,00 DM
10	Gewinnanteil	12,51%	22,47%	15,36%	22,47%	27,19%	100,00%
11							
12	Möglichkeiten	-					
13	Hauptpartner						
14							

Bereit

Die Formel zur Beurteilung der Umsatzerwartungen

Ob man bei einem Kunden Hauptlieferant ist oder nicht, kann nicht mathematisch beurteilt werden und wird daher manuell festgelegt. Bitte geben Sie plus oder minus in den jeweiligen Zeilen ein. Die Entscheidung, ob mit diesem Kunden weiter zusammen gearbeitet wird oder nicht, soll wieder mathematisch logisch durch eine "Wenn-Funktion" ermittelt werden.

In diesem Fall besteht das Kriterium, also die Aussage, aus einer weiteren logischen Formel, und das Kriterium lautet: "Wenn entweder unsere Möglichkeiten positiv sind oder wir Hauptlieferant bei einem Kunden sind, dann soll unsere Entscheidung mit einem Plus versehen werden, ansonsten wollen wir unsere Entscheidung prüfen."

Das Kriterium "Prüfen" taucht also nur dann auf, wenn beide Felder, nämlich Möglichkeiten und Hauptpartner negativ sind.

Microsoft Excel - KUNDE.XLS

Datei Bearbeiten Formel Format Daten Optionen Makro Fenster ?

B15 | =WENN(ODER(B12="+";B13="+");"+";"prüfen")

	A	B	C	D	E	F	G
4	Aktuelle Kosten	4.000,00 DM	2.900,00 DM	3.100,00 DM	1.900,00 DM	1.150,00 DM	13.050,00 DM
5							
6	Gewinn	1.670,00 DM	3.000,00 DM	2.050,00 DM	3.000,00 DM	3.630,00 DM	13.350,00 DM
7							
8	Anteil laufender Kosten	275,21 DM	494,38 DM	337,83 DM	494,38 DM	598,20 DM	2.200,00 DM
9	Nettogewinn	1.394,79 DM	2.505,62 DM	1.712,17 DM	2.505,62 DM	3.031,80 DM	11.150,00 DM
10	Gewinnanteil	12,51%	22,47%	15,36%	22,47%	27,19%	100,00%
11							
12	Möglichkeiten	-	+	-	+	+	
13	Hauptpartner	+	+	-	-	+	
14							
15	Entscheidung	+	+	prüfen	+	+	
16							
17	**Eingabe zum Aufaddieren**						

Bereit

Die Formel zur Beurteilung der Kunden

Tragen Sie die Formel ein, und füllen Sie sie nach rechts auf. Das Modell ist fast vollständig bis auf die Eingabe zum Aufaddieren. In diese Felder (B18 bis F19) wird der jeweilige Umsatzzuwachs und die entsprechenden Zusatzkosten für eine gewisse Zeitperiode eingegeben. Das kann täglich, wöchentlich, monatlich oder quartalsweise geschehen. Wenn Sie eine bessere Übersicht haben wollen, sollten die aktuellen Zahlen mit den Zuwachszahlen sofort vergleichbar sein, d. h. der Bildschirm muß in zwei Fenster aufgeteilt werden.

Microsoft Excel - KUNDE.XLS

Datei Bearbeiten Formel Format Daten Optionen Makro Fenster ?

B3 | 5670

	A	B	C	D	E	F	G
1	**Analyse der Kunden**						
2		*Kunde A*	*Kunde B*	*Kunde C*	*Kunde D*	*Kunde E*	*Gesamt*
3	Aktueller Umsatz	5.670,00 DM	5.900,00 DM	5.150,00 DM	4.900,00 DM	4.780,00 DM	26.400,00 DM
4	Aktuelle Kosten	4.000,00 DM	2.900,00 DM	3.100,00 DM	1.900,00 DM	1.150,00 DM	13.050,00 DM
5							
6	Gewinn	1.670,00 DM	3.000,00 DM	2.050,00 DM	3.000,00 DM	3.630,00 DM	13.350,00 DM
16							
17	**Eingabe zum Aufaddieren**						
18	Umsatzzuwachs	3.000,00 DM	6.000,00 DM	2.800,00 DM	4.800,00 DM	3.800,00 DM	
19	Zusatzkosten	1.300,00 DM	2.000,00 DM	1.300,00 DM	1.700,00 DM	800,00 DM	
20	*Laufender Kostenanteil*	*2.200,00 DM*					
21							
22							

Kopieren (Ziel + EINGABE o. Einfügen wählen)

Die Aufteilung des Bildschirms in zwei Fenster

Zu diesem Zweck ziehen Sie den schwarzen Balken am rechten oberen Rand des Fensters nach unten. Auf diese Weise erhalten Sie die Aufteilung und können in den jeweiligen Fenstern unabhängig von den anderen arbeiten.

Nun sollen die neuen Werte im Bereich B18 bis F19 zu den bestehenden Werten (B3 bis F4) hinzuaddiert werden. Eine solche Vorgehensweise hat sich in der Vergangenheit bei Tabellenkalkulationsprogrammen immer als sehr schwierig herausgestellt. Die Problematik n = n + m innerhalb eines Zellenbereiches war bisher nicht ohne weiteres möglich. In Excel hat man eine relativ elegante Lösung gefunden, ohne allzu viele Umwege zu machen. Zu diesem Zweck aktiviert man den Bereich der aufaddiert werden soll (B18 bis F19) und kopiert ihn in die Zwischenablage mit dem Befehl "Kopieren" aus dem Menü "Bearbeiten". Durch Auswahl des ersten Feldes des Einsatzbereiches (B3) wird die Einfügeposition kenntlich gemacht. Wählt man jetzt "Inhalte einfügen" aus dem Menü "Bearbeiten", so werden verschiedene Auswahlmöglichkeiten angeboten, den im Zwischenspeicher befindlichen Zahlenbereich in den obigen Kundenbereich einzusetzen.

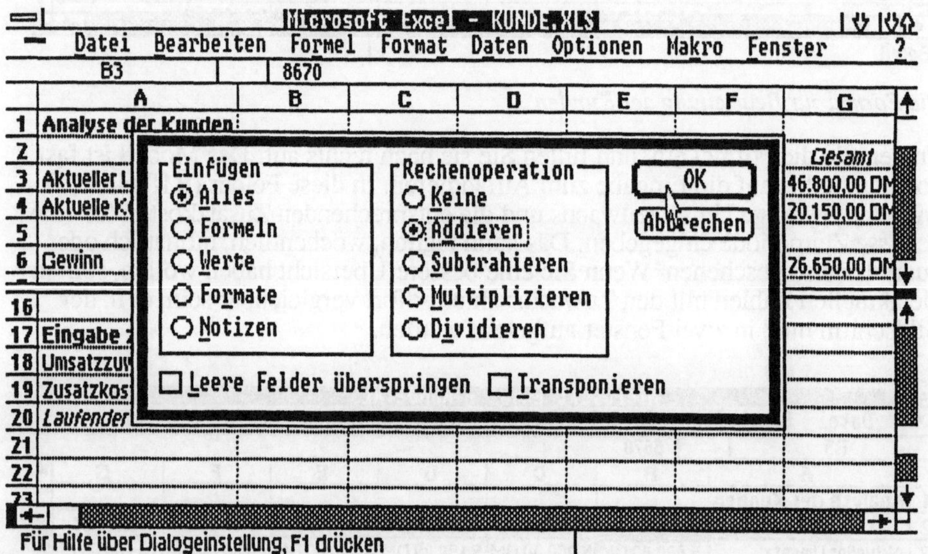

Auswahl der Einfügeoptionen

Es sollen nur Werte eingefügt werden, und als Rechenoperation wird die Addition durchgeführt. Bestätigt man diese Auswahl mit OK, werden die neuen Werte automatisch zu den ursprünglichen addiert. Das Ganze ist auch in Tabellen möglich, die eine andere Anordnung als die kopierte Auswahl besitzen. So können beim Einsetzen leere Felder übersprungen werden, oder horizontal angeordnete Werte können vertikal eingesetzt werden und umgekehrt. Dies geschieht durch Anklicken des Befehls "Transponieren".

Als nächstes soll das gesamte Modell bis auf die Eingabefelder geschützt werden. Dazu müssen zunächst einmal die Teile des Modells kenntlich gemacht werden, die vom Schutz ausgenommen werden sollen. Dies sind die Eingabebereiche "aktueller Umsatz" und "aktuelle Kosten" sowie "Umsatzzuwachs" und "Zusatzkosten". Die Felder B3 bis F4 und B18 bis F19 müssen also aktiviert werden. Unter dem Menü "Format" wählt man nun den Befehl "Feldschutz" und nimmt die aktivierten Felder vom Schutz aus, d. h. die Auswahl "Gesperrt" darf nicht angekreuzt sein. Nun kann man unter "Optionen" mit dem Befehl "Datei schützen" ein Paßwort vorgeben oder ohne Paßwortvergabe einfach mit OK bestätigen. Damit sind versehentliche Eingaben im Formelbereich nicht mehr möglich. Mit dem Paßwort kann man vor allem andere Benutzer davon abhalten, das Modell zu verändern.

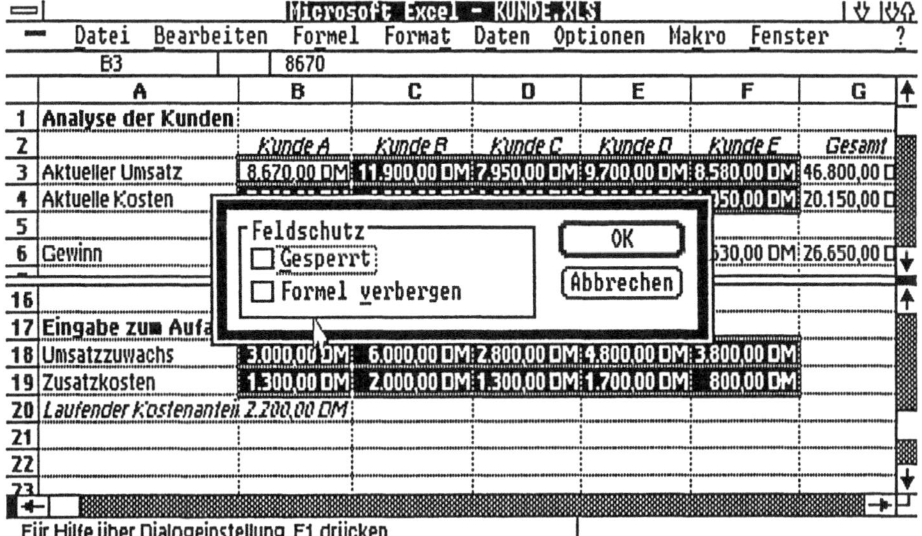

Eingabefelder werden vom Schutz ausgenommen

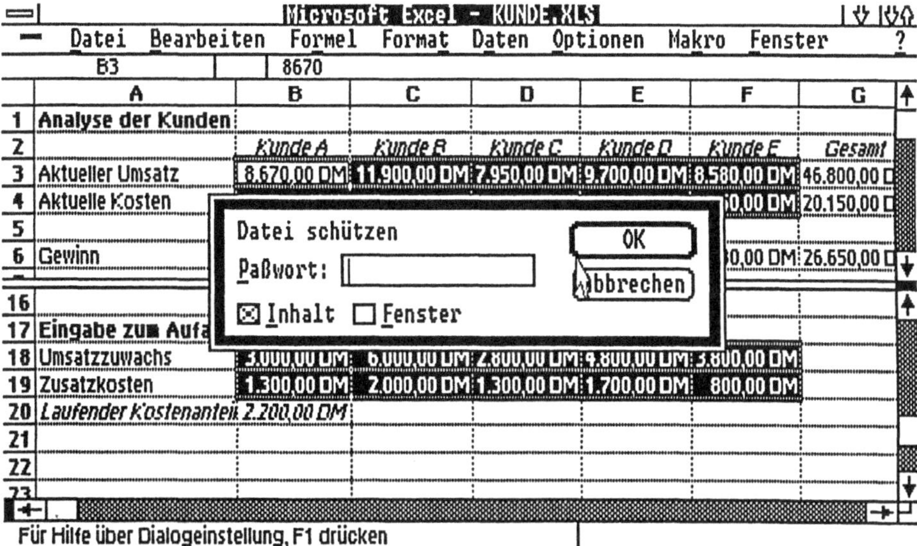

Das Arbeitsblatt wird geschützt

Falls Sie soeben einen Schutz eingerichtet haben, heben Sie ihn wieder auf, damit wir mit dem Modell noch einige Veränderungen vornehmen können. Zunächst soll die Bildschirmanzeige geändert werden. Wählen Sie unter dem Menü "Option" den Befehl "Bildschirmanzeige" aus, und klicken Sie in "Gitternetzlinien". Sie sehen sämtliche Hilfslinien verschwinden. Denken Sie aber daran, daß es sich dabei nur um die Bildschirmdarstellung handelt. Beim Ausdruck würden die Gitternetzlinien wieder erscheinen. Dies zu verhindern wird mit dem Befehl "Layout" im Menü "Datei" durchgeführt.

Einstellung der Bildschirmanzeige

Das Modell kann jetzt noch mit Hilfe des Befehls "Rahmenart" aus dem Menü "Format" übersichtlicher gestaltet werden.

Wählen Sie einige Unterstreichungen aus, umrahmen Sie einige Kästchen, und versuchen Sie einmal auf Ihrem Computer das in der Abbildung gezeigte Bild ohne exakte Beschreibung nur mit Probieren und Eigeninitiative zu erzielen.

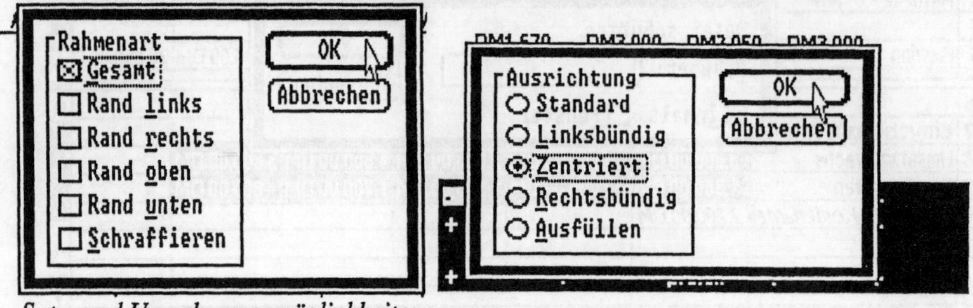

Satz- und Umrahmungsmöglichkeiten.

Microsoft Excel - KUNDE.XLS

Datei Bearbeiten Formel Format Daten Optionen Makro Fenster ?

A2

	A	B	C	D	E	F	G
1	Analyse der Kunden						
2		KundeA	KundeB	KundeC	KundeD	KundeE	Gesamt
3	Aktueller Umsatz	DM5.670	DM5.900	DM5.150	DM4.900	DM4.780	DM26.400
4	Aktuelle Kosten	DM4.000	DM2.900	DM3.100	DM1.900	DM1.150	DM13.050
5							
6	Gewinn	DM1.670	DM3.000	DM2.050	DM3.000	DM3.630	DM13.350
7							
8	Anteil laufender Kosten	DM275	DM494	DM338	DM494	DM598	DM2.200
9	Nettogewinn	DM1.395	DM2.506	DM1.712	DM2.506	DM3.032	DM11.150
10	Gewinnanteil	12,51%	22,47%	15,36%	22,47%	27,19%	100,00%
11							
12	Möglichkeiten	-	+	-	+	+	
13	Hauptpartner	+	-	-	+	+	
14							

Bereit

Die formatierte Tabelle

2.1 Grafische Darstellung

Das Modell zur Kundenanalyse bietet eine ganze Menge Informationen. In der Praxis erweist es sich jedoch immer als günstig, einige Ergebnisse grafisch und damit anschaulicher darzustellen. Dazu ist es nötig, ein zweites Arbeitsblatt zu öffnen. Excel ist in der Lage, eine ganze Reihe verschiedener Arbeitsblätter auf dem Bildschirm ablegen zu können, jedoch kann das Arbeiten mit einer großen Anzahl verschiedener Arbeitsblätter sehr verwirrend werden. Wenn man Excel unter Windows betreibt, können noch verschiedene andere Arbeitsblätter aus anderen Programmen hinzukommen. Das macht in der Regel die Verwirrung komplett. Daher bieten Windows und Excel einige Möglichkeiten, Ihnen das Hin- und Herspringen zwischen den Arbeitsblättern zu erleichtern.

Unter dem Menü "Fenster" findet man eine Liste aller auf dem Schirm befindlichen Arbeitsblätter. Man kann also dort das gewünschte Blatt anwählen und nach vorn auf die Bearbeitungsebene holen. Wenn sich wenige Arbeitsblätter auf dem Schreibtisch befinden, ist es sinnvoll, zwischen diesen einfach hin- und herspringen zu können. Zu diesem Zweck wählen Sie aus dem Menü "Fenster" den Befehl "Alles anordnen" aus. Auf diese Weise werden alle Blätter gleichzeitig auf den Bildschirm plaziert. Will man nur mit einem ganz bestimmten Blatt arbeiten, so wird zweimal auf die obere Menüleiste geklickt (z. B. Diagramm 1) und schon füllt das Arbeitsblatt den gesamten Bildschirmbereich aus, sodaß es sich damit übersichtlich bearbeiten läßt. Soll der ursprüngliche Zustand wieder hergestellt werden, so wählt man einfach den Befehl "Alles anordnen" aus dem Menü "Fenster" aus. Arbeiten Sie mit Excel unter Windows, gibt es zusätzlich die Möglichkeit, zwischen den verschiedenen Applikationen hin- und herzuspringen. Zu diesem Zweck bringt man die Programmfenster unter Windows auf eine geeignete Größe, die eine gute Übersicht über die verschiedenen aktiven Applikationen gestattet. Dies geschieht durch die Veränderung der Fensterdiagonale am rechten unteren Rand.

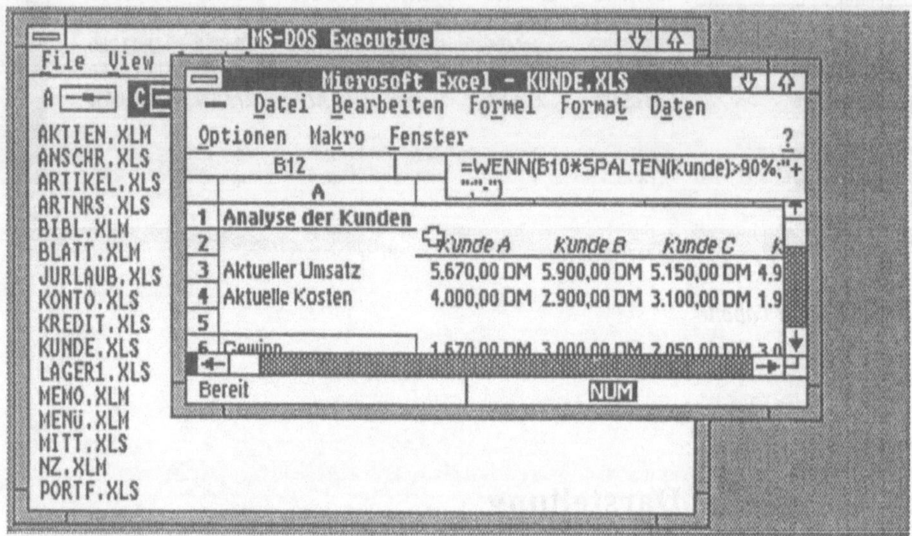

Fenstertechnik unter Windows

Wenn nun die Fenster übersichtlich angeordnet sind, wird zweimal in die Überschriftenleiste des Fensters geklickt, das bearbeitet werden soll (z. B. Microsoft Excel), wonach das Fenster den gesamten Bildschirminhalt ausfüllt. Durch nochmaligen Doppelklick in die gleiche Titelleiste gelangt man wieder zum Ausgangspunkt zurück. Auf diese Weise schrumpft das Arbeitsblatt wieder auf die ursprüngliche Größe zusammen. Mit etwas Routine werden Sie sehr schnell auf diese Art und Weise zwischen einzelnen Applikationen unter Windows und einzelnen Arbeitsblättern innerhalb des Programms Excel hin- und herspringen können.

Nun sollen unsere aktuellen Umsätze und Kosten bezüglich der einzelnen Kunden auch wirklich einmal grafisch dargestellt werden. Zu diesem Zweck ist es nötig, den Bereich inklusive der Randbezeichnungen zu aktivieren.

Als nächstes wählen wir ein neues Blatt aus dem Menü "Datei" und klicken "Diagramm" an. Dadurch erkennt Excel, daß die schwarz unterlegten Bereiche grafisch dargestellt werden sollen.

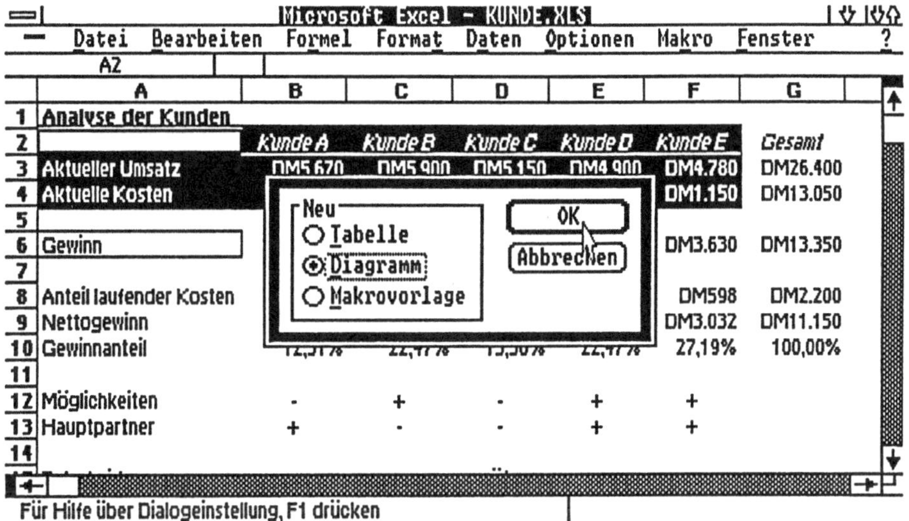

Auswahl eines Arbeitsblattes für eine Grafik

Schon nach wenigen Augenblicken erhalten Sie ein Balkendiagramm mit den jeweiligen Randbezeichnungen.

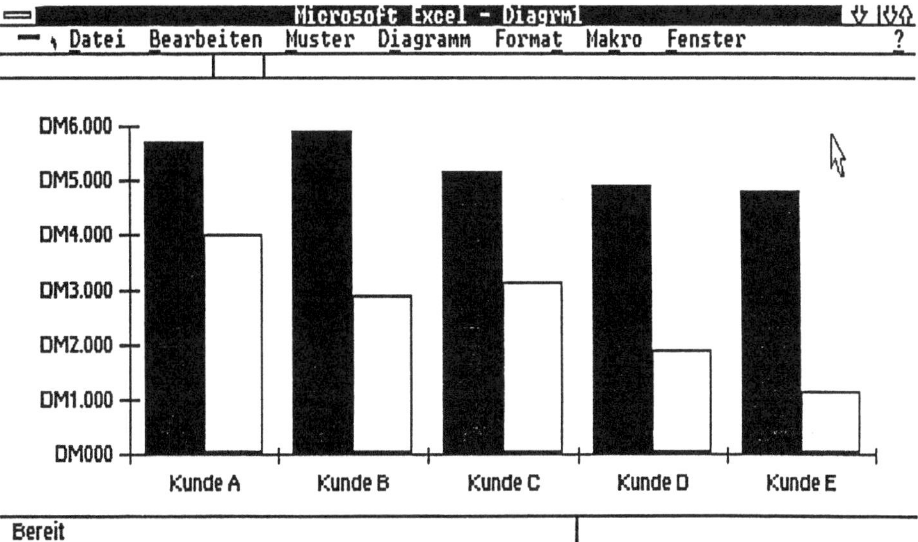

Die Umsetzung der Tabellenwerte in eine Grafik

Das Balkendiagramm nimmt automatisch den ganzen Bildschirm ein, wobei die Proportionalitäten exakt gewährleistet sind. Es handelt sich also bei dieser Darstellung streng genommen um ein Histogramm. Da eine solche Vorgehensweise die einfachste Darstellungsmöglichkeit eines Diagrammes mit Excel ist, sollen an dieser Stelle noch einige Formatierungshinweise gestattet sein, die es Ihnen möglich machen, Ihre Grafiken noch attraktiver zu gestalten.

Zunächst sollen die Achsen anders formatiert werden. Grundsätzlich gilt dabei, daß jede Formatierung nur dann erfolgreich durchgeführt werden kann, wenn der entsprechende Teilbereich der Grafik zuvor aktiviert wurde. In unserem Falle beginnen wir mit der Kundenachse und müssen diese demnach zunächst anwählen. Eine erfolgreiche Aktivierung wird durch zwei kleine Vierecke am linken und rechten Rand der Achse gekennzeichnet.

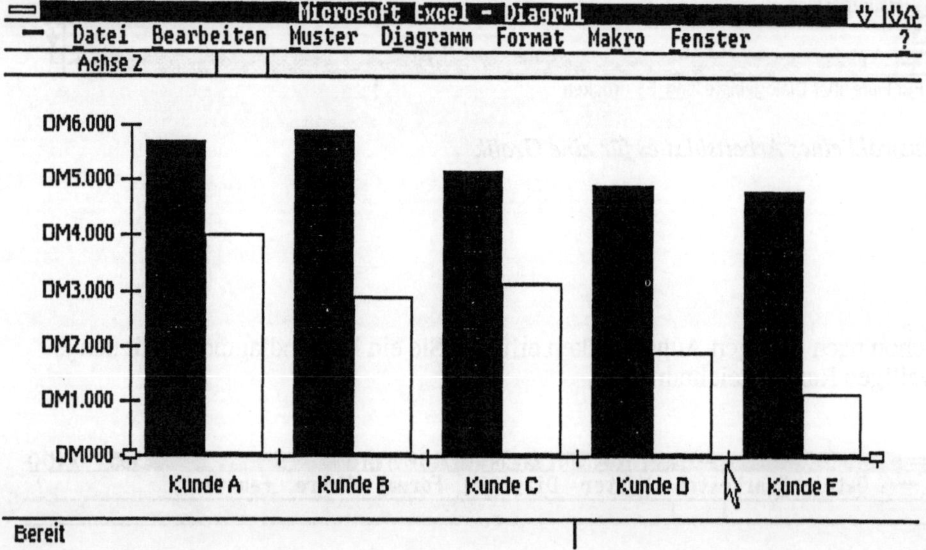

Aktivierung der X-Achse

Bei der Aktivierung des Diagrammes hat sich auch die Menüleiste entscheidend verändert. Alle Befehle sind jetzt auf Grafiken ausgelegt. Wir wählen unter dem Menü "Format" den Befehl "Muster" an mit der Absicht, die Achseneinteilung der Hauptteilstriche ausschließlich nach innen ragen zu lassen.

Danach klicken wir in Schriftart und wählen die fette Ausführung.

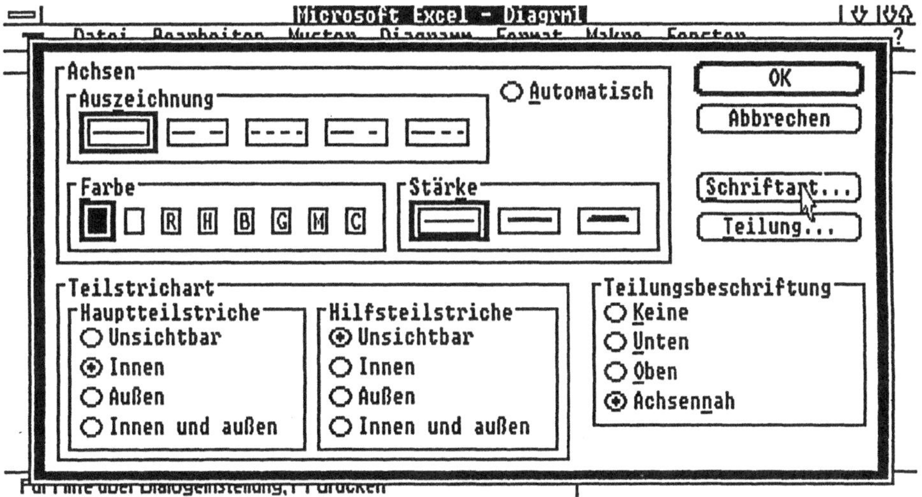

Die Bearbeitungsmöglichkeiten der Achse

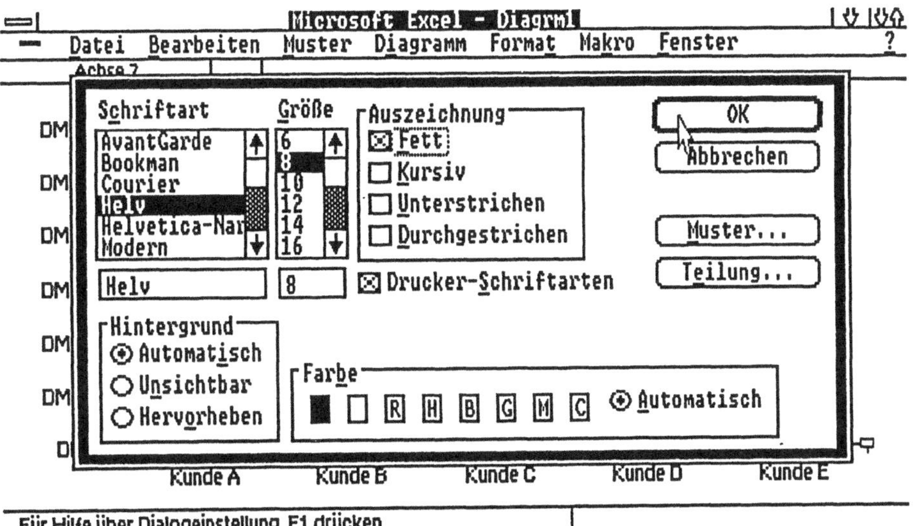

Die Möglichkeiten der Schriftgestaltung der Achse

Das gleiche wird mit der Achse durchgeführt, die die DM-Beträge symbolisiert. Das führt dann zu einer etwas anderen Darstellungsweise.

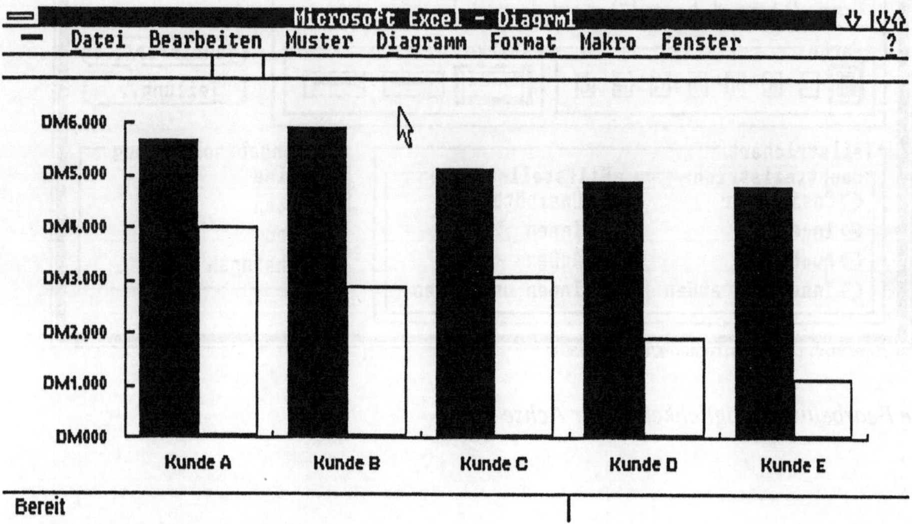

Das Endergebnis der Achsenbearbeitung

Die Achseneinteilungen ragen nun nach innen, und die Achsenbeschriftungen sind fett dargestellt.

Im nächsten Schritt erhält die Grafik eine Überschrift. Dabei gibt es zwei Möglichkeiten der Texteingabe. Einmal können wir den Text völlig frei in der Grafik positionieren, und zum anderen kann dieser Text aber auch ganz bestimmten Merkmalen fest zugeordnet sein. Ein zugeordneter Text hat den Vorteil, daß die Zuordnung bei jeglicher Änderung der Grafik erhalten bleibt. Wenn wir den Text frei eingeben, bleibt er an der Stelle stehen, an der wir ihn einmal positioniert haben. Dies ist besonders dann von Nachteil, wenn eine einmal fertig gestellte Grafik später starken Veränderungen unterworfen wird. Wenn also z. B. ein Balkendiagramm in ein Kreisdiagramm verwandelt wird, mag eine ursprünglich freie Textzuordnung plötzlich keinen Sinn mehr ergeben. Da wir solch ein Mißgeschick vermeiden wollen und unser Text in jedem Falle als Überschrift kenntlich gemacht werden soll, wird er fest zugeordnet.

Das geschieht mit dem Befehl "Text zuordnen" aus dem Menü "Diagramm", indem wir die Zuordnung eindeutig als Diagrammtitel definieren.

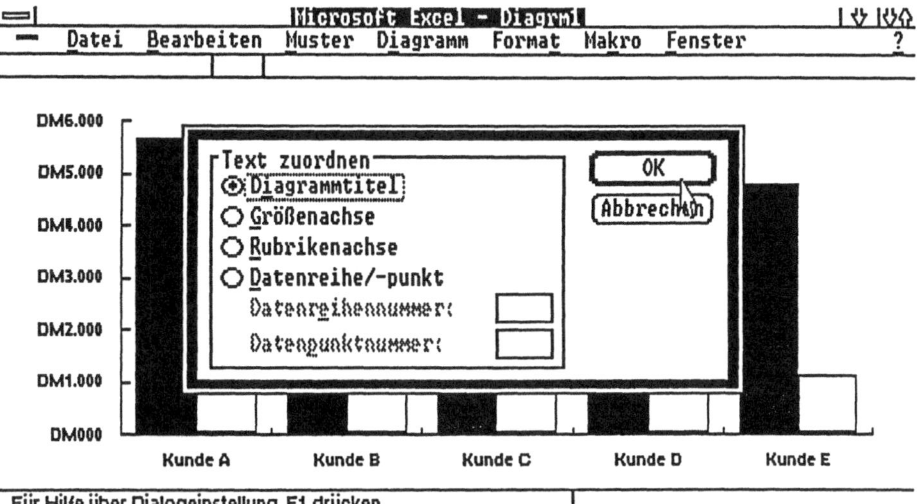

Die Zuordnungsmöglichkeiten von Text

Geben Sie nun über die Tastatur den Text "Kundenanalyse" ein und - ohne ihn zu deaktivieren - definieren Sie unter dem Menü "Format" eine Schriftart. Wir wählen "Helvetica" in Punktgröße 12 und fette Auszeichnung. Die Textausrichtung kann ebenfalls definiert werden z. B. links- oder rechtsbündig oder vertikale Textdarstellung. Da wir jedoch die Voreinstellung akzeptieren (zentriert Mitte), brauchen wir diesen Befehl nicht aufzurufen.

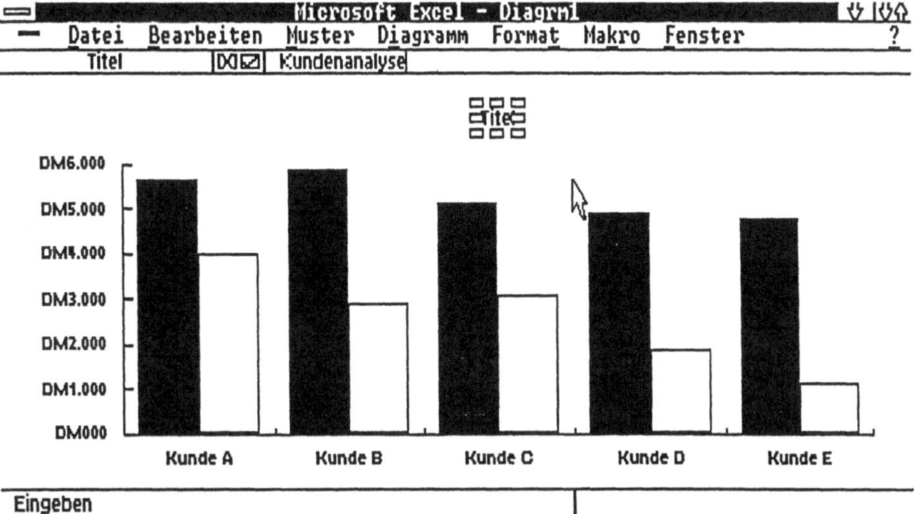

Ein Diagrammtitel wird eingefügt

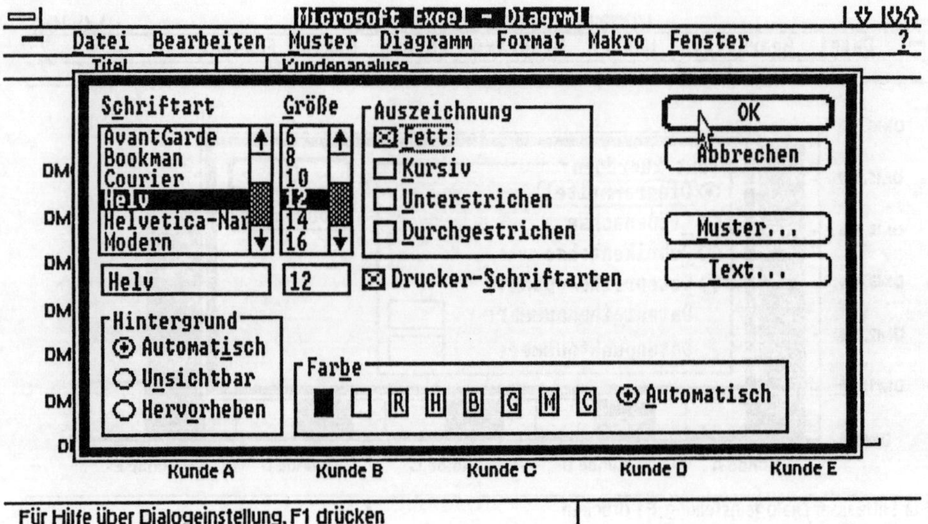

Textgestaltung des Titels

Wenn die Muster der Balken keinen Gefallen finden, lassen sie sich selbstverständlich ebenfalls ändern.

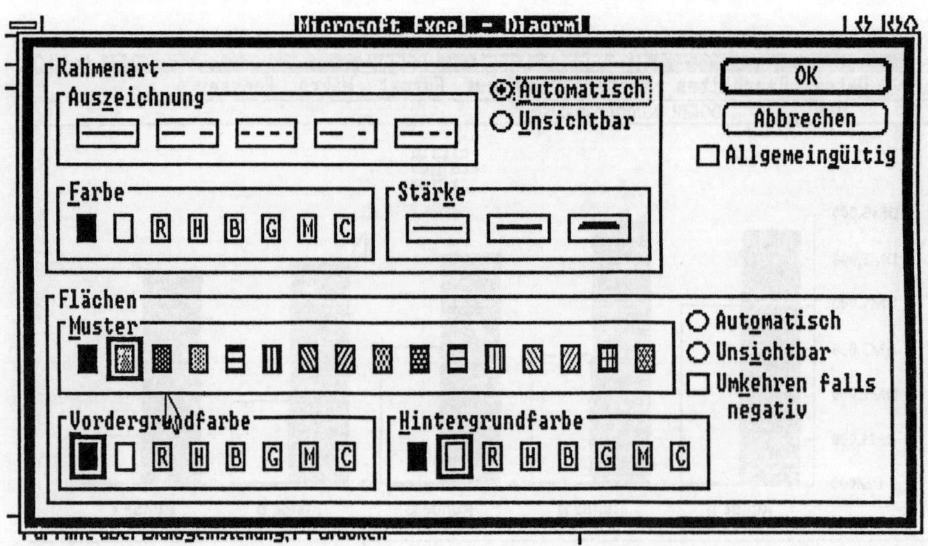

Änderungsmöglichkeiten der Muster

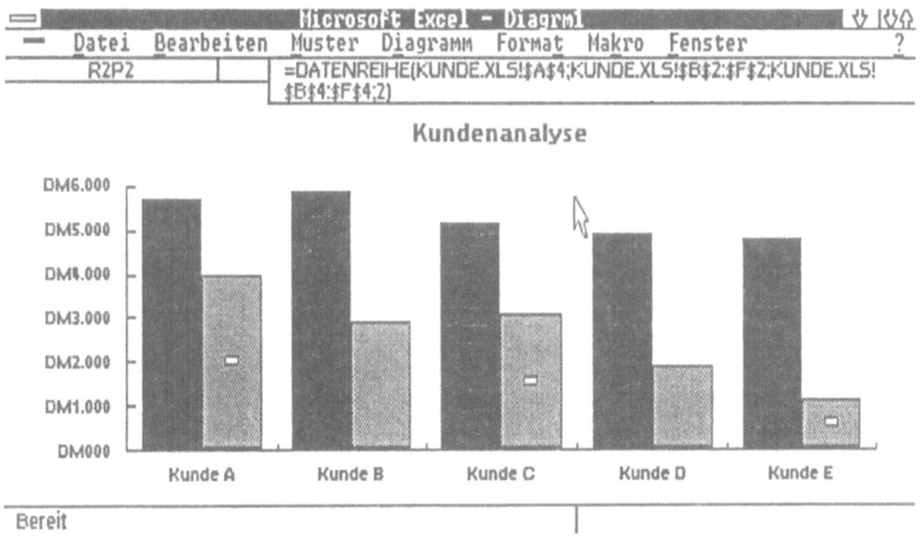

Das eingestellte Muster wird in der gesamten Datenreihe aktiv

In vielen Fällen ist es sinnvoll, dem Betrachter des Diagrammes deutlich zu machen, was sich hinter den einzelnen Balken verbirgt. Zu diesem Zweck wird mit Hilfe des Menüs "Diagramm" eine Legende eingefügt.

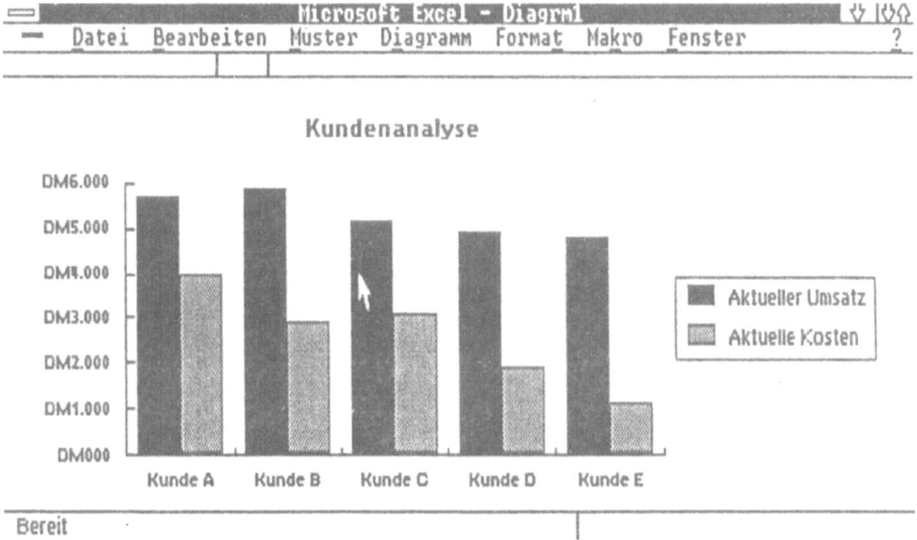

Eine Legende wird eingeblendet

Aktivieren Sie nun die Legende, indem Sie sie mit der Maus anklicken, und definieren Sie aus dem Menü "Format" die Anordnung der Legende. Diese kann oben oder unten, seitlich oder in der Ecke angeordnet sein. Außerdem lassen sich über dieses Menü noch Muster und Schriftarten verändern.

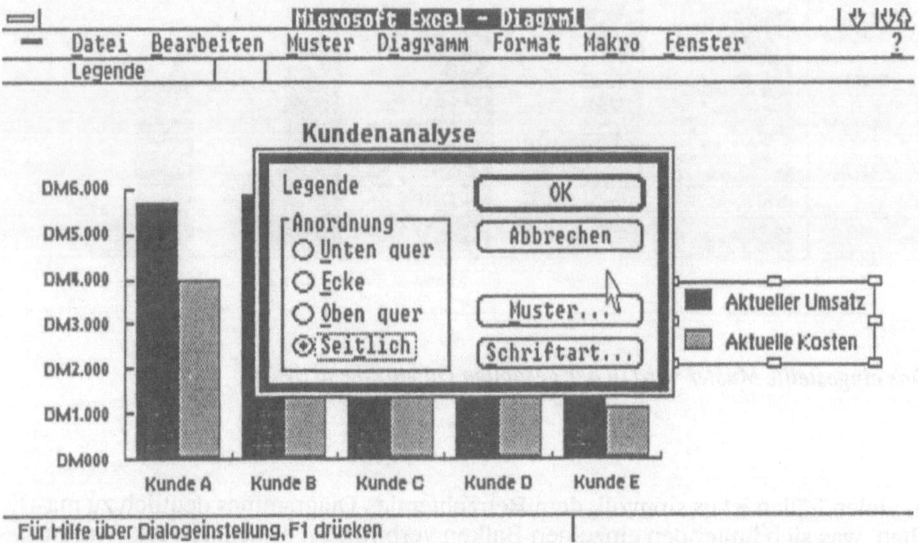

Positionierung der Legende

Wir bevorzugen die seitliche Darstellung der Legende und wollen nun in unserer Grafik den Kunden herausstellen, bei dem wir die höchsten Gewinne erzielt haben. Zu diesem Zweck wird ein Pfeil in die Grafik eingefügt. Dieser Befehl befindet sich im Menü "Diagramm". Der Pfeil wird automatisch immer mit der Spitze in die Bildmitte eingesetzt und hat für uns in dieser Position zunächst keinerlei Sinn. Deshalb müssen wir sowohl seine Richtung als auch seine Größe ändern. Die Größe des Pfeils verändert man, indem man die beiden Endpunkte zusammenschiebt. Den Pfeil selbst bewegt man mit gedrückter Maustaste an die entsprechende Stelle des Diagramms.

Alle Vorgehensweisen verlangen, daß der Pfeil vorher aktiviert wird. Das gleiche gilt für eine Veränderung der Darstellung des Pfeils. Aktivieren Sie den Pfeil, und wählen Sie "Muster" unter dem Menü "Format". Wählen Sie eine mittlere Schaftbreite und die entsprechende Spitze aus.

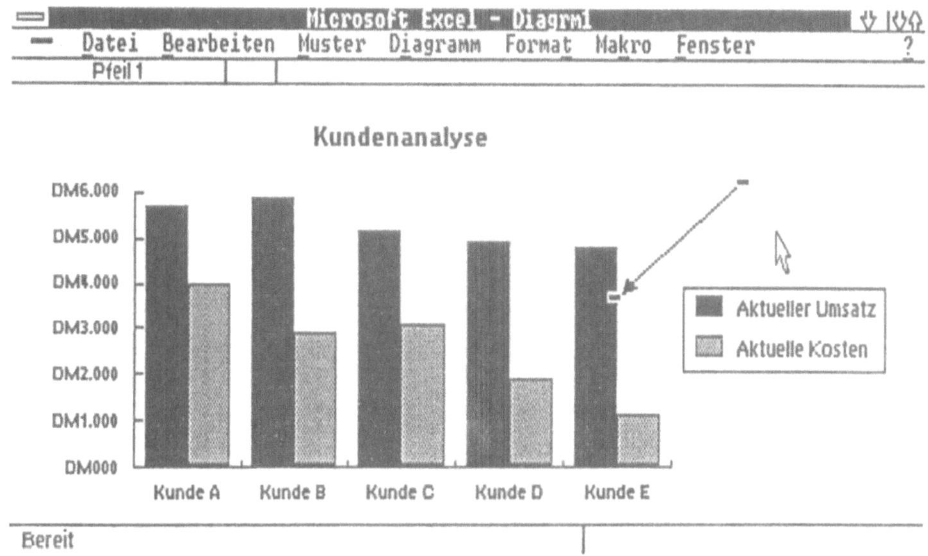

Zur besseren Kennzeichnung wird ein Pfeil eingefügt

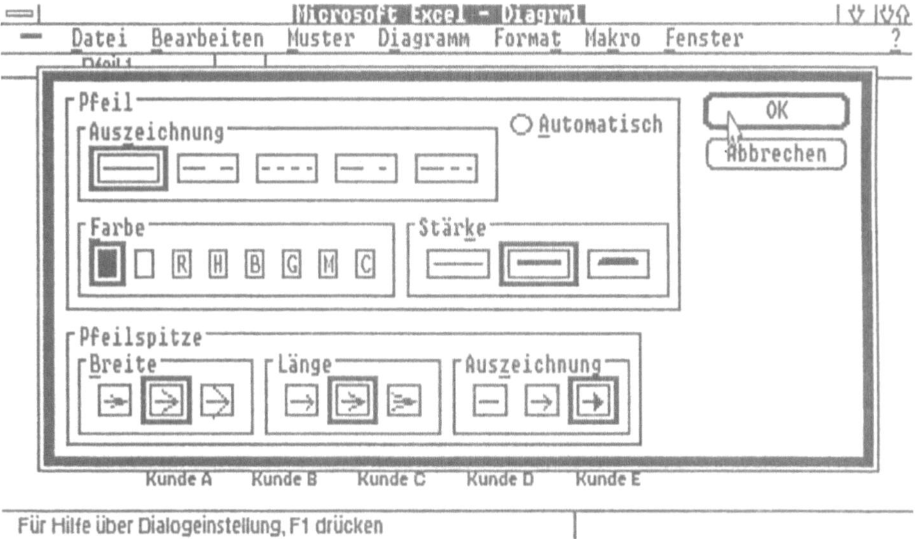

Der Pfeil kann ebenfalls formatiert werden

Geben Sie nun einen Text ein, der dem Pfeil zugeordnet werden soll. Dieser Text lautet in unserem Fall: Höchste Gewinne. Wie vorher bereits erwähnt wird der Text nun einfach über die Tastatur eingegeben. Es handelt sich dabei ja um einen nicht zugeordneten Text. Zu beachten ist dabei, daß Sie sich jetzt quasi in einem Textverarbeitungsmodus befinden. Das Betätigen der Eingabetaste in Verbindung mit der Steuerungstaste (Strg) führt dazu, daß Sie in die zweite Zeile Ihres Textes geführt werden und dort weiter schreiben können. So ist es also möglich, mehrzeilige Überschriften zu definieren. Der eingegebene Text wird automatisch in der Bildmitte positioniert und läßt sich mit gedrückter Maustaste zu einer geeigneten Stelle verschieben.

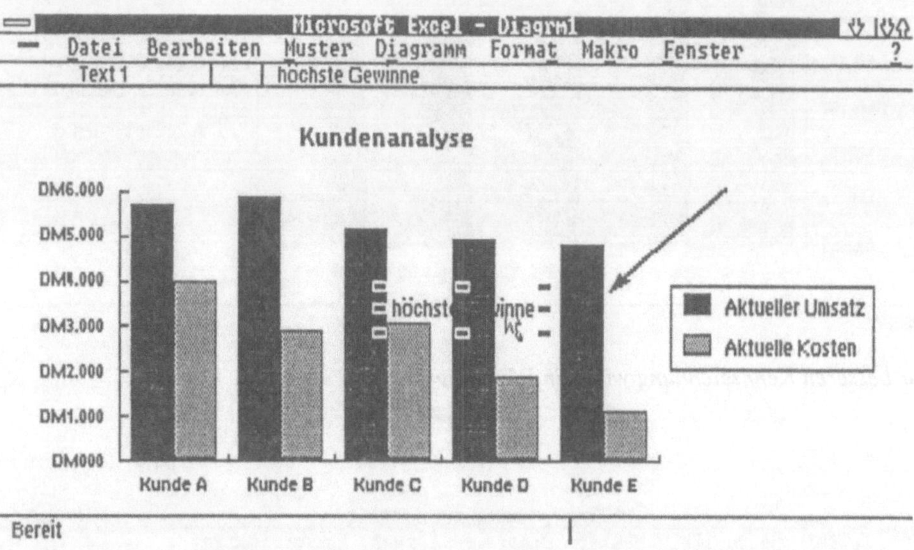

Position einer flexiblen Texteingabe

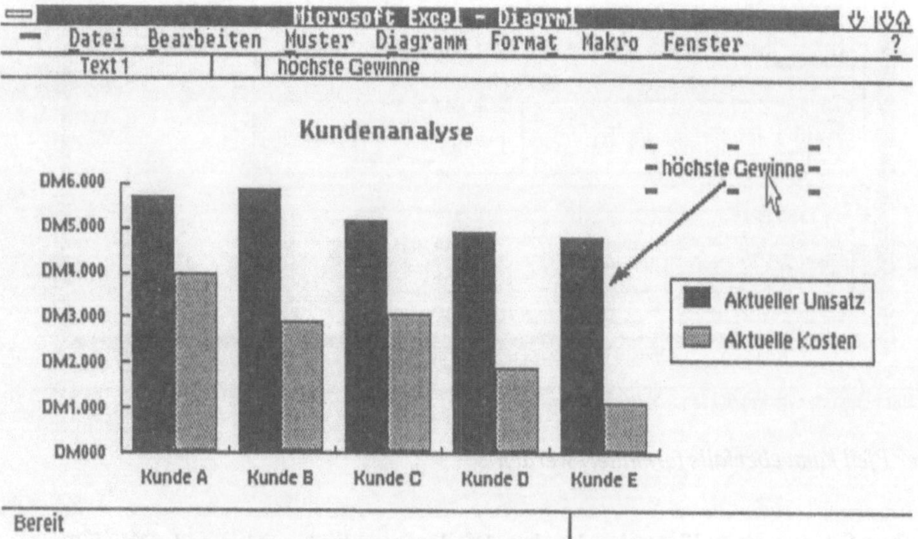

Positionierung des Textes mit der Maus

Die Schrift läßt sich genau so verändern, wie wir es schon einmal vorher praktiziert haben. Wählen Sie einen fetten Schrifttyp aus.

Nun soll unsere Grafik noch mit einem Hintergrund versehen werden. Wählen Sie mit dem Befehl "Diagramm auswählen" aus dem Menü "Diagramm" Ihre gesamte Abbildung aus, und definieren Sie mit dem Befehl "Muster" aus dem Menü "Format" Ihren Hintergrund.

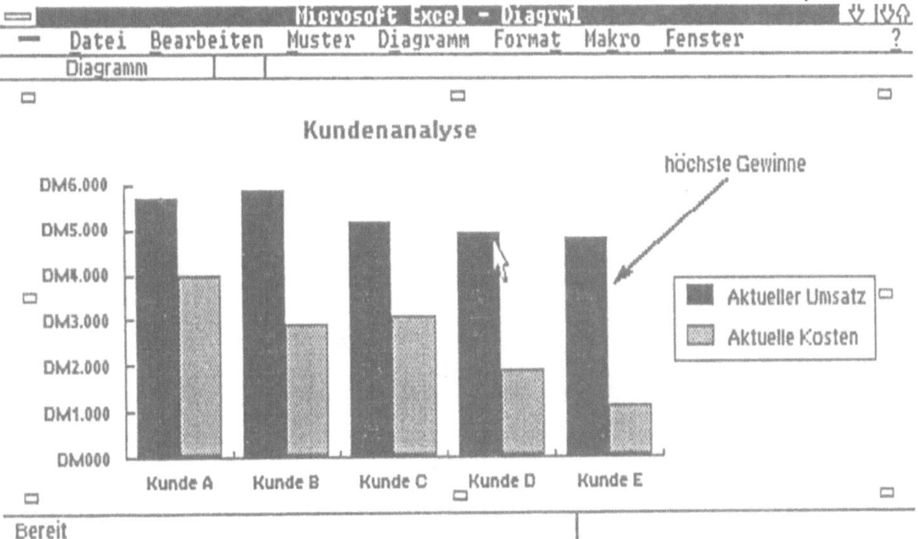

Aktivierung des Diagramms

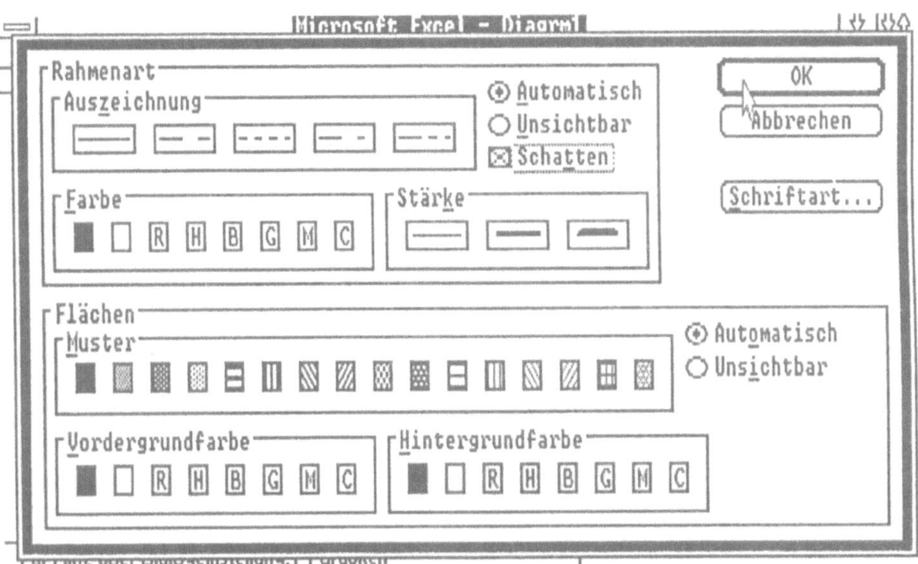

Auswahl einer schattierten Umrahmung

In unserem Fall soll das Bild eine Schattierung erhalten. Wählen Sie also "Schatten" an. Nach der Bestätigung Ihrer Auswahl erhalten Sie sofort die gewünschte Darstellung. Ein solches Bild ist sicherlich attraktiver als unser ursprüngliches Diagramm und in wenigen Formatierungsschritten zu erzeugen.

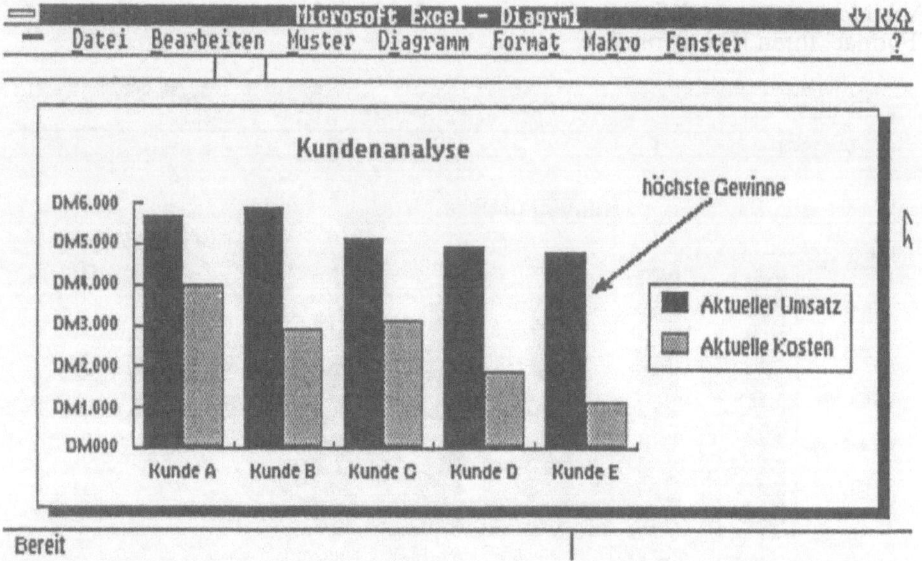

Das fertige Diagramm

Als nächstes wollen wir die Darstellung der prozentualen Gewinnanteile der einzelnen Kunden an unserem Gesamtgewinn erzeugen. Wie gewohnt, wird in unserem Modell der Zahlenbereich mit dem Gewinnanteil aktiviert. Zu diesem Zweck muß man natürlich das erste Diagramm verlassen und wieder auf das Modell zugreifen. Auf einfachste Weise geschieht dies wie bereits beschrieben dadurch, daß man den Befehl "Alles anordnen" aus dem Menü "Fenster" aktiviert, das Fenster mit der Tabelle anklickt und mit einem Doppelklick auf die Titelleiste die Tabelle auf die gesamte Bildschirmgröße ausdehnt. Wählen Sie nun den Bereich A10 bis F10 aus.

Nun folgen wieder die bekannten Schritte. Mit dem Befehl "Neu" aus dem Menü "Datei" wird ein neues Diagrammarbeitsblatt ausgewählt, und die Grafik erscheint sofort auf dem Bildschirm. Wie Sie sofort sehen werden, ist diese Darstellungsweise mit einer kleinen Problematik behaftet. Die Bezeichnung unserer Kundenachse fehlt völlig und ist einfach seriell durchnumeriert. Dies ist auch ganz natürlich, da wir die Kundenbezeichnungen nicht in unsere Aktivierungen im Modell einbeziehen konnten. Excel bietet allerdings auch ausgezeichnete Möglichkeiten, solche Achsenbezeichnungen nachträglich zu editieren.

Microsoft Excel - KUNDE.XLS

Datei Bearbeiten Formel Format Daten Optionen Makro Fenster ?

A10 | Gewinnanteil

	A	B	C	D	E	F	G
1	**Analyse der Kunden**						
2		*Kunde A*	*Kunde B*	*Kunde C*	*Kunde D*	*Kunde E*	*Gesamt*
3	Aktueller Umsatz	DM5.670	DM5.900	DM5.150	DM4.900	DM4.780	DM26.400
4	Aktuelle Kosten	DM4.000	DM2.900	DM3.100	DM1.900	DM1.150	DM13.050
5							
6	Gewinn	DM1.670	DM3.000	DM2.050	DM3.000	DM3.630	DM13.350
7							
8	Anteil laufender Kosten	DM275	DM494	DM338	DM494	DM598	DM2.200
9	Nettogewinn	DM1.395	DM2.506	DM1.712	DM2.506	DM3.032	DM11.150
10	Gewinnanteil	12,51%	22,47%	15,36%	22,47%	27,19%	100,00%
11							
12	Möglichkeiten	-	+	-	+	+	
13	Hauptpartner	+	-	-	+	+	
14							

Bereit

Kennzeichnung der Gewinnanteile

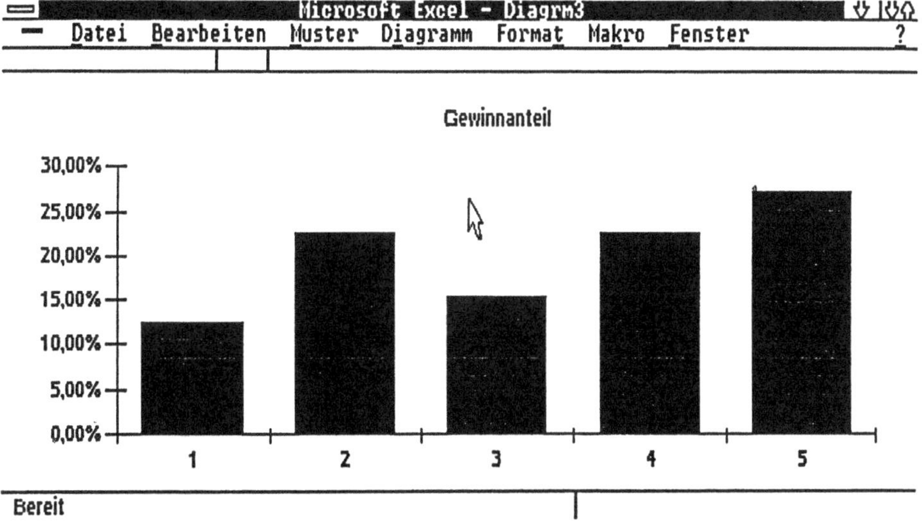

Die übertragene Datenreihe

Wenn Sie einen beliebigen Balken aktivieren, wird Ihnen die Zuordnung der Grafik zu Ihrem Modell in einer ganz bestimmten Syntax in der oberen Eingabeleiste angezeigt. Zunächst sehen Sie, daß es sich um eine Datenreihe handelt mit der

Überschrift, die sich in Zelle A10 auf dem Arbeitsblatt "Kunde" befindet. Die beiden folgenden Semikola zeigen an, daß für die X-Achse keine Bezeichnung definiert wurde. An dieser Stelle würde sich normalerweise die X-Achsenbezeichnung befinden. Als nächstes folgt der Wertebereich der Y-Achsenbezeichnung und zum Schluß die Rangordnung der verschiedenen Datensätze. In unserem Fall wird dort immer die Zahl 1 stehen, da wir nur einen Datensatz in die Grafik übernommen haben und somit auch nur ein Balkendiagramm erhalten. In unserem vorherigen Beispiel hatten wir zwei Balkendiagramme. Das erste würde die Bezeichnung 1, das zweite die Bezeichnung 2 tragen.

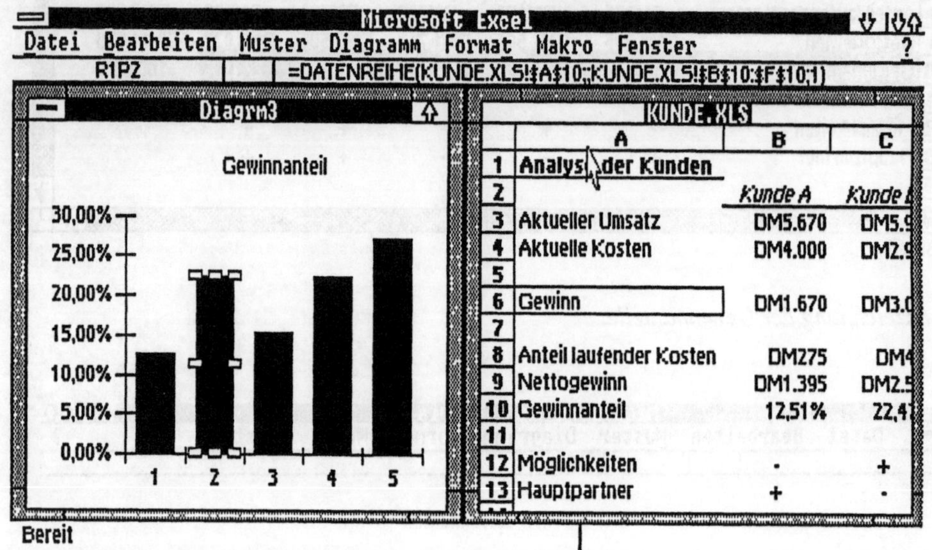

Die Bestandteile der Grafikformel

Die Syntax dieser Formel-Datenreihe lautet also immer

DATENREIHE (Überschrift; X-Achsenbezeichnungen; Y-Achsenwerte; Rangfolge des Datensatzes).

Jede dieser Bezeichnungen, die hier in der Eingabezeile zu finden sind, lassen sich nachträglich ändern. So kann man z. B. einen anderen Titel eingeben, oder man kann die Reihenfolge der Balkendiagramme ändern. In unserem Falle ist es allerdings von größter Bedeutung, daß man die X-Achsenbezeichnungen nachträglich einfügen kann. Zu diesem Zweck positionieren wir den Zeiger genau zwischen die beiden Semikola. Wir gehen dann auf das Arbeitsblatt mit unserer Tabelle zurück und füllen den Bereich "Kunde A bis Kunde E" auf. Dies erfolgt durch Überstreichen des Bereiches mit gedrückter Maustaste. Die Eingabe wird danach durch Klicken auf das Häkchen im Eingabebereich bestätigt. Wir erhalten dann die neue Darstellung mit den exakten Bezeichnungen.

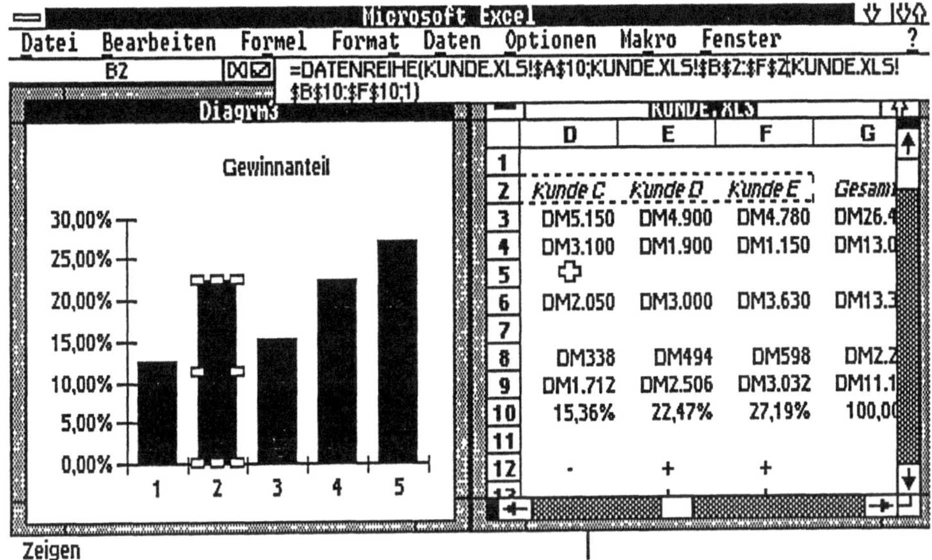

Das Auffüllen der Werte für die X-Achse

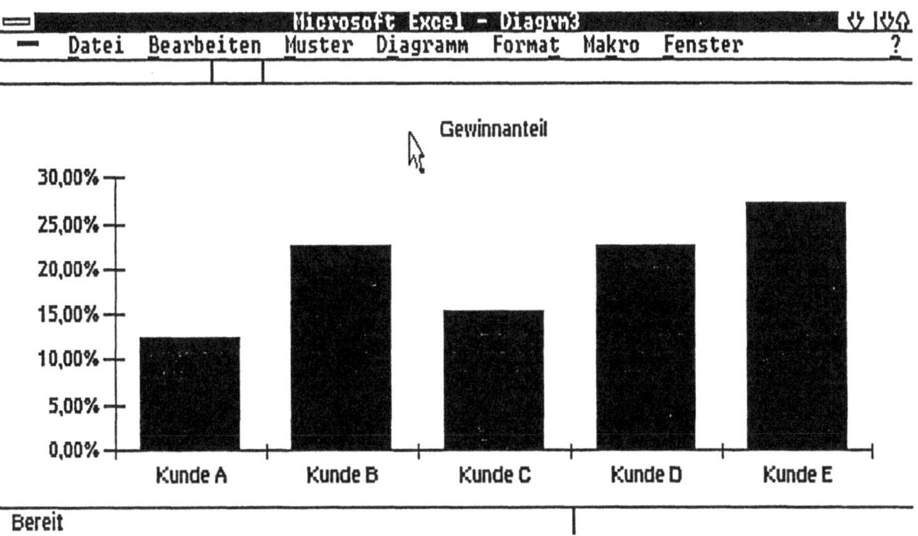

Das Ergebnis nach der Editierung

Da Excel eine Reihe von weiteren grafischen Möglichkeiten besitzt, wollen wir unsere prozentualen Gewinnanteile einmal in einem Kreisdiagramm darstellen. Wählen Sie zu diesem Zweck aus dem Menü "Muster" die Kreisdiagramme aus, und versuchen Sie zu einem Ergebnis zu kommen, wie es in der folgenden Abbildung erstellt wurde. Das ganze ist mit all den Hilfsmitteln möglich, die Sie bereits aus unserer vorhergehenden Erläuterung kennen. Beachten Sie die richtige Auswahl des Kreisdiagramms und die Möglichkeit, jedes einzelne Teil der Grafik zu bewegen.

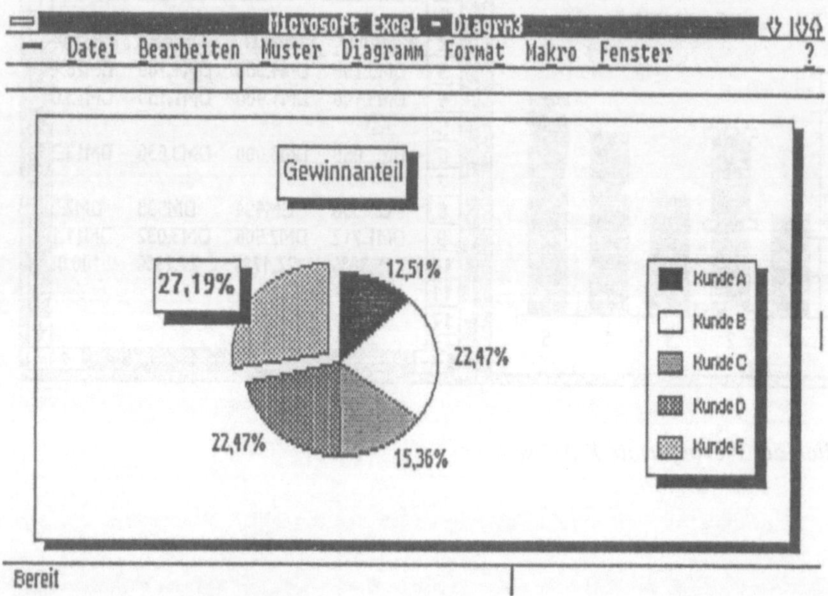

Das Ergebnis der "Hausaufgabe"

Auf diese Art und Weise haben Sie jetzt eine Übersicht über die Gewinnanteile bei Ihren Kunden in Prozent sowie eine Übersicht über die aktuellen Umsätze gegenüber den aktuellen Kosten, und Sie besitzen ein Modell, das Ihre Kundenbeziehungen analysiert. Dabei ist das Entscheidungskriterium für eine positive Kundenbeziehung (in unserem Falle 90 %) jeweils willkürlich gesetzt und damit abhängig von der Anzahl der Kunden. Je mehr Kunden Sie besitzen, desto kleiner wird Ihr Kriterium werden. Alle Diagramme sind mit dem Modell verbunden und ändern sich nach dem Addieren automatisch mit. Die Übersicht wird also immer aktuell sein. Im Alltag werden Sie nur noch die neuen Zahlen eingeben, diese auf die aktuellen Zahlen addieren und sowohl das Modell als auch die beiden Grafiken ausdrucken. Dabei erhalten Sie eine ausgezeichnete Übersicht über die Entwicklung Ihrer Kundenbeziehungen und die Förderungsmöglichkeiten einzelner Geschäftsbereiche.

2.2 Arbeiten mit der Begleitdiskette

Starten Sie Ihren Computer entweder mit Windows oder direkt mit Excel. Wenn Sie sich in Excel befinden, wählen Sie "Laden" aus dem Menü "Datei". Legen Sie die Begleitdiskette in das eingebaute Laufwerk Ihres Computers ein, und wählen Sie das Verzeichnis des eingebauten Laufwerkes aus. Öffnen Sie nun das Dokument mit dem Namen KUNDEN.XLS. Das Modell wird geladen und erscheint auf Ihrem Bildschirm.

Sie können nun die Spaltenbezeichnung "Kunde A" usw. durch Namen Ihrer eigenen Kunden ersetzen. Falls Sie mehr als fünf Kunden berücksichtigen wollen, aktivieren Sie die Spalte F und fügen mit Hilfe des Befehls "Leerfelder" aus diesem Menü "Bearbeiten" weitere Spalten ein. Vergessen Sie nicht die Inhalte der Spalte F in den neuen Bereich aufzufüllen. Nun können Sie entsprechend der vorherigen Beschreibung Ihre eigenen Werte eintragen.

die Begleitdiskette in das eingebaute Laufwerk Ihres Computers ein und wählen Sie das Verzeichnis des eingesetzten Laufwerkes aus. Öffnen Sie nun das Dokument mit dem Namen KUNDEN.XLS. Das Modell wird geladen und erscheint auf Ihrem Bildschirm.

Sie können nun die Spaltenbezeichnung "Kunde A" usw. durch Namen Ihrer eigenen Kunden ersetzen. Falls Sie mehr als fünf Kunden berücksichtigen wollen, aktivieren Sie die Spalte F und fügen mit Hilfe des Befehls "Leerfelder" aus diesem Menü "Bearbeiten" weitere Spalten ein. Vergessen Sie nicht die Inhalte der Spalte F in den neuen Bereich aufzufüllen. Nun können Sie entsprechend der vorherigen Beschreibung Ihre eigenen Werte eintragen.

Kapitel Drei

Makros

Aufgabe dieses Kapitels ist es, auf einfachste Weise die Grundzüge der Makro-Programmierung mit Excel zu erläutern. Komplexere Vorgehensweisen, wie die Erstellung eigener Menüs und Programmabläufe bleiben hier unberücksichtigt, da sie an anderer Stelle des Buches eingehend diskutiert werden. In diesem Kapitel dienen verschiedene Modelle dazu, die Breite der Einsatzmöglichkeiten von Makros deutlich zu machen.

Im ersten Beispiel wird eine einfache Kontoführung gezeigt. Dabei taucht die Problematik auf, in einer Liste eine neue Eingabezeile mit verschiedenen hinterlegten Formeln einzufügen. Eine solche Aufgabenstellung kann in allen möglichen Bereichen auftreten, daher ist das dazugehörige Makro auch leicht auf andere Anwendungsgebiete zu übertragen.

Das zweite Beispiel zeigt ein rollierendes Umsatzsystem, in dem die monatlichen Umsätze verschiedener Waren eingegeben werden und das sich durch besondere Bedienerfreundlichkeit auszeichnet. Durch die Makrosteuerung ist man hier in der Lage, die Eingabe der Werte einem Mitarbeiter zu überlassen, der keinerlei Kenntnisse im Umgang mit dem Computer besitzen muß. Fehlermöglichkeiten sind nach kurzer Einführung weitestgehend ausgeschlossen. Ein solches Hilfsmittel ermöglicht z. B. Vertriebschefs sich von Routinearbeiten freizuhalten. Weitere Steuermöglichkeiten mit Makros und eine genaue Beschreibung der Syntax der in Excel eingebauten Makrosprache sind im Excel-Handbuch didaktisch sehr gut aufgebaut und beschrieben. Der interessierte Makroprogrammierer mag sich an dieser Stelle genauer informieren. Wir verzichten hier auf eine wiederholte Darstellung.

3.1 Kontoführung

Das Ziel, eine genaue Übersicht über die einzelnen Kontobuchungen zu haben, ist ein Alltagsproblem und läßt sich auf viele Bereiche, in denen es um das Auflisten von Informationen geht, übertragen. Bei der Auflistung unserer Buchungen wird zunächst das Datum des jeweiligen Scheckeingangs oder der Scheckausstellung, die Registrierung der Schecknummer, die Auflistung der einzelnen Beträge, die Definition von Soll und Haben - handelt es sich um einen Scheckeingang oder einen Scheckausgang - die Firma, an die der Scheck gegangen ist oder von der er gekommen ist, Verwendungszweck des jeweiligen Schecks und die Tatsache, ob er bereits verbucht wurde oder nicht definiert. Die Spalten "Neuer Saldo 1" und "Neuer Saldo 2" betreffen die unterschiedlichen Verbuchungszeitpunkte. "Neuer Saldo 2" verbucht alle Werte sofort bei der Eintragung, während "Neuer Saldo 1" erst dann eine Verbuchung vornimmt, wenn sich ein Kreuz in der Spalte "Verbucht" befindet und eine tatsächliche Kontobewegung stattgefunden hat.

Microsoft Excel - KONTO.XLS

Datei Bearbeiten Formel Format Daten Optionen Makro Fenster ?

F11

	A	B	C	D	E	F	G	H	I	J
11	Scheck- und Kontenüberwachung				8.6.88					
12										
13										
14										
15	Datum	Scheckn	Betrag	s/h	Firma	Verwendung	verbuc	neuer Sald	neuer Saldo II	
16	Übertrag							5000	5000	
17	18.7.88	298	351,46	s	BEK	Soz.Beitr. D	x	4648,54	4648,54	
18	18.7.88	299	647,55	s	Finanzkass	Lohnsteuer I	x	4000,99	4000,99	
19	18.7.88	40331	944,56	h	CF	R-Nr. 1		4000,99	4945,55	
20	18.7.88	300	4136,25	s	ORGA	Kopierer	x	-135,26	809,3	
21	18.7.88	1756	110	h	SF	Bücher		-135,26	919,3	
22	18.7.88	32004	2502	h	Microsoft	R-Nr. 239	x	2366,74	3421,3	
23	18.7.88	301	180	s	EVO	Strom		2366,74	3241,3	
24	18.7.88	302	250	s	GWO	Gas		2366,74	2991,3	

Bereit NUM

Das Rechenblatt der Kontoführung

Nehmen wir die Eintragung per Hand vor, dann wird mit der Strg- und der Punkt-Taste das aktuelle Datum in die Spalte A eingetragen. Die Schecknummer wird eingetippt, ebenfalls der Betrag und die Tatsache, ob es sich um Soll oder Haben handelt. Es folgt die Zuordnung zu der Firma, der Verwendungszweck und evtl. eine Markierung über die Verbuchung, die Beträge werden automatisch errechnet.

Hinter "Saldo 1" und "Saldo 2" befinden sich ganz bestimmte Formeln, die logisch abhängig sind von der Eintragung "Soll" oder "Haben" oder von der Eintragung "Verbucht". Es handelt sich also um die Verschachtelung mehrerer Wenn-Funktionen. Eine solche Verschachtelung kann bis auf 8 Ebenen erfolgen. In den folgenden Abbildungen finden Sie die Formeln für "Neuer Saldo 1" und "Neuer Saldo 2".

Microsoft Excel - KONTO.XLS

Datei Bearbeiten Formel Format Daten Optionen Makro Fenster ?

H17 =WENN(G17="x";WENN(D17="s";H16-C17;H16+C17);WENN(B17="";"";H16))

	A	B	C						
11	Scheck- und Kontenüberwachung				8.6.88				
12									
13									
14									
15	Datum	Scheckn	Betrag	s/h	Firma	Verwendung	verbuc	neuer Sald	neuer Saldo II
16	Übertrag							5000	5000
17	18.7.88	298	351,46	s	BEK	Soz.Beitr. D	x	4[illegible],54	4648,54
18	18.7.88	299	647,55	s	Finanzkass	Lohnsteuer I	x	4000,99	4000,99
19	18.7.88	40331	944,56	h	CF	R-Nr. 1		4000,99	4945,55
20	18.7.88	300	4136,25	s	ORGA	Kopierer	x	-135,26	809,3
21	18.7.88	1756	110	h	SF	Bücher		-135,26	919,3
22	18.7.88	32004	2502	h	Microsoft	R-Nr. 239	x	2366,74	3421,3
23	18.7.88	301	180	s	EVO	Strom		2366,74	3241,3
24	18.7.88	302	250	s	GWO	Gas		2366,74	2991,3

Bereit NUM

Die Gleichung zur Berechnung von "neuer Saldo I"

Saldo 1:
Wenn der Scheck verbucht ist, dann wird im Falle von Soll der Betrag subtrahiert, ansonsten auf den vorherigen Wert addiert; ist der Scheck nicht verbucht, bleibt die Zelle dann leer, wenn keine Schecknummer eingetragen wurde, ansonsten wird der ursprüngliche Betrag wiederholt.

Es handelt sich bei dieser Eintragung um den tatsächlichen Kontostand.

Saldo 2:
Wenn es sich um eine Verbindlichkeit handelt, wird der Betrag vom ursprünglichen Stand subtrahiert; handelt es sich um ein Guthaben, wird der Betrag addiert. Erfolgt kein Eintrag, bleibt die Zelle leer.

Microsoft Excel - KONTO.XLS

Datei Bearbeiten Formel Format Daten Optionen Makro Fenster ?

I17 =WENN(D17="s";I16-C17;WENN(D17="h";I16+C17;""))

	A	B	C	D	E	F	G	H	I	J
11	Scheck- und Kontenüberwachung				8.6.88					
12										
13										
14										
15	Datum	Scheckn	Betrag	s/h	Firma	Verwendung	verbuc	neuer Sald	neuer Saldo II	
16	Übertrag							5000	5000	
17	18.7.88	298	351,46	s	BEK	Soz.Beitr. D	x	[illegible]48,54	4648,54	
18	18.7.88	299	647,55	s	Finanzkass	Lohnsteuer I	x	4000,99	4000,99	
19	18.7.88	40331	944,56	h	CF	R-Nr. 1		4000,99	4945,55	
20	18.7.88	300	4136,25	s	ORGA	Kopierer	x	-135,26	809,3	
21	18.7.88	1756	110	h	SF	Bücher		-135,26	919,3	
22	18.7.88	32004	2502	h	Microsoft	R-Nr. 239	x	2366,74	3421,3	
23	18.7.88	301	180	s	EVO	Strom		2366,74	3241,3	
24	18.7.88	302	250	s	GWO	Gas		2366,74	2991,3	

Bereit NUM

Die Gleichung zur Berechnung von "neuer Saldo II"

In dieser Spalte werden alle Beträge aufgeführt, auch wenn sie noch nicht auf dem Konto verbucht sind.

Als nächstes wollen wir die Eintragung etwas stärker automatisieren. Dies soll mit einem Makro erfolgen. Nachdem die erste Eintragung erfolgt ist, befinden wir uns im Feld H17. Ohne diese Cursor-Position zu verändern, wählen wir ein leeres Makro-Arbeitsblatt aus und definieren beispielsweise die gesamte Spalte B als den Bereich, in den das Makro eingetragen werden soll, durch den Befehl "Bereich festlegen" aus dem Menü "Makro". Das Makro soll uns immer relativ zur letzten Zeile in die nächste Eintragung bringen, ohne daß das Datum eingegeben werden muß und die Formeln nach unten aufgefüllt werden müssen.

Wählen Sie "Relative Aufzeichnung" für das Makro aus, weil es jedesmal in einer anderen Zeile ablaufen soll. In dem Menü "Makro" muß also der Befehl "Absolute Aufzeichnung" zu sehen sein.

Jetzt sind soweit alle Vorbereitungen für die Erstellung des Makros getroffen, und es kann mit der eigentlichen Programmierung begonnen werden. Dies kann auf zweierlei Art und Weise erfolgen. Einmal läßt sich mit Hilfe der Makro-Programmiersprache tatsächlich ein Makro im herkömmlichen Sinne programmieren. Da dies jedoch eine ganze Reihe von Anwendern überfordern würde, kann man ein Makro auch mit Hilfe der Maus aufzeichnen. Dies geht wie die Aufzeichnung eines Musikstückes mit Hilfe eines Tonbandgerätes vor sich. Man bereitet den Recorder soweit vor, schaltet ihn dann ein und alles, was nach dem Einschalten ertönt bzw. gemacht wird, wird auch aufgezeichnet. Dies gilt allerdings ebenso für alle Fehler, die gemacht werden. Wenn die Aufzeichnung erfolgt ist, kann man dann das Stück beliebig oft wieder ablaufen lassen, möglicherweise auch mit all den Fehlern, die eingebaut wurden.

Diese Form der Aufzeichnung wollen wir jetzt einmal durchführen. Wir gehen also auf unser Konto-Arbeitsblatt in das Feld H17 und schalten nun die Aufzeichnung ein mit dem Befehl "Aufzeichnung ausführen". Als nächstes werden die Felder H17, I17, H18 und I18 aktiviert. Durch den Befehl "Unten Ausfüllen" aus dem Menü "Bearbeiten" werden die Formeln übertragen. Wir gehen jetzt auf Feld A18 und wählen aus dem Menü "Format" das Zahlenformat aus und formatieren mit Tag, Monat und Jahr, gehen dann nach B18 und stoppen jetzt das Makro im Menü "Makro" ab mit dem Befehl "Aufzeichnung beenden". Das so entstandene Makro kopiert die Formeln in die nächste Zeile, springt in die erste Spalte der neuen Zeile und formatiert die erste Zeile gemäß der Datumeintragung. Die eigentliche Eintragung des aktuellen Datums fehlt allerdings noch, jedoch können wir uns an dieser Stelle zunutze machen, daß das Arbeitsblatt immer mit dem aktuellen Datum versehen ist. Dieses Datum kann übertragen werden, indem wir im Makro nach der Formatierung eine Leerzeile einfügen und

FORMEL (!E11)

eingeben. Dadurch wird das aktuelle Datum immer in die entsprechende Zelle eingelesen, ohne bei späterem Aufrufen des Arbeitsblatts erneut geändert zu werden. Dies würde geschehen, wenn wir die Formel

JETZT ()

direkt in das Datumfeld eingeben würden. Das Datum würde auch Tage später immer wieder aktualisiert werden. Diesen Effekt wollen wir vermeiden.

Microsoft Excel - KONTO.XLS

Datei Bearbeiten Formel Format Daten Optionen Makro Fenster ?

E11 =JETZT()

	A	B	C	D	E	F	G	H	I	J
11	Scheck- und Kontenüberwachung				8.6.88					
12										
13										
14										
15	Datum	Scheckn	Betrag	s/h	Firma	Verwendung	verbuc	neuer Sald	neuer Saldo II	
16	Übertrag							5000	5000	
17	18.7.88	298	351,46	s	BEK	Soz.Beitr. D	x	4648,54	4648,54	
18	18.7.88	299	647,55	s	Finanzkass	Lohnsteuer f	x	4000,99	4000,99	
19	18.7.88	40331	944,56	h	CF	R-Nr. 1		4000,99	4945,55	
20	18.7.88	300	4136,25	s	ORGA	Kopierer	x	-135,26	809,3	
21	18.7.88	1756	110	h	SF	Bücher		-135,26	919,3	
22	18.7.88	32004	2502	h	Microsoft	R-Nr. 239	x	2366,74	3421,3	
23	18.7.88	301	180	s	EVO	Strom		2366,74	3241,3	
24	18.7.88	302	250	s	GWO	Gas		2366,74	2991,3	

Bereit NUM

Das Einlesen des akuellen Datums

Microsoft Excel - NZ.XLM

Datei Bearbeiten Formel Format Daten Optionen Makro Fenster ?

B1 | neue Zeile

	A	B	C
1		neue Zeile	
2		=AUSWÄHLEN("Z5:Z(1)S(1)")	
3		=UNTEN.AUSFÜLLEN()	
4		=AUSWÄHLEN("Z(1)S(-7)")	
5		=FORMAT.ZAHLENFORMAT("T.M.JJ")	
6		=FORMEL(!E11)	
7		=AUSWÄHLEN(;"ZS(1)")	
8		=RÜCKSPRUNG()	
9			
10			
11			
12			
13			
14			

Bereit NUM

Das Makro für den Zeilenwechsel

In der ersten Zeile haben wir einen Namen für das Makro vergeben, um es später besser erkennen zu können. Der Name lautet "Neue Zeile". Das Makro, das Sie vor sich sehen, ist nun zwar programmiert, aber in seinem Ablauf keineswegs festgelegt. Von daher ist es nötig, es näher zu bezeichnen. Dies geschieht im Menü "Formel" unter der Definition "Namen festlegen". Hierbei ist zu beachten, daß das erste Feld des Makros aktiviert ist, da sonst die Definition falsch erfolgen würde. Ein Makro wird auf diese Weise immer ab aktivierter Feldposition gelesen.

Eingabe des Tastatur-Codes zum späteren Aufrufen des Makros

Wir erhalten als vorgeschlagenen Namen unsere Bezeichnung "Neue Zeile" und wollen, daß dieses Makro ein Befehl ist. Wir klicken in das kleine freie Kästchen und geben dort ein kleines "y" ein. Dies ist nun der Schlüssel, mit dem das Makro zukünftig abgerufen werden kann (mit Hilfe der Strg- und der y-Taste). Bestätigen Sie Ihre Eingabe mit OK.

Geben Sie nun Ihre neuen Eintragungen in die Felder B18 bis G18 ein. Wenn der Cursor auf H18 steht, drücken Sie die Strg-Taste und die y-Taste gleichzeitig, und Ihr definiertes Makro wird ablaufen. Sie werden in die nächsten Eingabenbereiche der neuen Zeile geführt.

Eine solch einfache Makro-Programmierung beinhaltet alle Befehle, die Sie auch mit der Maus anwählen können. Hiervon ausgenommen sind natürlich die Definitionen von Eingabeboxen, logische Anweisungen, Fehlermeldungen usw. Hierfür ist tatsächlich der Programmieraufwand erforderlich.

Die hier beschriebene Prozedur, ein Makro-Arbeitsblatt vorzubereiten und das einmal aufgezeichnete Makro zu definieren und mit einem Tastenschlüssel zu versehen, läßt sich auch noch auf einfachere Weise bewerkstelligen, wobei allerdings einiges an Flexibilität verlorengeht. Mit dem Befehl "Aufzeichnen" unter dem Menü "Makro" läßt sich ebenfalls ein Makro-Arbeitsblatt definieren.

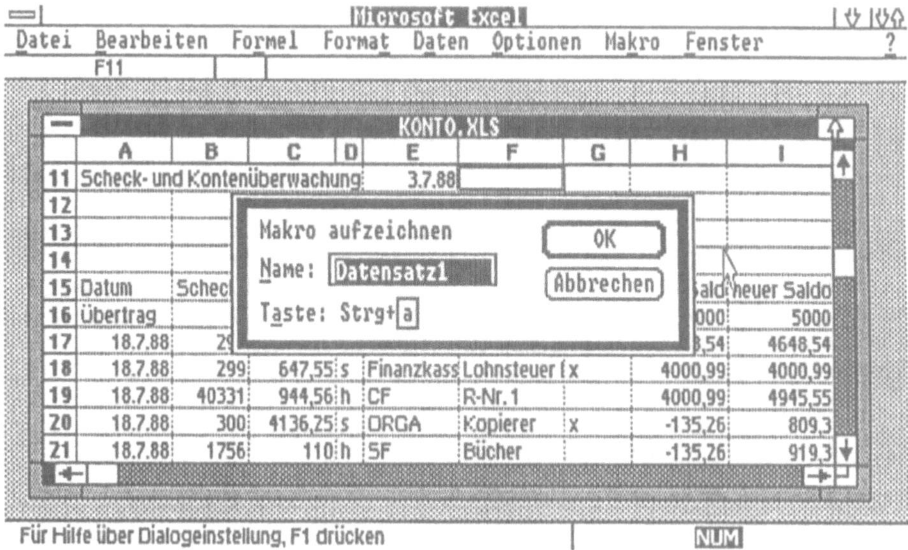

Definition eines Makros über den direkten Dialog

Sie vergeben einen Namen für das Arbeitsblatt und einen Tastencode, um das Makro später wieder aufrufen zu können. Wenn Sie Ihre Eintragungen mit OK bestätigen, können Sie sofort mit der Aufzeichnung beginnen. Das Makro-Arbeitsblatt liegt nun hinter Ihrem aktiven Modell, und sämtliche Mausbewegungen werden in Spalte A dieses so definierten Makro-Arbeitsblatts aufgezeichnet. Die Prozeduren "Namen festlegen" und "Arbeitsblatt definieren" entfallen somit völlig.

3.2 Vom Umgang mit Makros

Es ist in mehrfacher Hinsicht sinnvoll, den Umgang mit Makros zu standardisieren und zu vereinfachen. Dies betrifft einerseits die Gestaltung eines Makros, andererseits aber auch die Bereitstellung von Makros für die tägliche Arbeit und damit eine Standardisierung immer wiederkehrender Befehlsabläufe oder Geräteeinstellungen.

Diese Punkte sollen im folgenden Abschnitt behandelt werden. Zunächst werden einige Aspekte zu der Gestaltung von Makros erläutert. Dann betrachten wir einige Befehlsabläufe, die sich gut standardisieren lassen, und schließlich wollen wir die Bereitstellung von Makros komfortabler gestalten. Die meisten Makros in diesem Abschnitt verdanken ihre Entstehung verschiedenen Anregungen aus dem Buch "Microsoft Excel with Macros"[1]. Der interessierte Leser mag dort weitere Anregungen aufgreifen.

3.2.1 Die Gestaltung von Makros

Wenn man mit Hilfe der Maus ein Makro aufzeichnet, erhält man eine ganze Reihe von Befehlen, die zeilenweise angeordnet sind. Dem außenstehenden Betrachter ist meist völlig unklar, was sich hinter einem solchen Makro verbirgt, und selbst der eigentliche Ersteller des Makros weiß manchmal nach einigen Wochen nicht mehr, was sich hinter seinen Programmierkünsten verbirgt. Deshalb ist es sinnvoll, ein Makro so elegant zu gestalten, daß es jederzeit leicht nachvollziehbar ist.

Eine sinnvolle Darstellung sieht eine Überschrift vor und bezeichnet den Schlüssel, mit dem das Makro abgerufen wird.

Eine Einteilung in drei Spalten hat sich ebenfalls bewährt. In der ersten Spalte befinden sich die Namen von Makrozeilen, die innerhalb eines Makrobefehls unter diesem Namen aufgerufen werden können. So sollten Texteingaben aus Gründen der flexibleren Editiermöglichkeiten vom eigentlichen Eingabebefehl getrennt werden.

---

[1] D. Hergert: Microsoft Excel with Macros (Microsoft Press, Redmond, Washington (USA) 1986).

Der Befehl

= EINGABE ("Wie soll das Makro benannt werden?";2)

wird umgewandelt in

= "Wie soll das Makro benannt werden?"
= EINGABE (prompt;2).

Die Textzeile wird "prompt" genannt. Dieser Name erscheint in der ersten Spalte vor der Eingabezeile. Allerdings kann das Makro die "prompt"-Zeile erst dann erkennen, wenn die Namen in der ersten Spalte in das Makro übernommen wurden. Dies geschieht mit Hilfe des Befehls "Namen übernehmen" aus dem Menü "Formel".

Das eigentliche Makro befindet sich in Spalte 2. In der ersten Zeile steht der Titel und in der zweiten der Befehlscode, mit dem das Makro aufgerufen wird. Die folgenden Zeilen beinhalten die jeweiligen Befehle.

In der dritten Spalte befinden sich Erläuterungen zu einzelnen Passagen des Makros. Auf diese Weise können auch komplexe Vorgänge kurz erklärt werden. Das Makro ist dadurch auch nach längerer Zeit noch verständlich und kann möglicherweise ebenfalls von anderen Benutzern analysiert oder überarbeitet werden.

Kommando	Name des Makros Befehls-Code	Bezeichnung des Makros
Name von Eingaben	Makro	Erklärung der Abläufe

Prinzipielles Design eines Makros

Das Aussehen eines solchen Makros kann weitestgehend vorbereitet werden. Dies läßt sich natürlich durch ein Makro bewerkstelligen.

Dieses Makro öffnet zunächst ein Makro-Arbeitsblatt und vergrößert dieses Blatt auf den gesamten Bildschirminhalt. Danach werden die ersten drei Spalten auf die Größe 6, 21 und 9 gesetzt. Die Gitternetzlinien werden ausgeblendet , und die Darstellung der Zeichen wird festgelegt. Danach wird der Anwender nach dem Namen des Makros gefragt. Das Arbeitsblatt wird dann unter diesem Namen abgespeichert. Auf diese Weise erhalten Sie ein fest vorgegebenes Format für ein Makro-Arbeitsblatt.

Microsoft Excel - BLATT.XLM

Datei Bearbeiten Formel Format Daten Optionen Makro Fenster ?

F2

	A	B	C
1	*Kommando*	Makroblatt	Vorbereiten eines
2		*Strg+m*	Makroblattes
3		=NEU(3)	
4		=VOLLBILD(WAHR)	
5		=AUSWÄHLEN("S1")	
6		=SPALTENBREITE(6)	
7		=AUSWÄHLEN("S2")	
8		=SPALTENBREITE(21)	
9		=AUSWÄHLEN("S3")	
10		=SPALTENBREITE(9)	
11		=BILDSCHIRMANZEIGE(WAHR;FALSCH;WAHR;WAHR;0)	
12		=AUSWÄHLEN("S3;Z1S1";"Z1S1")	
13		=FORMAT.SCHRIFTART("Helv";10;FALSCH;WAHR;FALSCH;FALSCH)	
14		=AUSWÄHLEN("Z1S2")	
15		=FORMAT.SCHRIFTART("Helv";10;WAHR;FALSCH;FALSCH;FALSCH)	
16	prompt	="Wie soll das Makro benannt werden?"	Eingabe-Prompt
17	Name	=EINGABE(prompt;2;"Makroblatt")	Name des Makroblatt
18		=WENN(Name<>FALSCH;SPEICHERN.UNTER(Name;1))	Sichern und benennen
19		=RÜCKSPRUNG()	
20			
21			

Bereit

Ein Makro zur Definition eines Makroblattes

3.2.2 Standardabläufe und Einstellungen

Eine ganze Reihe weiterer Abläufe können durch Makros festgelegt und damit immer wieder abgerufen werden. Daher ist es sinnvoll, eine kleine Bibliothek solcher Abläufe anzulegen:

- Ein einmal erstelltes Makro kann man mit einem Rahmen versehen, wie in unserer oben gezeigten Abbildung.
- Die Übernahme von benannten Zeilen in das Makro kann automatisiert werden.
- Ein Arbeitsblatt kann mit einem Adresskopf und dem aktuellen Datum versehen werden (vergl. Bild ...).
- Das aktuelle Datum kann in einer bestimmten Form definiert werden.
- Das Layout für Grafik oder Tabellen für den Ausdruck kann einmalig festgelegt werden.
- Der Befehl für den Kontrollausdruck auf dem Bildschirm oder für den Ausdruck auf den Drucker kann erteilt werden.

	A	B	C
1	*Kommando*	**Umrahmung**	*Umrahmung des Makro*
2		Strg-r	
3		=RAHMENART(WAHR;FALSCH;WAHR;FALSCH;FALSCH)	
4		=RÜCKSPRUNG()	
5			
6	*Kommando*	**Namen definieren**	*für linke Spalte*
7		Strg-d	
8		=NAMEN.ÜBERNEHMEN(FALSCH;WAHR;FALSCH;FALSCH)	
9		=RÜCKSPRUNG()	
10			
11	*Kommando*	**Arbeitsblatt-Kopf**	*Eingabe*
12		Strg-k	
13		=FORMEL("Dr. Klaus Schertel")	
14		=AUSWÄHLEN("Z(1)S")	
15		=FORMEL("Beratung und Training")	
16		=AUSWÄHLEN("Z(1)S")	
17		=FORMEL("Stralsunder Str. 2")	
18		=AUSWÄHLEN("Z(1)S")	
19		=FORMEL("6054 Rodgau 6")	
20		=AUSWÄHLEN("Z(2)S")	
21		=Heute()	
22		=RÜCKSPRUNG()	
23			
24	*Kommando*	**Heute**	*Datum*
25		Strg-h	
26		=FORMAT.ZAHLENFORMAT("TTTT"", den ""T.M.JJ")	
27		=AUSRICHTUNG(2)	
28		=FORMEL(JETZT())	
29		=RÜCKSPRUNG()	
30			
31	*Kommando*	**Layout**	*Satzspiegel*
32		Strg-l	
33		=LAYOUT("";"";0,787;0,787;1,181;1,181;FALSCH;FALSCH)	
34		=RÜCKSPRUNG()	
35			
36	*Kommando*	**Druck**	*Drucken am Bildschirm*
37		Strg-p	
38		=DRUCKEN(1;;;1;FALSCH;WAHR;1)	
39		=RÜCKSPRUNG()	
40			
41	*Kommando*	**Drucken**	*Drucken auf Laser*
42		Strg-d	
43		=DRUCKEN(1;;;1;FALSCH;FALSCH;1)	
44		=RÜCKSPRUNG()	

Eine Makro-Bibliothek

All diese kleinen Makros dienen der Standardisierung, der Erleichterung der täglichen Arbeit. Sie können immer wieder abgerufen werden oder aber auch von anderen Anwendern benutzt werden, um beispielsweise ein einheitliches äußeres Bild zu gewährleisten.

3.2.3 Komfortable Makro-Bereitstellung

Allerdings sind Makros nur dann einsatzfähig, wenn Sie am Bildschirm präsent sind. Daher ist es sinnvoll, die jeweils wichtigen Makros gleich zu Beginn der Arbeit zu laden.

Wenn man allerdings mit einer ganzen Reihe von Blättern arbeitet, ist es sehr hinderlich, wenn zusätzlich noch einige Makroblätter angefügt werden. In diesem "Gewühle" finden sich die meisten Anwender nicht mehr zurecht. Daher sollten die Makros zwar präsent, also einsatzfähig, aber am Bildschirm nicht sichtbar sein. Dies vermindert die Verwirrung und schützt die Makros vor nachträglicher "Bearbeitung". Sollten Sie einmal den Befehlscode vergessen haben, können Sie den Code-Buchstaben jederzeit aus dem Menü "Makro" unter dem Befehl "Makro ausführen" ablesen.

Zur Bereitstellung einer solchen Makrobibliothek läßt sich wiederum ein Makro schreiben.

	A	B	C
1	*Kommando*	**Starter**	*Öffnet wichtige Makros*
2		Strg-s	
3	Anzahl	3	*Anzahl der Makroblätter*
4	erstes	MEMO.XLM	*Blatt-Name...*
5		BIBL.XLM	
6		BLATT.XLM	
7	Zähler	=0	*Schleifenzahl*
8	Schleife	=WENN(Anzahl-Zähler<1;GEHEZU(ende))	*Zählbedingung*
9	Blattname	=BEREICH.VERSCHIEBEN(erstes;Zähler;0)	*Name suchen*
10		=MELDUNG(WAHR;"Öffne "&Blattname&"...")	*Name anzeigen*
11		=LADEN(Blattname)	*Blatt öffnen*
12		=VERBERGEN()	*Blatt verschwindet*
13		=WERT.FESTLEGEN(Zähler;Zähler+1)	*weiter zählen*
14		=GEHEZU(Schleife)	*Schleife*
15	ende	=MELDUNG(FALSCH)	*Anzeige löschen*
16		=RÜCKSPRUNG()	

Dieses Makro lädt verschiedene Standardmakros

Dieses Makro zählt in einer Schleife die Anzahl der aufgeführten Makros durch und lädt diese, ohne sie auf dem Bildschirm anzuzeigen. Während des Ladevorganges wird der Name des geladenen Makros angezeigt. In unserem Beispiel werden 3 Makros angegeben. Diese Liste kann natürlich erweitert oder verkürzt werden. Benutzen Sie zu diesem Zweck den Befehl "Leerfelder" aus dem Menü "Bearbeiten". Auf diese Weise können Sie Makros bereitstellen, die für Ihre Arbeit immer wichtig sind.

3.3 Eine rollierende Umsatztabelle

Als nächstes Beispiel für eine Makro-Anwendung wollen wir eine Verkaufssituation betrachten. Nehmen wir an, ein Verkäufer ist für drei Software-Produkte verantwortlich und muß die monatlichen Umsatzergebnisse an seinen Verkaufsleiter berichten.

Dieser Bericht wird in zweierlei Form erwartet, einmal als Tabelle und zur besseren Veranschaulichung als Flächendiagramm.

Microsoft Excel - UMSATZ.XLS

Datei Bearbeiten Formel Format Daten Optionen Makro Fenster ?

B8 | 1674

	A	B	C	D	E	F	G	H
1					Gesamtergebnisse			
2		Jul	Aug	Sep	vorher	danach		
3	Word	1532	1654	1674	1790	6650		
4	Chart	458	956	1012	1487	3913		
5	Excel	2098	2436	2987	2198	9719		
6								
7	Aktueller Monat							
8	Word	1674						
9	Chart	1012						
10	Excel	2987						
11								
12								
13								
14								

Bereit NUM

Die rollierende Umsatztabelle

Die Tabelle zeigt die Ergebnisse der drei vergangenen Monate an. Zusätzlich werden die Umsätze aller vorherigen Monate und das gesamte Ergebnis ermittelt.

Ein rollierendes System ergibt sich dadurch, daß der älteste Monat (in diesem Fall der Juli) abgeschnitten wird, die beiden anderen Monate eine Spalte vorrücken

(August und September) und der aktuelle Monat (Oktober) in die auf diese Weise freigewordene Spalte eingetragen wird. Die gesamte Vorgehensweise ist mit dem Befehl "Kopieren, Ausschneiden und Einfügen" durchführbar.

Das grafische Ergebnis ist in Form eines Flächendiagrammes zu erstellen. Zu diesem Zweck werden die Daten in ein Diagramm übernommen und die Fläche 5 aus dem Menü "Muster" ausgewählt.

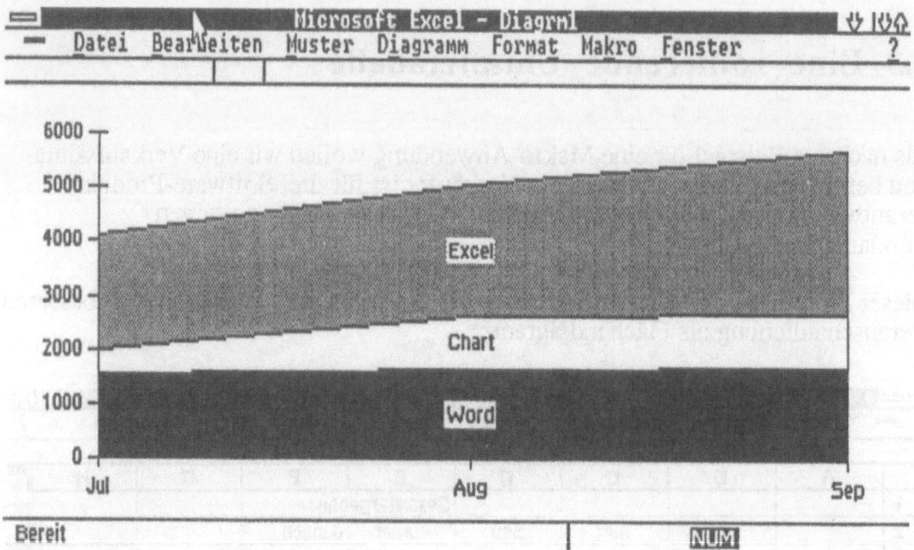

Die Grafik zur Umsatztabelle

Beide, Diagramm und Tabelle, können nun ausgedruckt werden und dienen der Vorlage als Bericht.

Da dieser Vorgang immer wieder auf die gleiche Weise erfolgt, scheint es sinnvoll, den ganzen Ablauf zu automatisieren. Dazu wird der gesamte Befehlsablauf als Makro definiert.

Zunächst wird die einmal erstellte Umsatztabelle geladen. Danach erscheinen Eingabefelder auf dem Bildschirm, in denen die Umsätze für die einzelnen Produkte abgefragt werden. Da die Eintragungen nur in dem dafür vorgesehenen Feld möglich sind, ist die Tabelle damit vor Fehlbedienung geschützt. Wie schon zuvor besprochen, wird auch hier der Text von dem Makro-Befehl getrennt.

Im zweiten Teil des Makros erfolgt der eigentliche Vorgang des Rollierens. Anschließend werden die Werte in die Grafik übertragen und ein Flächendiagramm erzeugt.

	A	B	C
1	*Kommando*	**Verkauf**	*rollierendes Umsatzsystem*
2		*Strg-v*	
3		=LADEN("Umsatz.XLS")	
4		=AUSWÄHLEN("Z8S2")	
5	prompt1	Monatl. Word-Umsatz eingeben.	
6		=FORMEL(EINGABE(prompt1;1))	
7		=AUSWÄHLEN("Z9S2")	
8	prompt2	Monatl. Chart-Umsatz eingeben.	
9		=FORMEL(EINGABE(prompt2;1))	
10		=AUSWÄHLEN("Z10S2")	
11	prompt3	Monatl.Excel-Umsatz eingeben.	
12		=FORMEL(EINGABE(prompt3;1))	
13		=AUSWÄHLEN("Z3S2:Z5S2")	*rollieren*
14		=KOPIEREN()	
15		=AUSWÄHLEN("Z3S5:Z5S5")	
16		=INHALTE.EINFÜGEN(3;2)	
17		=AUSWÄHLEN("Z2S3:Z5S4")	
18		=AUSSCHNEIDEN()	
19		=AUSWÄHLEN("Z2S2:Z5S3")	
20		=EINFÜGEN()	
21		=AUSWÄHLEN("Z2S3:Z2S4")	
22		=DATENREIHE.BERECHNEN(1;3;3;1;)	
23		=AUSWÄHLEN("Z8S2:Z10S2")	
24		=KOPIEREN()	
25		=AUSWÄHLEN("Z3S4:Z5S4")	
26		=EINFÜGEN()	
27		=AUSWÄHLEN("Z3S6:Z5S6")	
28		=FORMEL("=SUMME(ZS2:ZS5)")	
29		=AUSWÄHLEN("Z3S6:Z5S6";"Z4S6")	
30		=UNTEN.AUSFÜLLEN()	
31		=AUSWÄHLEN("Z2S1:Z5S4")	
32		=NEU(2)	*Grafik erstellen*
33		=MUSTER.FLÄCHEN(5)	*Flächendiagramm*
34		=LAYOUT("";"";1;1;1;1;1)	
35		=DRUCKEN(1;;;1;FALSCH;FALSCH;1)	*Druck*
36		=SCHLIESSEN()	
37		=AUSWÄHLEN("Z1S1")	
38		=LAYOUT("";"";0;0;1;1;WAHR;WAHR)	
39		=DRUCKEN()	*Tabelle drucken*
40		=RÜCKSPRUNG()	

Das Makro steuert den Ablauf des Rollierens

Am Ende des Makros erfolgt der Ausdruck von Diagramm und Tabelle mit entsprechendem Layout.
Da die Layouts für Diagramm und Tabelle unterschiedliche Inhalte besitzen, müssen sie zweimal eingegeben werden.
Im Layout des Diagramms wird der Satzspiegel eingetragen und das Diagramm in der Größe angepaßt ohne eine Kopf- oder Fußzeile zu definieren.
Die Tabelle erhält die Randeinstellungen 0 und 1 mit Überschriften und Gitternetzlinien (wahr), aber ohne Kopf- bzw. Fußzeile.
Nun kann unser Verkäufer die Umsatzzahlen telefonisch der Sekretärin des Verkaufsleiters durchgeben, die nur noch das Makro startet und wenige Sekunden später das fertige Ergebnis am Drucker abholen kann.

3.4 Ein Memo-Programm für den internen Schriftverkehr im Büro.

Das folgende Makro automatisiert die internen Betriebsmitteilungen, indem es Memos an verschiedene Firmenbereiche verschickt und damit quasi Serienbrief-Funktion übernimmt.

In unserem Beispiel wird eine interne Mitteilung zur betrieblichen Aus- und Fortbildung an verschiedene fiktive Gebietsverkäufer der Firma Microsoft GmbH gesendet. Alle Verkäufer sollen in einem Arbeitsgang angeschrieben werden. Als Ergebnis wollen wir Betriebsmitteilungen mit dem folgenden Aussehen erhalten:

Betriebsmitteilung

An:
Peter Tewes, Abteilungsl.
Firma Microsoft, Gebiet München
Aufkirchener Str. 3
8000 München

Von: **Dr. Klaus Schertel, Training, Rodgau**
Mitteilung: **Trainingsbesuch**
Datum: **31. 7. 88**

Die Trainings waren in der Vergangenheit sehr gut besucht. Einzelne Teilnehmer haben spontan weiteren Bedarf angemeldet. Aus diesem Grunde brauchen wir Rückmeldung, welche Trainings in den nächsten drei Monaten zusätzlich angeboten werden sollen. Rückmeldung bis 14. 8. 88.

Excel
Windows
Personalsuche und Auswahl
R:Base

Danke!!!

Der fertige Text des Memos

Zu diesem Zweck wird der Text der Mitteilung in ein leeres Excel-Blatt eingegeben und entsprechend formatiert. Wichtig ist dabei, daß die Zeilen 3-7 für die Anschriften frei bleiben. Der restliche Text ist frei wählbar.

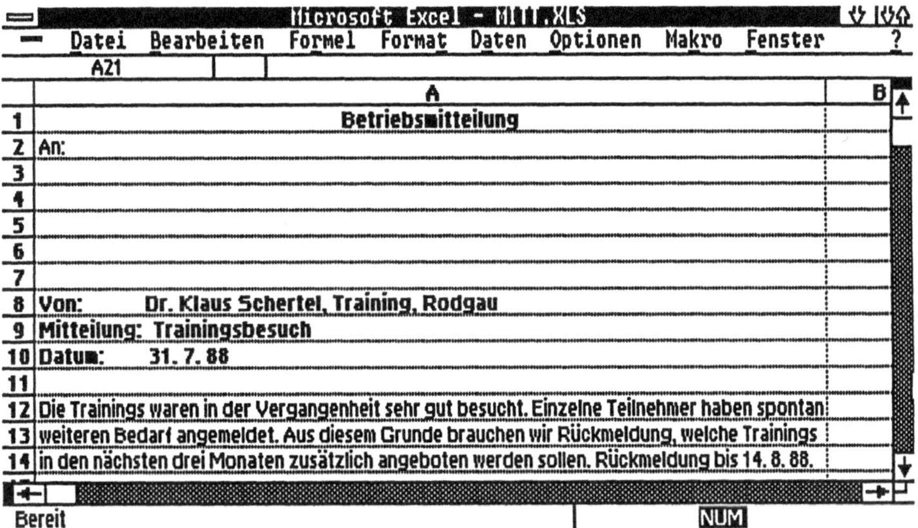

Microsoft Excel - MITT.XLS

Datei Bearbeiten Formel Format Daten Optionen Makro Fenster ?

A21

	A	B
1	**Betriebsmitteilung**	
2	An:	
3		
4		
5		
6		
7		
8	**Von: Dr. Klaus Schertel, Training, Rodgau**	
9	**Mitteilung: Trainingsbesuch**	
10	**Datum: 31. 7. 88**	
11		
12	Die Trainings waren in der Vergangenheit sehr gut besucht. Einzelne Teilnehmer haben spontan	
13	weiteren Bedarf angemeldet. Aus diesem Grunde brauchen wir Rückmeldung, welche Trainings	
14	in den nächsten drei Monaten zusätzlich angeboten werden sollen. Rückmeldung bis 14. 8. 88.	

Bereit NUM

Positionierung des Textes in Excel

In einem weiteren Arbeitsblatt, auf dem sich auch das Makro befindet, werden die Anschriften der verschiedenen Abteilungen eingegeben. Diese Auflistung ist wie eine Datenbank zu verstehen. Aufgrund der Zuweisung im Makro müssen die Eintragungen allerdings in Spalte D und Zeile 1 beginnen.

Microsoft Excel - MEMO.XLM

Datei Bearbeiten Formel Format Daten Optionen Makro Fenster ?

B6 Gewünschter Adress-Vektor

	D	E	F	G	H
1	**Abteilungsl.**	**Straße**	**PLZ**	**Ort**	
2	Peter Tewes	Aufkirchener Str. 3	8000	München	
3	Udo Mäder	Weserstr. 8	6000	Frankfurt	
4	Heinz Ulmer	Im Teich 43	4300	Essen	
5	Werner Hinz	Kalteiche 12	4600	Dortmund	
6	Petra Kunz	Berliner Str. 153	2000	Hamburg	
7					
8					
9					
10					
11					
12					
13					
14					

Bereit NUM

Die Liste der Adressen

	A	B	C
1	*Kommando*	**Memo**	*Erzeugt Memos*
2		Strg-w	
3		=NAMEN.ZUWEISEN("Start";C1)	*Bereichs Referenz*
4		=NAMEN.ZUWEISEN("Kopf";B15:B18)	*Eintragungsbereich*
5	prompt1	="Wie heißt Ihr Text-Dokument?"	
6	prompt2	Gewünschter Adress-Vektor	
7	Titel	="Betriebsmitteilung"	
8	Dokname	=EINGABE(prompt1;2;Titel)	*Memo-Name*
9		=AKTIVIEREN(Dokname)	*Memo aktivieren*
10		=LAYOUT("";"";0,8;0,8;1;1;FALSCH;FALSCH)	*Druck-Layout*
11		=NAMEN.ZUWEISEN("Betrvek";EINGABE(prompt2;64;Titel))	*Vektor annehmen*
12	Veklänge	=SPALTEN(Betrvek)	*Länge festlegen*
13		=WERT.FESTLEGEN(Zähler;1)	*Zähler einschalten*
14	Abtnr	=INDEX(Betrvek;Zähler)	*Abteilungsnr. finden*
15		=BEREICH.VERSCHIEBEN(Start;Abtnr;1)&", Abteilungsl."	*Name und Titel*
16		="Firma Microsoft,"&" Gebiet "&BEREICH.VERSCHIEBEN(Start;Abtnr;4)	*Abteilungs-Name*
17		=BEREICH.VERSCHIEBEN(Start;Abtnr;2)	*Anschrift*
18		=BEREICH.VERSCHIEBEN(Start;Abtnr;3)&" "&BEREICH.VERSCHIEBEN(Start;Abtnr;4)	*PLZ Ort*
19		=AUSWÄHLEN(!A3:A6)	*Kopfbereich festlegen*
20		=FORMEL.MFORMEL(Kopf)	*Kopf wird übertragen*
21		=WertÜberg()	
22		=DRUCKEN(1;;;1;1)	*Ausdruck*
23	Zähler	=Zähler+1	*plus 1*
24		=WENN(Zähler<=Veklänge;GEHEZU(Abtnr))	*weiter zählen?*
25		=RÜCKSPRUNG()	
26			
27	*Kommando*	**WertÜberg**	*Übergabe der Werte*
28		=KOPIEREN()	
29		=INHALTE.EINFÜGEN(3;1)	
30		=ABBRECHEN.KOPIEREN()	
31		=RÜCKSPRUNG()	

Das Makro zur Erstellung der Serienbriefe

Nun sollen Text und Anschriften gemischt werden. Dazu nutzen wir die Möglichkeit, in Excel mit Matrizen oder Vektoren zu arbeiten. Während das Makro abgearbeitet wird, erhält es eine Vektor-Eingabe durch den Anwender, holt sich Werte aus einer Matrize, die im Makro selbst gespeichert ist, und schickt eine Matrize an das Arbeitsblatt, das sich gerade im Arbeitsbereich befindet.

Diese Vorgehensweise betrifft die Kennung der zu mischenden Anschriften, die Formatierung dieser Adressen und die mehrfache Übergabe an den vorbereiteten Text mit anschließendem Ausdruck auf dem angeschlossenen Drucker.

Wenn das Makro gestartet wird, erscheint als erstes ein Eingabefeld auf dem Bildschirm. Hier wird der Name des Arbeitsblattes eingegeben, auf dem sich der Memotext befindet. In unserem Fall heißt das Dokument "Mitt.XLS".

Dialogbox zur Kennzeichnung des Textes

Danach folgt ein zweites Eingabefeld, in das der gewünschte Adress-Vektor eingegeben wird. Die Zahlen bezeichnen die Stellung der Anschriften in der Datenbank. Die einzelnen Codes werden durch Punkte getrennt.

So bedeutet beispielsweise {1.2.5}, daß der Text mit der ersten, der zweiten und der fünften Anschrift in der Datenbank gemischt wird. Die geschweiften Klammern dürfen nicht vergessen werden. Sie können mit Alt Gr-7 bzw. 0 erzeugt werden.

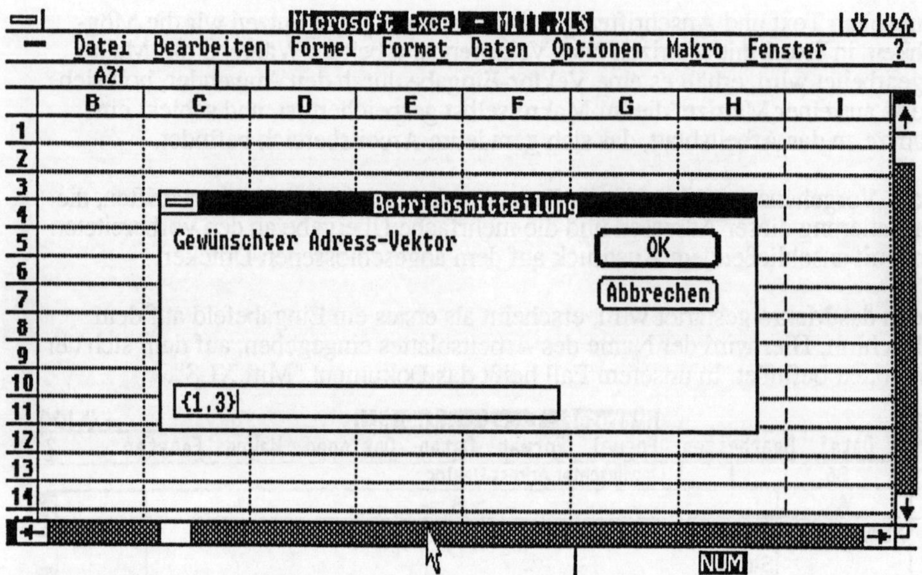

Dialogbox zur Kennzeichnung der Adressen

Nach Eingabe des entsprechenden Zahlenschlüssel werden die einzelnen Memos mit den individuellen Anschriften ausgedruckt und können versendet werden.

Wie wird dieser Vorgang im Makro dargestellt? Dazu müssen wir uns klar machen, daß für diesen Ablauf zwei Makros erforderlich sind. Zum einen ist dies das Memo-Makro, zum anderen das Makro zur Umwandlung der Adress-Matrize im Textblatt in ganz normale Zellen-Eintragungen (WertÜberg). Da diese Übergabe keine Neuerungen beinhaltet, beschränken wir uns auf die Erläuterung des ersten Makros.

Die Tatsache, wie das Makro den Eingabe-Vektor für die Anschriften akzeptiert, dürfte besonders interessant sein:

=NAMEN.ZUWEISEN("Betrvek";EINGABE(prompt2;64;Titel)).

Hier wird der Eingabe-Vektor angenommen und als Variable "Betrvek" (Betriebsmitteilungs-Vektor) abgespeichert. Die Anzahl der Elemente des Vektors bestimmt, wieviele Memos gedruckt werden. Aus diesem Grund muß die Zahl festgelegt werden.

=SPALTEN(Betrvek)

bestimmt diese Zahl. So ergibt {1.2.5} mit Hilfe der Formel die Zahl 3. Das Ergebnis wird unter "Veklänge" (Vektorlänge) abgespeichert und bestimmt die Anzahl der Durchgänge der Memo-Schleife. Pro Durchgang wird ein Memo gedruckt. Ein Zähler ist für diese Durchgänge verantwortlich.

=WERT.FESTLEGEN(Zähler;1)

Nach jedem Durchlauf wird "Zähler" angesprochen und mit "Veklänge" verglichen.

=Zähler+1
=WENN(Zähler<=Veklänge;GEHEZU(Abtnr)

Der Durchlauf setzt sich fort, bis "Zähler" größer als "Veklänge" ist. Zu Beginn eines jeden Durchlaufs muß der Zugriff auf die entsprechende Anschrift gewährleistet sein.

INDEX(Betrvek;Zähler)

garantiert diesen Zugriff. Für jeden Durchlauf wird das entsprechende Element des Vektors identifiziert und unter "Abtnr" festgehalten. Mit

=BEREICH.VERSCHIEBEN(Bezug;Verschieben-um-Zeilen;Verschieben-um-Spalten)

wird die entsprechende Eintragung ermittelt. Vom Bezugspunkt ausgehend, erfolgen die Zeilen- und Spaltenverschiebungen, wodurch eine Zelle eindeutig lokalisiert wird. Der Bezugspunkt wird am Anfang des Makros festgelegt.

=NAMEN.ZUWEISEN("Start";C1)

Die vier Felder der Anschriften lassen sich nun durch folgende vier Funktionen eindeutig ansteuern.

=BEREICH.VERSCHIEBEN(Start;Abtnr;1)
=BEREICH.VERSCHIEBEN(Start;Abtnr;2)
=BEREICH.VERSCHIEBEN(Start;Abtnr;3)
=BEREICH.VERSCHIEBEN(Start;Abtnr;4)

Hierbei wird die Datenbank als Matrize auf dem Makroblatt betrachtet. Die Funktion "=BEREICH.VERSCHIEBEN" steuert nun verschiedene Elemente dieser Matrize an.

Die Zellen B15:B18 des Makroblatts stellen den Kopf des Memos dar. Hier werden die verschiedenen Elemente der Anschriften-Matrize eingelesen und durch weitere Zusätze ergänzt oder formatiert.

="Firma Microsoft,"&" Gebiet "&BEREICH.
   VERSCHIEBEN(Start;Abtnr;4)

ergibt beispielsweise im Text

"Firma Microsoft, Gebiet Essen".

Die Stadt ist hier abhängig vom Eintrag im Vektor. Der gesamte Bereich wird "Kopf"genannt.

=NAMEN.ZUWEISEN("Kopf;B15:B18)

Jetzt muß noch der Kopf in den Text übertragen werden. Dazu muß der Eintragungsbereich aktiviert werden.

=AUSWÄHLEN(!A3:A6)

Dann wird der Kopf als Matrize in einem Arbeitsgang übertragen.

=FORMEL.MFORMEL(Kopf)

Diese Funktion muß mit Befehl-Eingabe bestätigt werden, da es sich ja um eine Matrizenoperation handelt. Die übertragene Matrize könnte etwa so aussehen:

{={"Heinz Ulmer, Abteilungsl."."Firma Microsoft, Gebiet Essen"."Im Teich 43"."4300 Essen"}}

Jedes Matrizenelement wird in eine aktivierte Zelle übertragen. Jetzt müssen die Werte der Matrize nur noch mit Hilfe des Makros "WertÜberg" in Zellen-Eintragungen umgewandelt werden, damit die Matrix als solche wieder aufgelöst wird.

3.5 Ein Aktienpaket verwalten

Die Möglichkeiten der Datenkommunikation nehmen immer ausgeprägtere Formen an. Zugriff auf Mailbox-Systeme oder Datenbanken gewinnen immer größere Bedeutung und gehören für viele Anwender zum Alltagsgeschäft. Dieser Tatsache hat man beispielsweise in der Benutzeroberfläche von Windows dadurch Rechnung getragen, daß ein Datenübertragungsprogramm, wie Terminal zur Grundausstattung der verschiedenen Windows-Presentation-Manager gehören. Auch dieses Buch soll einer solchen Entwicklung Tribut zollen und an einem Beispiel zeigen, wie Datenübertragung und Excel Hand in Hand arbeiten können.

Betrachten wir zunächst die Ausgangssituation. Stellen Sie sich vor, Sie haben einiges Geld in Aktien investiert und verwalten Ihr Portfolio mit Excel.

Mit einem Modell, wie in der Abbildung dargestellt, wissen Sie genau über die Gewinn- und Verlustsituation Bescheid und besitzen damit Entscheidungshilfen für den Kauf oder Verkauf einzelner Werte. Da Sie natürlich profitabel arbeiten wollen, ist es für Sie von großer Bedeutung, schnell reagieren zu können. Aus diesem Grunde nehmen Sie die Dienstleistung von Compu-Serve, einem amerikanischen öffentlichen Datenbankanbieter in Anspruch, wodurch Sie jederzeit die aktuellen Börsennotizen an Wallstreet Ihrer gekauften Werte abrufen können.

	A	B	C	D	E	F	G	H	I	J	K	L
1												
2	Unternehmen	Zeitungs-	Börse	Kaufdatum	Gekaufte	Bezahlter	Aktueller	Ursprüngliche	Aktueller	Provision	Gewinne	Prozent
3		listing			Aktien	Preis	Preis	Kosten	Wert	in$	in $	Gewinn/Verlust
4												
5	IBM	IBM	NYSE	4.9.87	200	114,75	123,875	22950	24775	308,7	1516,3	6,52%
6	Apple Comp	AppleCs	OTC	12.9.87	300	53,5	48,5	16050	14550	300,6	-1800,6	-11,01%
7	Compaq	Compaq	NYSE	17.9.87	500	36,75	58,5	18375	29250	328,5	10546,5	56,39%
8	Microsoft	Micsfts	OTC	21.9.87	500	52,5	58,5	26250	29250	328,5	2671,5	10,05%
9	Motorola	Motorla	NYSE	30.9.87	300	54,5	78,5	16350	23550	304,2	6895,8	41,41%
10												
11	Gesamt				1800	312	367,875	99975	121375	1570,5	19829,5	19,53%
12	Durchschnitt					62,4	73,575	19995	24275	314,1	3965,9	20,67%

Die Tabelle des Aktiendepots

Zu diesem Zweck sind Sie bei Compu-Serve als Benutzer registriert, haben eine Zulassungsnummer für Datex-P bei der Bundespost beantragt (NUI) und können nun zu jedem Zeitpunkt die Wallstreet-Informationen abfragen. Eine solche Abfrage wird mit Hilfe von Terminal durchgeführt, einem Programm, das zum Windows-Standardpaket gehört. Die eingehende Information wird in einer Datei mit dem Namen "Börse" festgehalten.

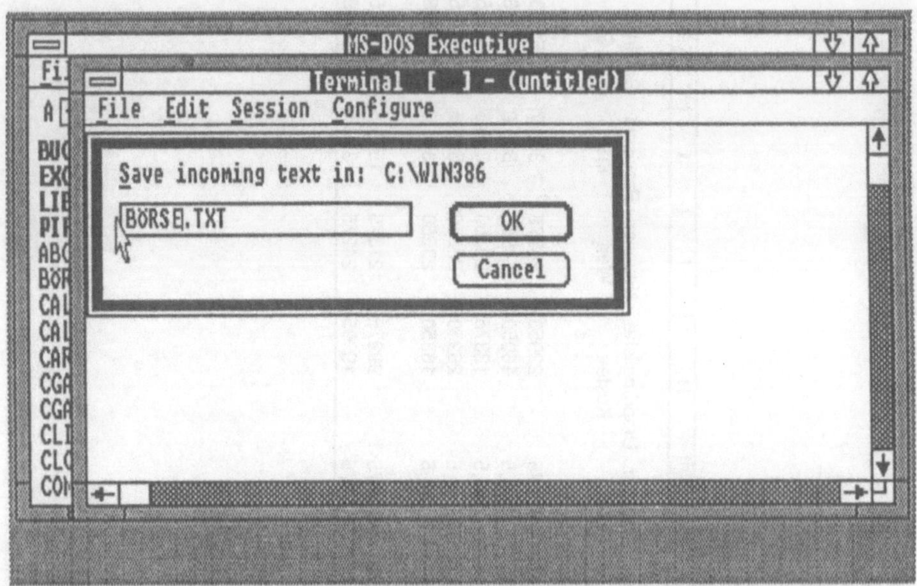

Aufzeichnen der eingehenden Information mit Terminal

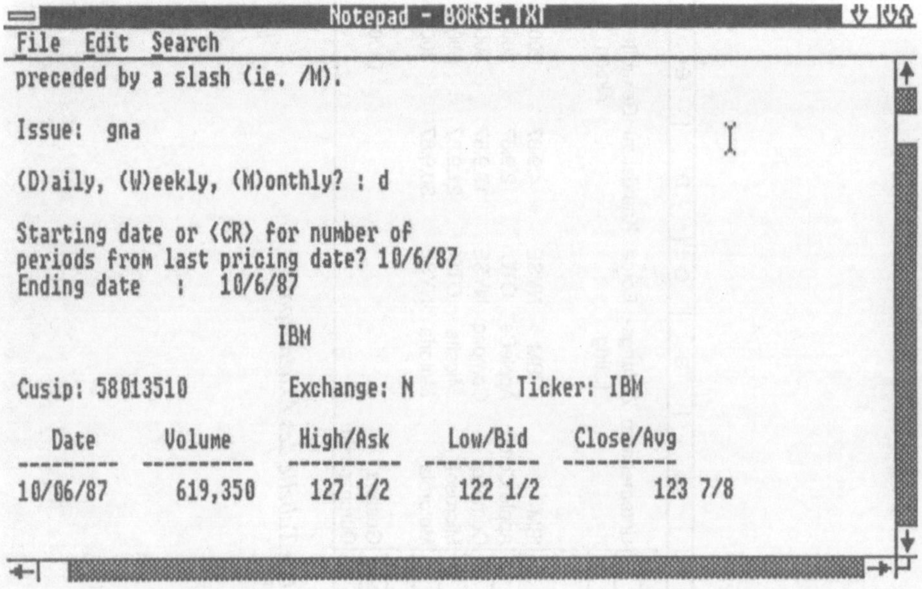

Die aufgezeichneten Werte

Die auf diese Weise gewonnene Information kann man sich mit Hilfe des Notizblockes unter Windows anzeigen lassen und sieht etwa so aus, wie in der Abbildung dargestellt (die gezeigten Werte sind fiktiver Art).

Da sich in Ihrem Portfolio über einen längeren Zeitraum Aktien der gleichen Firmen befinden, kann man die Übertragung der mit Hilfe von Terminal gewonnenen Werte in das Excel-Modell automatisieren. Dabei tauchen verschiedene Probleme auf.

Erstens müssen aus Excel heraus Programme angesprochen und in ihnen gearbeitet werden.

Zweitens wird nach erfolgreicher Übertragung in Excel jede Textzeile in eine Zelle geschrieben. So stehen beispielsweise die Umsätze, die Tageshöchstwerte, die Tagestiefstwerte und der Schlußwert der Aktie IBM alle in einer Zelle und müssen somit entzerrt werden.

Drittens sind die übertragenen Aktienwerte in einem anderen Format dargestellt. Alle Werte werden als Brüche übertragen (z. B. 123 5/8). Es muß also ein Weg gefunden werden, die Brüche in Dezimalzahlen umzuwandeln, damit sie in unserem Excel-Modell weiter verarbeitet werden können. Sämtliche Problematiken sollen dabei von einem Makro gelöst werden. Dieses Makro sieht folgendermaßen aus:

	A	B	C
57		**Conv**	Funktionsmakro
58		=ARGUMENT("x";3)	zur Umwandlung
59		=FINDEN("/";x;1)	von Brüchen in
60		=WENN(ISTFEHLER(B59);GEHEZU(KeinBruch);B63)	Dezimalzahlen
61			
62		**Bruch**	
63		=TEIL(x;1;FINDEN(" ";x;1)-1)	
64		=TEIL(x;FINDEN(" ";x;1)+1;FINDEN("/";x;1)-FINDEN(" ";x;1)-1)	
65		=TEIL(x;FINDEN("/";x;1)+1;LÄNGE(x)-FINDEN("/";x;1))	
66		=RÜCKSPRUNG(WERT(B63)+(WERT(B64)/WERT(B65)))	
67			
68		**KeinBruch**	
69		=RÜCKSPRUNG(WERT("x"))	

	A	B	C
1		Makroblatt	Info aus Terminal in
2	*Kommando*	*Strg-a*	Portfolio einlesen
3		=LADEN("WERTE1")	
4		=ANW.AKTIVIEREN("MS-DOS Executive")	
5		=WARTEN(JETZT()+0,00003)	Warten bis bereit
6		=TASTENF.SENDEN("%(f)""r")	
7		=WARTEN(JETZT()+0,00004)	
8		=ANW.AKTIVIEREN("Notepad - Börse.Txt";FALSCH)	
9		=WARTEN(JETZT()+0,00003)	
10		=TASTENF.SENDEN("%(e)""s")	
11		=WARTEN(JETZT()+0,00005)	
12		=TASTENF.SENDEN("%(e)""c")	
13		=WARTEN(JETZT()+0,00005)	
14		=BERECHNEN(3;FALSCH;100;0,001;WAHR;FALSCH;FALSCH)	
15		=ANW.AKTIVIEREN("Microsoft Excel - WERTE1.XLS";FALSCH)	
16		=EINFÜGEN()	
17		=AUSWÄHLEN("S1")	
18		=LEERFELDER(1)	
19		=AUSWÄHLEN("Z1S2:Z24S2")	
20		=BEARBEITEN.LÖSCHEN(2)	
21		=AUSWÄHLEN("Z1S1")	
22		=FORMEL("IBM")	bei anderen Werten
23		=AUSWÄHLEN("Z2S2:Z25S2")	Namen ersetzen und
24		=BEARBEITEN.LÖSCHEN(2)	Reihenfolge des
25		=AUSWÄHLEN("Z2S1")	Abrufens beachten!
26		=FORMEL("APPLE")	
27		=AUSWÄHLEN("Z3S2:Z26S2")	
28		=BEARBEITEN.LÖSCHEN(2)	
29		=AUSWÄHLEN("Z3S1")	
30		=FORMEL("COMPAQ")	
31		=AUSWÄHLEN("Z4S2:Z27S2")	
32		=BEARBEITEN.LÖSCHEN(2)	
33		=AUSWÄHLEN("Z4S1")	
34		=FORMEL("MICROSOFT")	
35		=AUSWÄHLEN("Z5S2:Z28S2")	
36		=BEARBEITEN.LÖSCHEN(2)	
37		=AUSWÄHLEN("Z5S1")	
38		=FORMEL("MOTOROLA")	
39		=AUSWÄHLEN("Z1S2")	
40		=ANALYSE("(10/06/87)(489,000)(128 3/4)(123 1/2)(125	Aufteilung der Werte
41		=AUSWÄHLEN("Z2S2:Z5S2")	auf verschiedene
42		=ANALYSE("(10/06/87)(99,900)(49 3/4)(42 1/8)(48 1/2)	Zellen
43		=AUSWÄHLEN("Z1S7:Z5S7")	
44		=BERECHNEN(1;FALSCH;100;0,001;WAHR;FALSCH;FALSCH)	
45		=KOPIEREN()	
46		=LADEN("PORTF.XLS")	
47		=AUSWÄHLEN("Z5S7")	
48		=INHALTE.EINFÜGEN(3;1;FALSCH;FALSCH)	
49		=AKTIVIEREN("WERTE1.XLS")	
50		=AUSWÄHLEN("Z1S1:Z235S5")	
51		=INHALTE.LÖSCHEN(1)	
52		=AUSWÄHLEN("Z1S1")	
53		=SPEICHERN()	
54		=DATEI.SCHLIESSEN()	
55		=RÜCKSPRUNG()	
56			

Schauen wir uns seine Funktionsweise etwas genauer an. Der erste Teil des Makro-Arbeitsblattes ist ein Befehlsmakro und übernimmt die Übertragung der Information aus unserer Terminal-Datei "Börse" in das Excel-Modell "Portfolio". Der zweite Teil des Makro-Blattes besteht aus einem Funktionsmakro, das die übertragenen Brüche in Dezimalzahlen umwandelt. Schauen wir uns zunächst die Übertragungen genauer an. Zunächst wird ein vorbereitetes Hilfsarbeitsblatt geladen mit dem Namen "Werte 1". Dieses Hilfsarbeitsblatt besitzt verschiedene Voreinstellungen. Die Cursor-Position steht immer auf A1 und in der Spalte F1 bis F5 befindet sich eine Formel, die das Funktionsmakro aufruft, das Brüche in Dezimalzahlen verwandelt. Da zur Zeit noch keine Übertragung stattgefunden hat, wird dort eine Fehlermeldung ausgegeben, die anzeigt, daß sich keine Werte auf dem Arbeitsblatt befinden.

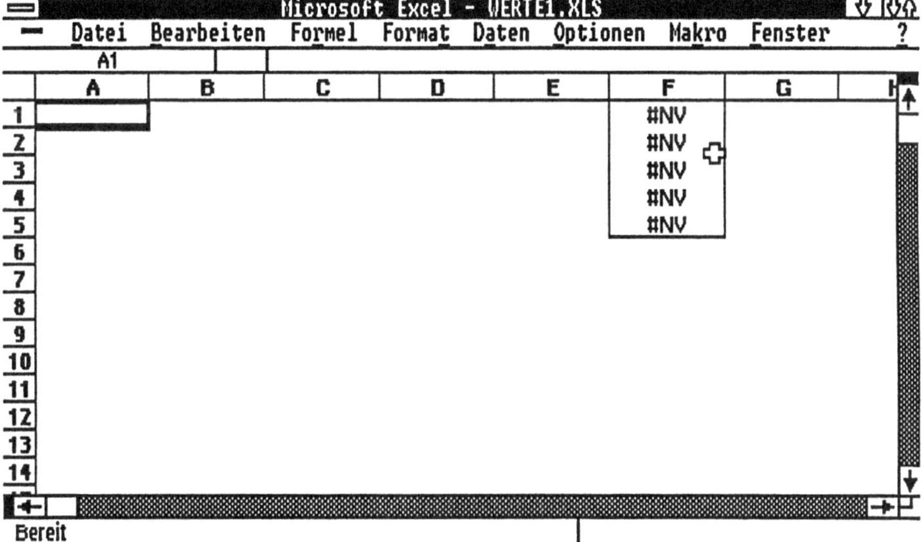

Das Hilfsdokument zur Übertragung der Werte

Im nächsten Schritt wird eine Windows-Anwendung aktiviert, und zwar das Fenster mit dem Windows-Directory. Bei dieser Art von Makro, mit dessen Hilfe man Excel verlassen kann und in anderen Programmen Befehle u. ä. ausführen kann, empfiehlt es sich, immer wieder einmal Wartezeiten einzufügen, damit alle Befehle korrekt ausgeführt werden können, bevor das Makro weiterläuft. Eine solche Unterbrechung wird mit dem Befehl "Warten" eingegeben, wobei der aktuellen Zeit (JETZT()) drei bis fünf Sekunden hinzugefügt werden, was dann genau der Dauer der Wartezeit entspricht.

In den nächsten Schritten des Makros werden verschiedene Tastenfolgen gesendet, die außerhalb Excels Befehle auslösen. Im einzelnen sind das:

- % (F) steht für Alt-Taste F und wählt im Windows-Fenster das Menü "File" aus.

- R steht für run.

Als nächstes erscheint eine Eingabebox auf dem Bildschirm, die den Namen der Datei erwartet, die geöffnet werden soll. Es ist natürlich die Datei, in die unsere Terminal-Daten eingetragen wurden, in unserem Fall Börse.TXT. Dieses Arbeitsblatt wird jetzt automatisch geöffnet als Notizblockdokument und mit dem Befehl "Anwendung aktivieren" auch in den Vordergrund gebracht. Damit man in diesem Arbeitsblatt Befehle ausführen kann, müssen wieder Tastenfolgen gesendet werden.

- % (E) öffnet das Edit-Menü.

- Mit dem Buchstaben S wird der Befehl "Select all" (alles aktivieren) ausgewählt.

Wir gehen wieder in das Menü "Edit" und wählen mit dem Buchstaben "C" den Befehl "Copy" (kopieren) aus.

Um von nun an eine dauernde Rückfrage von Excel bezüglich der Berechnungsmodalitäten zu vermeiden, wird die automatische Formelberechnung ausgeschaltet.

Da sich jetzt die kopierte Information in der Zwischenablage befindet, kann das Hilfsdokument "Werte 1" aktiviert werden und mit dem Befehl "Einfügen" der Inhalt der Zwischenablage in das Dokument eingelesen werden.

Für unsere Tabelle brauchen wir eine andere Darstellungsweise, weil unter anderem die Firmenbezeichnungen der einzelnen Aktien vorangestellt werden sollen. Zu diesem Zweck wird die erste Spalte ausgewählt, und es werden Leerfelder eingefügt. Somit wird alles um eine Spalte nach rechts verschoben. Der Textbereich von Zeile 1 bis Zeile 24 wird ausgewählt und gelöscht. Den Werten vorangestellt wird die Firmenbezeichnung, in diesem Falle IBM. Das gleiche geschieht nun in der entsprechenden Reihenfolge für die Firmen Apple, Compaq, Microsoft und Motorola, was einer exakten Übertragungsabfrage entspricht.

Da es sich um eine Übertragung eines Textdokumentes handelte, stehen alle Zeileninformationen in einer Zelle. Dies entspricht natürlich nicht den Vorstellungen unserer Tabelle. Jede übertragene Zahl muß in einer eigenen Zelle Platz finden. Zu diesem Zweck muß Excel die Trennung zwischen den einzelnen Informationen deutlich machen. Dies geschieht mit Hilfe des Befehls"Analyse". Durch entsprechendes Setzen von Klammern wird die Information in einer Zelle auf verschiedene Zellen aufgeteilt. Die Abbildungen zeigen noch einmal die manuelle Vorgehensweise. (Das ganze läßt sich nicht nur für eine Zeile, sondern natürlich für mehrere Zeilen gleichzeitig durchführen, wenn die Zahlenbereiche gleich groß sind.)

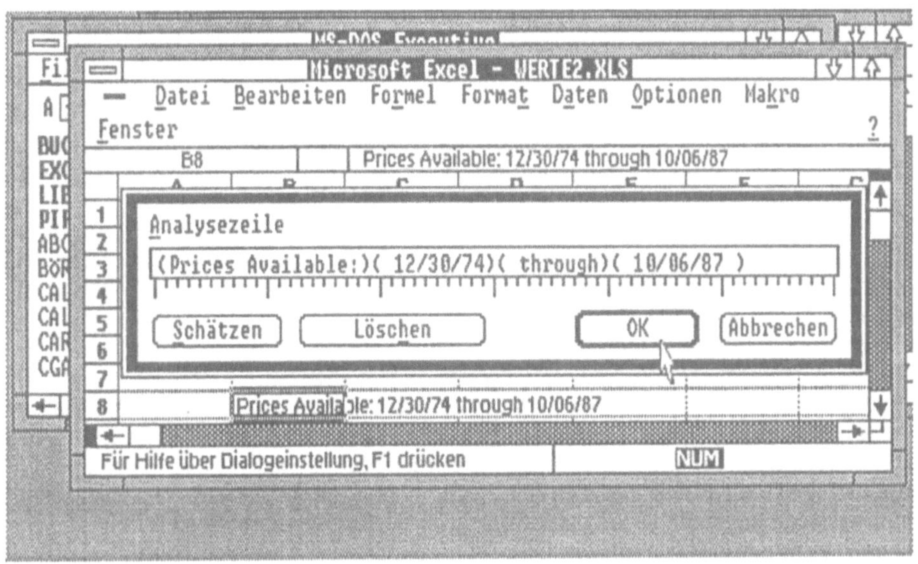

Die Aufteilung des Textes auf verschiedene Zellen

Microsoft Excel - WERTE2.XLS

Datei Bearbeiten Formel Format Daten Optionen Makro Fenster ?

B8 | Prices Available:

	A	B	C	D	E	F	G
1	IBM	10.6.87	489	128 3/4	123 1/2	125 3/4	125,75
2	APPLE	10.6.87	99,9	49 3/4	42 1/8	48 1/2	48,5
3	COMPAQ	10.6.87	440,95	59 3/4	58 1/4	58 1/2	58,5
4	MICROSOFT	10.6.87	40,9	59 3/4	58 1/4	58 1/2	58,5
5	MOTOROLA	10.6.87	234,5	61 1/2	56 1/2	58 1/2	58,5
6							
7							
8		Prices Availa	12/30/74	through	10.6.87		
9							
10		Last page!					
11							
12							
13							
14							

Bereit NUM

Die Textinformation einer Zelle wurde hier auf mehrere verteilt

Nach der Verteilung der Werte auf die verschiedenen Zellen wird die automatische Berechnung wieder eingeschaltet, und in Zelle 1 bis 5 der Spalte 7 vollzieht sich mit Hilfe unseres definierten Funktionsmakros die Umwandlung von gebrochenen Zahlen in Dezimalwerte.

Genau dieser Bereich wird in den Zwischenspeicher kopiert. Unser Portfolio wird geladen, die erste Zelle des Bereiches, in dem die aktuellen Werte eingefügt werden sollen wird angewählt (Z5, S7), und die Werte werden ohne Formelhintergrund eingefügt. Unsere Tabelle ist damit auf dem neuesten Stand.

Da bei einer erneuten Datenübertragung die Werte ab Cursorposition eingetragen werden, muß das Hilfsdokument "Werte 1" wieder in seinen ursprünglichen Zustand versetzt werden. Zu diesem Zweck wird der gesamte Eintragungsbereich aktiviert. Die Inhalte werden alle gelöscht und Zelle A1 ist aktiv. So wird das Dokument gespeichert und die Datei "Werte 1" geschlossen.

Schauen wir uns jetzt noch das Funktionsmakro an. Es konvertiert Brüche in Dezimalzahlen. Deshalb wird im Hauptprogramm zunächst auch der Querstrich als Indikator für einen Bruch gesucht. Dies kann problemlos auf diese Weise geschehen, da es sich bei solch einer Zahlendarstellung für Excel um Text handelt. Danach erfolgt eine Programmverzweigung, je nach dem, ob es sich um eine Zahl mit einem Querstrich oder um eine Zahl ohne einen Querstrich handelt. Ist die Zahl ein Bruch, dann werden die drei Bruchelemente ermittelt (ganzzahliger Bereich, Zähler, Nenner) und mathematisch zusammengefügt. Ist die Zahl kein Bruch, wird sie von der Textdarstellung in einen Wert verwandelt und dem Argument zugeordnet.

Definition des Funktionsmakros

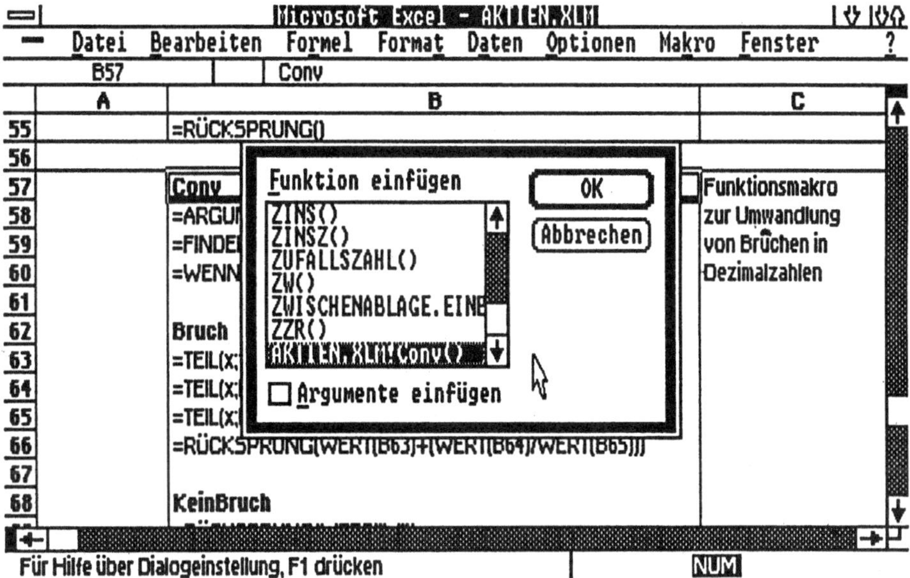

Das Makro kann nun aus der Liste der Funktionen abgerufen werden.

Nun wird diesem Funktionsmakro mit Hilfe des Befehls "Namen festlegen" die entsprechende Bedeutung zuteil, wobei es gleichzeitig in die Liste der Funktionen aufgenommen wird und von dort wie jede andere Funktion abrufbar ist. Mit Hilfe dieser beiden diskutierten Makros erhalten Sie also permanent die Aktualisierung Ihres Portfolios aufrecht. Auf gleiche Art und Weise können Sie natürlich Verbindungen zu jedem Programm aufnehmen, um beispielsweise Ihr Zahlenmaterial zu konsolidieren.

3.6 Arbeiten mit der Begleitdiskette

Starten Sie Ihre Maschine, öffnen Sie Windows 2.x und legen Sie die Begleitdiskette in das eingebaute Laufwerk. Klicken Sie auf das Diskettensymbol, wodurch das Directory der Diskette angezeigt wird. Öffnen Sie das Dokument "Start.XLM". Mit der entsprechenden Tastenkombination läuft dieses Makro ab und die Makros "MEMO", "BIBL" und "BLATT" werden geladen und stehen zu Ihrer Verfügung. Jetzt können Sie jedes einzelne Makro wie beschrieben abrufen.

Wollen Sie in dieser Liste weitere Makros hinzufügen, muß die Anzahl in der Zelle B3 entsprechend erhöht werden. Danach fügen Sie hinter der sechsten Zeile die entsprechende Anzahl von Leerzeilen ein, und tippen Sie in Zelle B7 ff die Namen der zusätzlichen Makroblätter ein.

Wenn Sie die rollierende Umsatztabelle ablaufen lassen wollen, wählen Sie das Makro "Verkauf.XLM" aus. Vergessen Sie nicht, den Drucker vorher eingeschaltet zu haben. Falls die Artikelbezeichnungen geändert werden sollen, muß dies sowohl in der Tabelle "Umsatz.XLS" als auch auf dem Makroblatt in den Prompts geschehen.

Beim Makro "Memo.XLM" können sowohl Änderungen des Textes als auch Änderungen in der Datenbank vorgenommen werden, solange die Formatierung nicht geändert wird. Sie können also Adressen hinzufügen oder den Memotext inhaltlich verändern.

Für den korrekten Ablauf des Makros "Aktien.XLM" ist es notwendig, daß sich das Terminaldokument (z. B. Börse.TXT) im Windows-Directory befindet. Alle anderen zugehörigen Arbeitsblätter werden automatisch geöffnet. Bei anderen Aktienwerten sind die Bezeichnungen im Makro entsprechend zu ändern. Die Reihenfolge, mit der die einzelnen Werte in Terminal abgerufen werden, ist unbedingt zu beachten und muß identisch sein mit der Reihenfolge der Darstellung auf dem Portfolio-Arbeitsblatt. In unserem Fall kann beispielsweise der Wert für die Motorola-Aktien nicht vor den IBM-Werten abgerufen werden, weil diese Reihenfolge nicht übereinstimmt.

Kapitel Vier

Datenverwaltung

Außer der Grafik, der Tabellenkalkulation und den Makros besitzt Excel eine wichtige Funktion: Die Möglichkeit der Datenverwaltung. Dieser Teil des Programms beinhaltet Merkmale wie das Sortieren und Suchen von Daten, das Extrahieren eines Teiles des Datensatzes, das Festlegen verschiedener Suchkriterien und die Eingabe von Daten über Masken.

Enorm wichtig wird dieser Aspekt besonders unter dem Gesichtspunkt der Verbindung von Datensätzen und Informationen aus Datensätzen zu einem Rechenmodell. Genau solche Eigenheiten, die Datenverwaltung und Tabellenkalkulation verbinden, sollen in diesem Kapitel an einigen Beispielen gezeigt werden.

Das erste Beispiel beschäftigt sich mit dem prinzipiellen Aufbau solch einer Datenverwaltung und zeigt, wie man aus einer Datenliste Statistiken ermitteln kann. Im zweiten Beispiel soll gezeigt werden, wie man auf einfache Weise Informationen aus mehreren Datenbanken abrufen und weiterverarbeiten kann.

In beiden Beispielen wird auf große Datensätze verzichtet, da es um die Veranschaulichung des Prinzips geht. Der interessierte Leser mag die einzelnen Datensätze für seine Zwecke ändern oder ergänzen. Es ist jedoch zu beachten, daß bei einer großen Zahl von Verknüpfungen der Rechenaufwand sehr groß wird und damit der Einsatz eines schnellen Prozessors (80386) und eines Coprozessors an Bedeutung gewinnt. Ebenfalls ist die Vergrößerung des RAM-Speichers über ein Megabyte hinaus dringend zu empfehlen.

Bei Anwendungen solcher Art und komplexen Matrix-Operationen (wir werden später darauf zurückkommen) ist es sinnvoll, aus Kapazitätsgründen und Gründen des Zeitverhaltens einzelner CPUs allerneuste Rechnermodelle einzusetzen. Geldersparnis geht hier eindeutig auf Kosten des Komforts und wandelt sich bei professionellem Einsatz wahrlich in Verluste um, da Wartezeiten von Personal langfristig sicherlich teurer sind, als die Kostenersparnis bei der Anschaffung der Hardware.

4.1 Eine Umsatzstatistik

An dem Beispiel einer Umsatzstatistik soll der Aufbau einer Datenverwaltung, der Umgang mit ihr und einige grundlegende Auswertungsmöglichkeiten gezeigt werden.

Gesetzt den Fall, Sie sind Mitarbeiter eines Software-Handelsunternehmens, das regelmäßig Software an verschiedene Firmen verkauft. In Ihrer Firma wird eine Liste geführt, in der alle Lieferungen enthalten sind.

Hin und wieder wird nach ganz bestimmten Lieferungen oder Auftragsgrößen gesucht. Diese Suche soll erleichert werden. Außerdem müssen häufig die Umsätze mit den einzelnen Produktgruppen separat dargestellt werden. Dieses Extrahieren ausgewählter Aufträge soll weniger aufwendig gestaltet werden. Last but not least ist es wichtig, eine stets aktuelle Umsatzstatistik zu führen, um die Abnahmezahlen und die Umsatzgrößen der einzelnen Firmen auf einen Blick ersehen zu können.

All diesen Anforderungen soll auf einem Arbeitsblatt entsprochen werden. Dabei soll die Statistik immer am Kopf des Arbeitsblattes erscheinen. Schließlich kann man mit dem Befehl "Maske" aus dem Menü "Daten" der Datenbank leicht weitere Eintragungen hinzufügen.

4.1.1 Eine Datenbank erzeugen

Die eigentliche Datenliste der Datenbank beginnt erst ab Zeile 11 des Arbeitsblattes. Durch diese Maßnahme läßt man genügend Platz frei, um später die Umsatzstatistik einfügen zu können.

Microsoft Excel - TABELLE.XLS

Datei Bearbeiten Formel Format Daten Optionen Makro Fenster ?

A13

	A	B	C	D	E	F	G	H
10								
11	*Datenliste*							
12	Datum	Produkte	Art	Anzahl	Preis	Betrag		
13								
14								
15								
16								
17								
18								
19								
20								
21								
22								
23								

Bereit NUM

Die Feldbezeichnungen einer Datenbank

In der Zeile 12 werden die Feldbezeichnungen eingegeben. Durch die Eintragung in A11 macht man deutlich, daß es sich bei der folgenden Liste um eine Datenbank handelt (später wäre dies nur noch durch die Definition des Namens zu erkennen). Unter diesen Feldbezeichnungen werden nun die Eintragungen vorgenommen.

Es handelt sich dabei um vier verschiedene Produkte, die an unterschiedlichen Tagen an drei verschiedene Hersteller geliefert wurden. Bei der Ermittlung des Rechnungsbetrages erkennt man, daß auch in der Datenbank alle Rechenfunktionen von Excel erhalten geblieben sind. Der Betrag errechnet sich also automatisch.

Bei der manuellen Erstellung einer solchen Liste müssen häufig identische Zelleninhalte an verschiedenen Stellen der Liste eingegeben werden. Ein kleiner Trick hilft dabei, dies in einem Arbeitsgang zu erledigen. Aktivieren Sie durch Anklicken und gleichzeitiges Drücken der Strg-Taste alle auf der Liste verstreuten Zellen, in denen die Eingaben eingetragen werden sollen. Geben Sie nun den Begriff, die Zahl oder das Datum in die letzte aktivierte Zelle ein. Drücken Sie nun die Strg-Taste, und klicken Sie auf das Häkchen in Ihrer Eingabezelle. Die verschiedenen Zellen werden nun alle mit dem identischen Inhalt gefüllt, obwohl sie nicht zusammenhängend aktiviert wurden.

Microsoft Excel - TABELLE.XLS

Datei Bearbeiten Formel Format Daten Optionen Makro Fenster ?

E29 | 1500

	A	B	C	D	E	F	G	H
10								
11	Datenliste							
12	Datum	Produkte	Art	Anzahl	Preis	Betrag		
13	26.8.88	Chart	IBM	61	1200	73200		
14	26.8.88	Word	Apple	64	1400	89600		
15	26.8.88	Excel	Apple	67	1600	107200		
16	26.8.88	Word	Compaq	70	1400	98000		
17	26.8.88	Multiplan	Compaq	73	1500	109500		
18	26.8.88	Chart	IBM	76	1200	91200		
19	26.8.88	Excel	Compaq	79	1600	126400		
20	26.8.88	Word	IBM	82	1400	114800		
21	26.8.88	Multiplan	Compaq	85	1500	127500		
22	26.8.88	Word	Compaq	88	1400	123200		
23	26.8.88	Multiplan	IBM	91	1500	136500		

Bereit NUM

Die Eintragungen in die Datenbank

Nun sollen die Eintragungen als Datenbank definiert werden. Aktivieren Sie zu diesem Zweck alle Eintragungen einschließlich der Feldbezeichnungen. Im Menü "Daten" wird der Befehl "Datenbank festlegen" aktiviert. Damit ist die Datenbank installiert.

Microsoft Excel - TABELLE.XLS

Datei Bearbeiten Formel Format Daten Optionen Makro Fenster ?

A12 | Datum

	A	B	C	D	E	F	G	H
10								
11	Datenliste							
12	Datum	Produkte	Art	Anzahl	Preis	Betrag		
13	26.8.88	Chart	Apple	61	1200	73200		
14	26.8.88	Word	Apple	64	1400	89600		
15	26.8.88	Excel	Apple	67	1600	107200		
16	26.8.88	Word	Compaq	70	1400	98000		
17	26.8.88	Multiplan	Compaq	73	1500	109500		
18	26.8.88	Chart	IBM	76	1200	91200		
19	26.8.88	Excel	Compaq	79	1600	126400		
20	26.8.88	Word	IBM	82	1400	114800		
21	26.8.88	Multiplan	Compaq	85	1500	127500		
22	26.8.88	Word	Compaq	88	1400	123200		
23	26.8.88	Multiplan	IBM	91	1500	136500		

Bereit NUM

Definition des Datenbankbereichs auf dem Arbeitsblatt

Will man in der Datenbank nach ganz bestimmten Eintragungen forschen, müssen entsprechende Suchkriterien festgelegt werden.

Microsoft Excel - TABELLE.XLS

Datei Bearbeiten Formel Format Daten Optionen Makro Fenster ?

C9 | Compaq

	A	B	C	D	E	F	G	H
6								
7	*Suchkriterium*							
8	Datum	Produkte	Art	Anzahl	Preis	Betrag		
9		Word	Compaq					
10								
11	*Datenliste*							
12	Datum	Produkte	Art	Anzahl	Preis	Betrag		
13	26.8.88	Chart	Apple	61	1200	73200		
14	26.8.88	Word	Apple	64	1400	89600		
15	26.8.88	Excel	Apple	67	1600	107200		
16	26.8.88	Word	Compaq	70	1400	98000		
17	26.8.88	Multiplan	Compaq	73	1500	109500		
18	26.8.88	Chart	IBM	76	1200	91200		
19	26.8.88	Excel	Compaq	79	1600	126400		

Bereit NUM

Festlegung des Bereichs der Suchkriterien

Microsoft Excel - TABELLE.XLS

Datei Bearbeiten Formel Format Daten Optionen Makro Fenster ?

A8 | Datum

Maske...

Suchen
Suchen und kopieren...
Löschen
Datenbank festlegen
Suchkriterien festlegen

Ordnen...

Reihe berechnen...
Mehrfachoperation...
Analyse...

	A	B	C	D	H
6					
7	*Suchkriterium*				
8	Datum	Produkte	Art	Anzahl	
9		Word	Compaq		
10					
11	*Datenliste*				
12	Datum	Produkte	Art	Anzahl	
13	26.8.88	Chart	Apple	61	
14	26.8.88	Word	Apple	64	
15	26.8.88	Excel	Apple	67	
16	26.8.88	Word	Compaq	70	
17	26.8.88	Multiplan	Compaq	73	1500 109500
18	26.8.88	Chart	IBM	76	1200 91200
19	26.8.88	Excel	Compaq	79	1600 126400

Markierte Felder als Suchkriterien festlegen

Die Suchkriterien werden festgelegt

In der Praxis empfiehlt es sich, einfach die Feldbezeichnungen in eine Zeile vor die Datenbank zu kopieren. Das vermeidet Übertragungsfehler. Danach werden die Feldbezeichnungen und die darunter liegenden Zellen aktiviert und als Suchkriterium festgelegt (im Menü Daten). Jetzt können verschiedene Suchkriterien in die entsprechende Leerzeile eingegeben werden. Stellvertreterzeichen als Buchstabenersatz sind dabei genau so zugelassen wie Vergleichsoperatoren (das Handbuch gibt ausführliche Auskunft über die einzelnen Möglichkeiten). In der Abbildung wird nach allen Word-Umsätzen gesucht, die mit der Firma Compaq gemacht wurden.

Microsoft Excel - TABELLE.XLS

Datei Bearbeiten Formel Format Daten Optionen Makro Fenster ?

4 | 26.8.1988

	A	B	C	D	E	F	G	H
12	Datum	Produkte	Art	Anzahl	Preis	Betrag		
13	26.8.88	Chart	Apple	61	1200	73200		
14	26.8.88	Word	Apple	64	1400	89600		
15	26.8.88	Excel	Apple	67	1600	107200		
16	26.8.88	Word	Compaq	70	1400	98000		
17	26.8.88	Multiplan	Compaq	73	1500	109500		
18	26.8.88	Chart	IBM	76	1200	91200		
19	26.8.88	Excel	Compaq	79	1600	126400		
20	26.8.88	Word	IBM	82	1400	114800		
21	26.8.88	Multiplan	Compaq	85	1500	127500		
22	26.8.88	Word	Compaq	88	1400	123200		
23	26.8.88	Multiplan	IBM	91	1500	136500		
24	27.8.88	Chart	IBM	25	1200	30000		
25	27.8.88	Word	IBM	28	1400	39200		

Suchen (Richtungstasten, um Datensätze zu finden)

Die erste Eintragung wird angezeigt

Durch den Befehl "Suchen" aus dem Menü "Daten" wird die erste Eintragung angezeigt. Dabei ändert sich das Aussehen des rechten und unteren Rollbalkens. Er erhält diagonale Streifen. Dies signalisiert, daß wir uns im Suchmodus befinden. Durch Klicken auf den rechten Rollbalken nach unten oder nach oben gelangen wir zur nächsten oder zur vorherigen Eintragung. Das gleiche kann man mit den Richtungstasten auf der Tastatur erreichen. Mit "Suchen abbrechen" gelangt man zum ursprünglichen Status zurück.

Die Suchkriterien können auch noch in anderer Weise behilflich sein. Es lassen sich damit ganz bestimmte Informationen aus der Datenbank extrahieren. So können beispielsweise alle Umsätze, die Compaq mit Word gemacht hat, an einer anderen Stelle des Arbeitsblattes ausgelesen werden. Zunächst werden im Bereich der Suchkriterien die Informationen festgelegt, die später ausgelesen werden sollen (Word und Compaq). Dann werden die Feldbezeichnungen an eine freie Stelle des Arbeitsblattes gruppiert. Einzelne Felder, die keinen Informationswert haben, könne dabei fortgelassen werden (Datum, Preis und Anzahl). Nun wird der Extraktionsbereich aktiviert. Hinweis! Wählen Sie diesen Bercich nicht zu klein, sonst wird die Information nicht vollständig eingetragen. Mit dem Befehl "Suchen und Kopieren" werden die gewünschten Daten dann an der neu definierten Stelle des Arbeitsblattes eingefügt.

Microsoft Excel - TABELLE.XLS

Datei Bearbeiten Formel Format Daten Optionen Makro Fenster ?

B49 Produkte

	A	B	C	D	E	F	G	H
46								
47								
48								
49		Produkte	Art	Betrag				
50		Word	Compaq	98000				
51		Word	Compaq	123200				
52		Word	Compaq	51800				
53		Word	Compaq	22400				
54		Word	Compaq	60200				
55								
56								
57								
58								
59								

Bereit

Es können beliebige Auszüge aus der Datenbank herausgelesen werden

Wenn man der einmal definierten Datenbank neue Datensätze hinzufügen möchte, ist es häufig sinnvoll, eine sogenannte Eingabemaske zu benutzen. Diese Vorgehensweise verringert die Fehlerquote bei der Eingabe und vergrößert den Datenbankbereich automatisch. Eine solche Eingabemaske wird über den Befehl "Maske" aus dem Menü "Daten" aufgerufen.

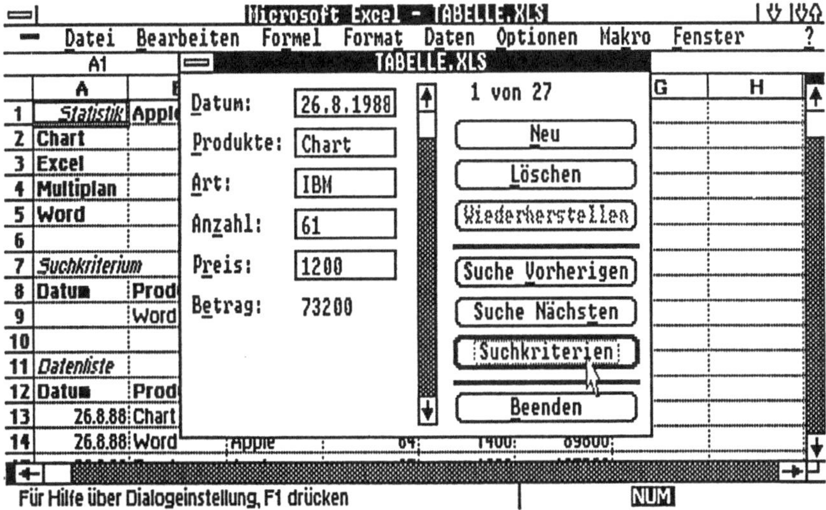

Eingabe der Daten über eine Maske

Dabei werden alle Feldbezeichnungen aufgeführt. Felder, in denen Daten eingegeben werden, sind mit einem Rahmen versehen; Felder die der automatischen Berechnung unterliegen, besitzen keinen Rahmen. Auf diese Weise lassen sich neue Datensätze hinzufügen aber auch bestehende Datensätze löschen. Auch das Suchen ganz bestimmter Eintragungen kann über eine solche Maske erfolgen. Wenn Sie in das Feld "Suchkriterien" klicken, taucht eine Leermaske mit den entsprechenden Feldbezeichnungen auf.

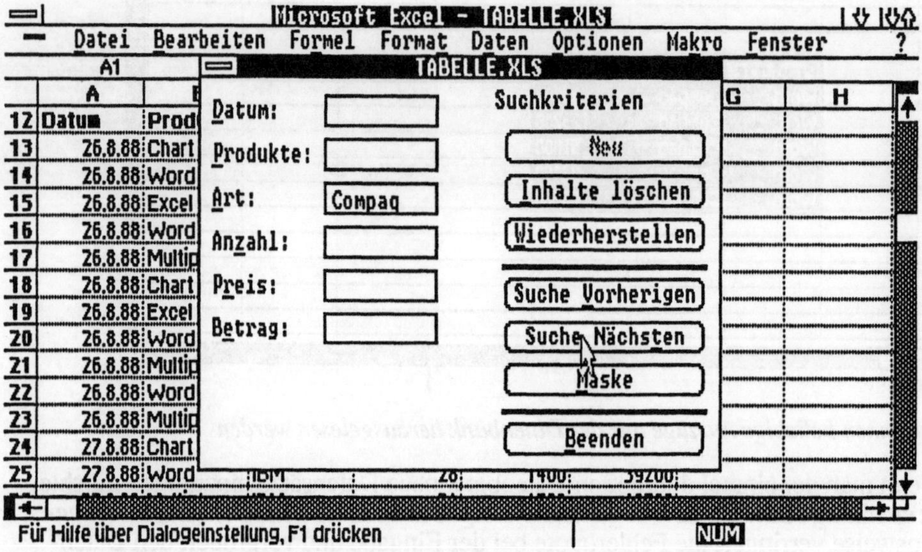

Bestimmte Eintragungen können über die Maske ausgelesen werden

Nun kann das entsprechende Suchkriterium einfach eingetippt werden, (z. B. Compaq) und mit "Suchen nächsten" bewegt man sich durch die verschiedenen Eintragungen hindurch. Auch hier sind Operatoren wie größer oder kleiner möglich.

Häufig wird es allerdings auch von Interesse sein, einen Gesamtüberblick über die Umsätze zu erhalten. Es ist wissenswert, wieviel eine Firma von dem jeweiligen Produkt gekauft hat. Zu diesem Zweck wird eine kleine Statistik angefertigt.

Diese Statistik wird an den Anfang des Arbeitsblattes gestellt.. In der ersten Zeile werden die Firmen aufgelistet und in der Spalte die Produkte. Um diese Tabelle mit den Summen der jeweiligen Umsätze zu füllen, benötigen wir eine Formel.

= DBSUMME (Datenbank; "Betrag"; Suchkriterien)

Microsoft Excel - TABELLE.XLS

Datei Bearbeiten Formel Format Daten Optionen Makro Fenster ?

A1 =DBSUMME(Datenbank;"Betrag";Suchkriterien)

	A	B	C	D	E	F	G	H
1	*Statistik*	Apple	Compaq	IBM				
2	Chart							
3	Excel							
4	Multiplan							
5	Word							
6								
7	*Suchkriterium*							
8	Datum	Produkte	Art	Anzahl	Preis	Betrag		
9		Word	Compaq					
10								
11	*Datenliste*							
12	Datum	Produkte	Art	Anzahl	Preis	Betrag		
13	26.8.88	Chart	IBM	61	1200	73200		
14	26.8.88	Word	Apple	64	1400	89600		

Bereit NUM

Ermittlung einer Statistik mit Hilfe der Datenbankfunktionen

Die Funktion berechnet mit Hilfe des Befehls "Mehrfachoperation" (mehr darüber im nächsten Kapitel) jede einzelne Zelle unserer kleinen Statistik. Sie ist auf einfache Weise zu erklären: Aus dem Datenbankbereich werden alle Zahlen unter der Feldbezeichnung "Betrag" aufsummiert. Diese Addition erfolgt entsprechend der Suchkriterien "Produkte" und "Art".

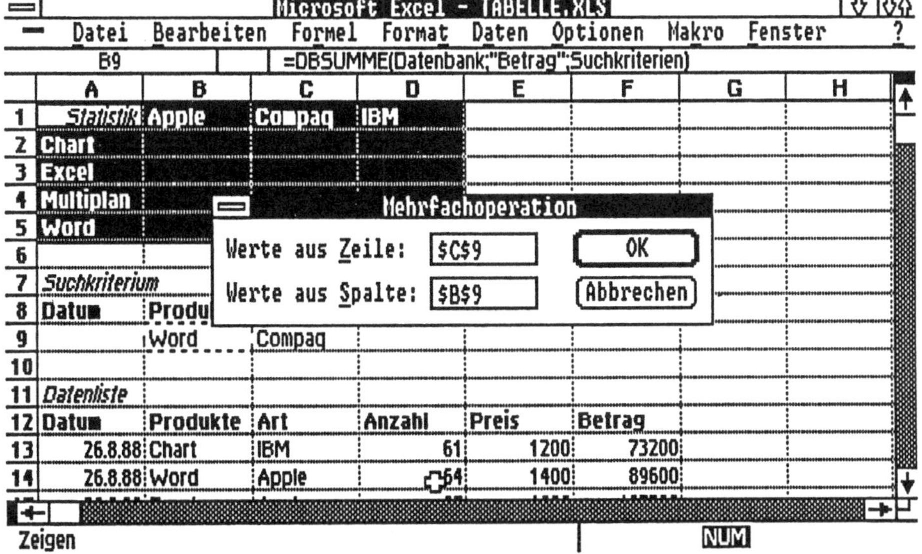

Auffüllen der Berechnung in den verschiedenen Zellen

Zunächst muß dafür der gesamte Tabellenbereich aktiviert werden. Jetzt kann die Mehrfachoperation gestartet werden, indem der Zeilen- und der Spalteninhalt der Tabelle angegeben wird. In der Zeile steht die "Art" (C9 der Suchkriterien), in der Spalte "die Produkte" (B9 der Suchkriterien). Wenn diese Eintragung bestätigt wird, füllt sich die Tabelle automatisch mit den Summen. Zu beachten ist hierbei lediglich noch die richtige Funktionsbezeichnung, da es sich um eine Operation in einer Datenbank handelt.

DBSUMME statt SUMME.

Microsoft Excel - TABELLE.XLS

Datei Bearbeiten Formel Format Daten Optionen Makro Fenster ?

A1 =DBSUMME(Datenbank;"Betrag";Suchkriterien)

	A	B	C	D	E	F	G	H
1	Statistik	Apple	Compaq	IBM				
2	Chart	0	60000	253200				
3	Excel	172800	126400	76800				
4	Multiplan	0	256500	252000				
5	Word	162400	355600	201600				
6								
7	Suchkriterium							
8	Datum	Produkte	Art	Anzahl	Preis	Betrag		
9		Word	Compaq					
10								
11	Datenliste							
12	Datum	Produkte	Art	Anzahl	Preis	Betrag		
13	26.8.88	Chart	IBM	61	1200	73200		
14	26.8.88	Word	Apple	64	1400	89600		

Bereit NUM

Die Werte werden nun automatisch berechnet

Ein solches Ergebnis läßt sich nun zur besseren Veranschaulichung in einer Grafik darstellen.

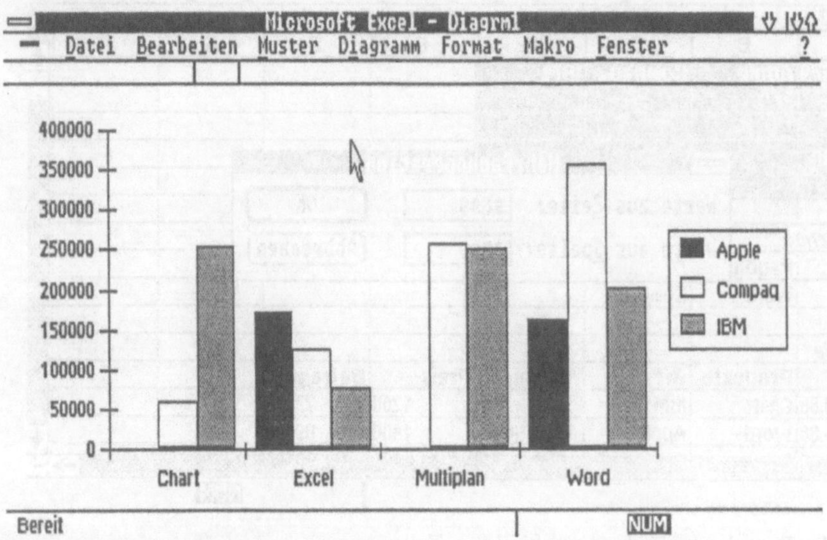

Die Umsetzung der Werte in eine Grafik

Eine einmal auf diese Weise eingerichtete Mehrfachoperation kann auf verschiedene Arten die Auswertung der Datenbank unterstützen.

So ist es beispielsweise möglich, statt der Beträge die Anzahl der Produkte zu erfassen. Will man solch eine Änderung vornehmen, so muß lediglich der Begriff "Betrag" in der Funktion "DBSUMME" durch "Anzahl" ersetzt werden.

Falls Ihnen übrigens die Entstehung des Wortes "Statistik" als Feldeintrag an dieser Stelle rätselhaft erscheint: es handelt sich hierbei um eine feste Formateingabe.

Microsoft Excel - TABELLE.XLS

Datei Bearbeiten Formel Format Daten Optionen Makro Fenster ?

A1 =DBSUMME(Datenbank;"Anzahl";Suchkriterien)

	A	B	C	D	E	F	G	H
1	*Statistik*	Apple	Compaq	IBM				
2	Chart	0	50	211				
3	Excel	108	79	48				
4	Multiplan	0	171	168				
5	Word	116	254	144				
6								
7	*Suchkriterium*							
8	Datum	Produkte	Art	Anzahl	Preis	Betrag		
9		Word	Compaq					
10								
11	*Datenliste*							
12	Datum	Produkte	Art	Anzahl	Preis	Betrag		
13	26.8.88	Chart	IBM	61	1200	73200		
14	26.8.88	Word	Apple	64	1400	89600		

Bereit NUM

Die Ermittlung der Anzahl der verschiedenen Kontobewegungen

Nach Beendigung der Änderung in der Funktion erfolgt automatisch eine Neuberechnung der Tabelle.

Eine solche Automatik gilt für die gesamte Datenbank. Wenn neue Eintragungen hinzugefügt werden oder alte Eintragungen gelöscht werden, berechnet Excel alle Werte neu und hält damit die Statistik auf dem neuesten Stand.

4.2 Eine Rechnungstellung

In diesem Abschnitt soll gezeigt werden, wie Daten und Informationen aus verschiedenen Datenbanken, die sich auf unterschiedlichen Arbeitsblättern befinden, auf einem weiteren Arbeitsblatt eingelesen werden und dort auch weiter verarbeitet werden können.

Als Beispiel soll eine Rechnungstellung dienen. Zwei Datenbanken bilden hierfür die Grundlage: Die Anschriftendatei und die Artikeldatei. Beide Dateien werden ständig ergänzt und überarbeitet und können von unterschiedlichen Personen gewartet werden.

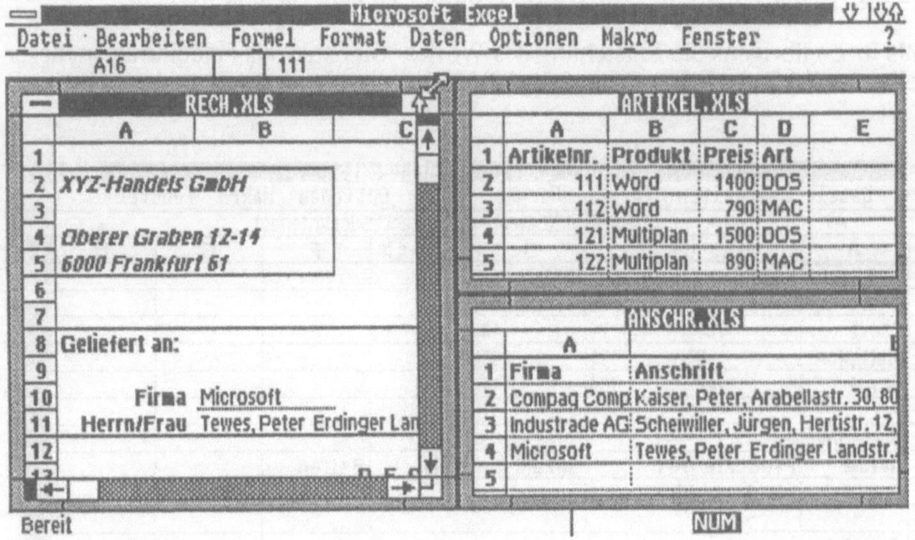

Die drei Dateien der Rechnungstellung

Die Artikel und die Anschriften werden erfaßt wie im vorhergehenden Kapitel beschrieben. Interessant ist in diesem Fall nur die Erstellung des Arbeitsblattes "Rechnung", in das die verschiedenen Informationen aus den Dateien eingelesen werden.

Auf diesem Arbeitsblatt müssen nur drei Informationen eingegeben werden:

- der Name der Firma, an die die Rechnung geht,
- die Artikelnummer und
- die gelieferte Stückzahl.

Alle anderen Felder werden automatisch ausgefüllt und sind daher von vornherein geschützt.

Im einzelnen unterliegen folgende Felder einer Berechnung durch Excel: Das Datum wird bei Öffnung des Arbeitsblattes automatisch aktualisiert durch die Funktion

= JETZT ()

XYZ-Handels GmbH

Oberer Graben 12-14
6000 Frankfurt 61

Tel.: 069-43 56 78-9

Datum: 4.7.88

Geliefert an:

Firma ______________
Herrn/Frau

R E C H N U N G

Artikelnr.	Artikel	Stück	Preis	Summe	Mwst.

Auftragsumme	0,00 DM	
14% Mwst.	0,00 DM	0,00 DM
Gesamtbetrag	0,00 DM	

Bei Zahlung innerhalb von 7 Tagen gewähren wir ein Skonto von 2% = **0,00 DM**

Das Rechnungsformular

Die nächste Eintragung ist die Lieferanschrift. Sie wird durch die Funktion "Verweis" automatisch eingelesen.

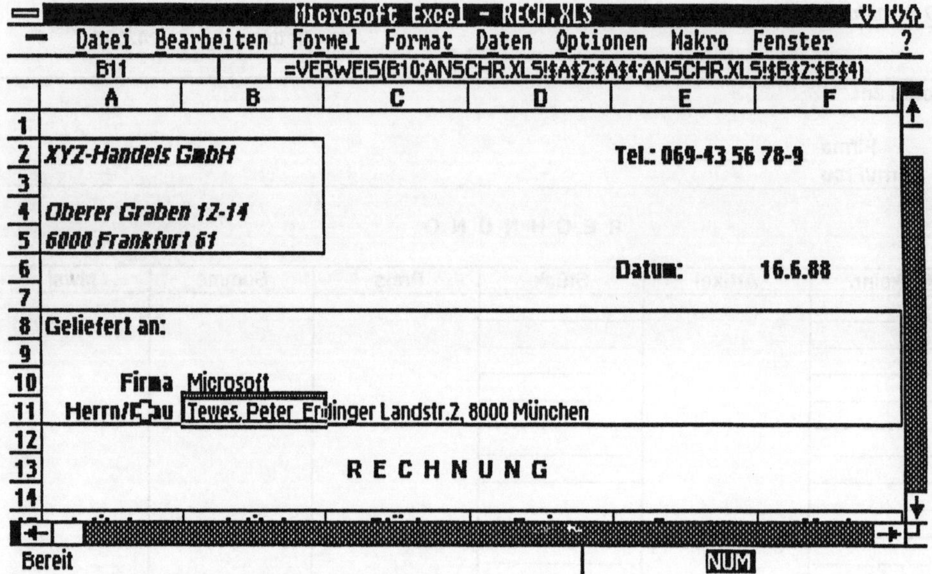

Die Anschrift wird automatisch eingelesen

Diese Funktion sucht den Begriff aus B10 aus dem Arbeitsblatt ANSCHR.XLS heraus (Microsoft) und ordnet ihm eine Eintragung aus der folgenden Spalte (B) zu (die Anschrift), die in das Suchfeld B11 geschrieben wird. Auf diese Weise erhält man den Ansprechpartner samt der kompletten Anschrift.

Die nächste Funktion taucht in Spalte B der Auflistung auf. An dieser Stelle wird zu der Artikelnummer aus der Spalte A der entsprechende Artikel aus der Artikeldatei herausgesucht. Die Funktion "Verweis" ist hier in eine Wenn-Anweisung verpackt, damit die gesamte Funktion nach unten aufgefüllt werden kann (Zeile 16 bis Zeile 42), auch wenn in eine Zeile keine Eintragung erfolgt. Falls man dies unterläßt, würde im Normalfall eine entsprechende Fehlermeldung in der jeweiligen Zelle erfolgen, wo es für die Darstellung des Rechnungsformulars nicht wünschenswert ist.

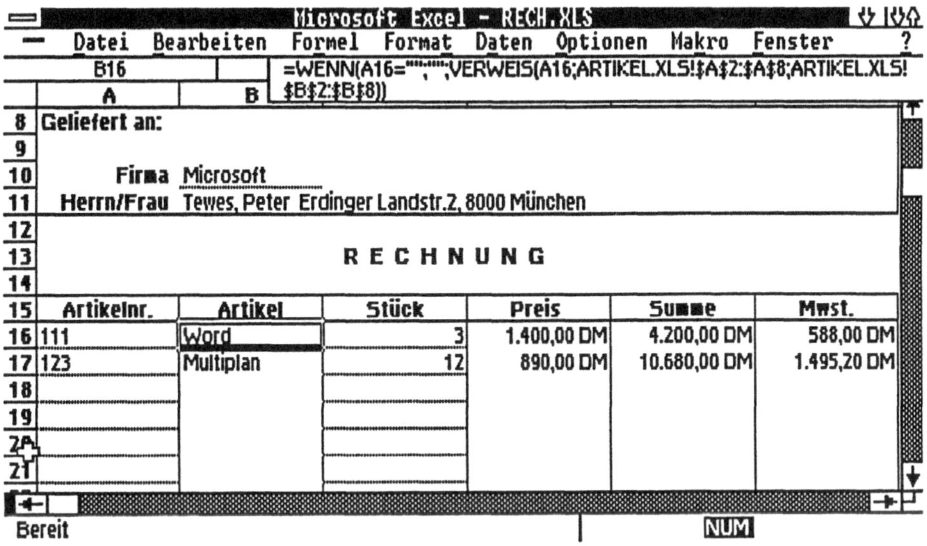

Microsoft Excel - RECH.XLS

Datei Bearbeiten Formel Format Daten Optionen Makro Fenster ?

B16 =WENN(A16="";"";VERWEIS(A16;ARTIKEL.XLS!$A$2:$A$8;ARTIKEL.XLS!$B$2:$B$8))

	A	B				
8	Geliefert an:					
9						
10	Firma	Microsoft				
11	Herrn/Frau	Tewes, Peter Erdinger Landstr.2, 8000 München				
12						
13			RECHNUNG			
14						
15	Artikelnr.	Artikel	Stück	Preis	Summe	Mwst.
16	111	Word	3	1.400,00 DM	4.200,00 DM	588,00 DM
17	123	Multiplan	12	890,00 DM	10.680,00 DM	1.495,20 DM
18						
19						
20						
21						

Bereit NUM

Übernahme des Artikelnamens

Auf ähnliche Weise wird der Preis der einzelnen Produkte aus der Artikeldatei übernommen.

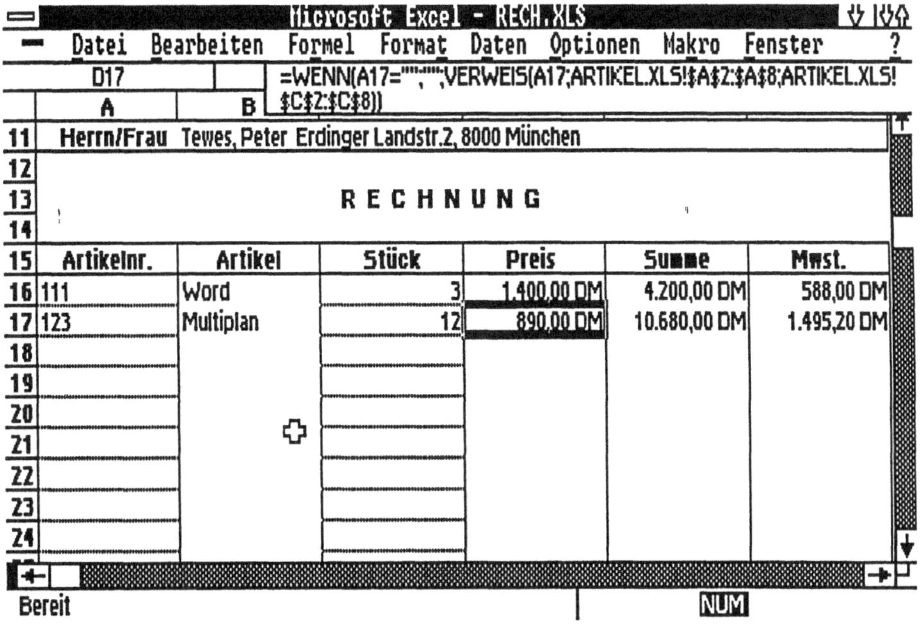

Microsoft Excel - RECH.XLS

Datei Bearbeiten Formel Format Daten Optionen Makro Fenster ?

D17 =WENN(A17="";"";VERWEIS(A17;ARTIKEL.XLS!$A$2:$A$8;ARTIKEL.XLS!$C$2:$C$8))

	A	B				
11	Herrn/Frau	Tewes, Peter Erdinger Landstr.2, 8000 München				
12						
13			RECHNUNG			
14						
15	Artikelnr.	Artikel	Stück	Preis	Summe	Mwst.
16	111	Word	3	1.400,00 DM	4.200,00 DM	588,00 DM
17	123	Multiplan	12	890,00 DM	10.680,00 DM	1.495,20 DM
18						
19						
20						
21						
22						
23						
24						

Bereit NUM

Übernahme der Preise aus der Liste

Hier erfolgt lediglich die Zuordnung der Artikelnummer zur Spalte C der Artikeldatei statt, wie im vorherigen Vorgang, zur Spalte B.

Die Summe wird durch die Multiplikation von Spalte C mit Spalte D ermittelt und folgendermaßen in eine Wenn-Funktion eingebaut:

= WENN (A17 = "";""; C17*D17)

Analog wird die Mehrwertsteuer errechnet:

= WENN (A17 = "";"";E17*0,14)

Alle Formeln werden nach unten aufgefüllt, so daß die Eintragungen bis zur Zeile 42 fortgesetzt werden können. Auf diese Weise hat ein Rechnungsformular die Kapazität von 27 Posten. Nur die Artikelnummer und die Stückzahl müssen dabei manuell eingegeben werden.

Am Schluß der Tabelle wird der Gesamtbetrag ermittelt und ein mögliches Skonto von 2 % ausgerechnet.

Microsoft Excel - RECH.XLS
Datei Bearbeiten Formel Format Daten Optionen Makro Fenster ?
C45 =E46*0,02

	A	B	C	D	E	F
36						
37						
38						
39						
40						
41						
42						
43				Auftragsumme	14.880,00 DM	
44	Bei Zahlung innerhalb von 7 Tagen gewähren			14% Mwst.	2.083,20 DM	2.083,20 DM
45	wir ein Skonto von 2% =		339,26 DM			
46				Gesamtbetrag	16.963,20 DM	
47						
48						
49						

Bereit NUM

Berechnung des Skontos

Diese insgesamt drei Eintragungsbereiche - Firma, Artikelnummer und Stückzahl - reichen aus, um das Rechnungsformular auszufüllen und später zu drucken.

XYZ-Handels GmbH	Tel.: 069-43 56 78-9
Oberer Graben 12-14	
6000 Frankfurt 61	
	Datum: 4.7.88

Geliefert an:

Firma Compaq Computer
Herrn/Frau Kaiser, Peter, Arabellastr. 30, 8000 München 43

R E C H N U N G

Artikelnr.	Artikel	Stück	Preis	Summe	Mwst.
111	Word	3	1.400,00 DM	4.200,00 DM	588,00 DM
123	Multiplan	12	890,00 DM	10.680,00 DM	1.495,20 DM
131	Excel	25	1.600,00 DM	40.000,00 DM	5.600,00 DM
141	Chart	5	1.200,00 DM	6.000,00 DM	840,00 DM

Auftragsumme	60.880,00 DM	
14% Mwst.	8.523,20 DM	8.523,20 DM
Gesamtbetrag	69.403,20 DM	

Bei Zahlung innerhalb von 7 Tagen gewähren
wir ein Skonto von 2% = **1.388,06 DM**

Das ausgefüllte Rechnungsformular

4.3 Arbeiten mit der Begleitdiskette

Starten Sie Excel auf Ihrem Computer und legen Sie die Begleitdiskette in das eingebaute Laufwerk. Wählen Sie "Laden" aus dem Menü "Datei", und wählen Sie die entsprechenden Modelle aus.

Das Modell "Tabelle.XLS" enthält die Datei mit den Software-Bestellungen. Sie können Artikel und Firmen entsprechend Ihren eigenen Anforderungen eintragen und die Datei nach Bedarf vergrößern.

Wenn Sie das Dokument "Rech.XLS" laden, erscheint die fertige Rechnung auf Ihrem Bildschirm. Sie werden gefragt, ob die Bezüge aktualisiert werden sollen. Bestätigen Sie mit OK. Laden Sie nun die verknüpften Dateien - Anschr.XLS und Artikel.XLS. Diese beinhalten die Anschriften und die Artikel, die dem Rechnungsblatt zugeordnet werden. Zur eigenen Nutzung müssen vor allem die Artikel- und die Anschriftendatei mit neuen Eintragungen versehen werden.

Im Rechnungsformular können Sie dann noch die Telefonnummer und die Firmenbezeichnung ändern. Danach brauchen Sie nur noch Empfänger, Firma, Artikelnummer und Stückzahl eingeben.

Kapitel Fünf

Anwendungen aus der Praxis

Was wäre ein Buch über Microsoft Excel ohne die Anwendungen aus der Praxis. Ein Programm bewährt sich im täglichen Gebrauch und zeigt erst dort seine Vorzüge. Solche praktischen Beispiele sollen in diesem Kapitel erarbeitet werden. Insgesamt gibt es sechs Anwendungen, die beschrieben werden - alle mit verschiedenen Schwerpunkten.

Im ersten Beispiel kommen eine ganze Reihe finanzmathematischer Funktionen zur Anwendung, die zur Zinsberechnung dienen und einige abhängige Größen berechnen. Diese Funktionen sind fest im Programm integriert und können jederzeit abgerufen werden.

Weitere mathematische Funktionen und Datumfunktionen werden in einem zweiten Beispiel eingebaut, wenn es um die Erstellung einer Urlaubsdatei für ein Unternehmen geht. Der aktuelle Stand und damit auch die Urlaubsstatistik ist dort jederzeit abrufbar.

In relativ engem Sachzusammenhang dazu steht das dritte Beispiel - die Schwerbehindertenabgabe eines Bildungszentrums. Dabei werden verschiedene Anerkennungsmöglichkeiten berücksichtigt und analog dem Formular der Behörde ausgedruckt.

Das vierte Beispiel stammt aus der klinischen Forschung. Verschiedene Meßwerte werden erfaßt und mit Hilfe statistischer Meßverfahren ausgewertet. Durch den Einsatz der Datenbankfunktion kann der Verlauf der Auswertungen über die Zeit beobachtet werden. Die Ergebnisse werden grafisch dargestellt und eine vom Anwender definierte Maske wird für die Dateneingabe benutzt.

Im fünften Beispiel geht es um eine Kleinlagerverwaltung mit ca. 400 Artikeln, der eindeutigen Zuordnung von Artikelnummern zu Produkten oder der automatischen Erkennung von Produkten anhand einer Artikelnummer. Zusätzlich wird eine Bestelliste erzeugt, und es werden einige Statistiken ermittelt.

Zu guter letzt wird diese Kleinlagerverwaltung noch einmal aufgegriffen, und es werden einige Menüs definiert, die diese Kleinlagerverwaltung automatisieren und zu einer eigenen Anwendung machen. Dabei wird die Vorgehensweise und damit die Anwendung programmiert, wobei Excel völlig in den Hintergrund tritt. Für den Endanwender ist es später nicht mehr ersichtlich, daß er sich in einem Kalkulationsprogramm befindet, da eine völlig neue Anwendung entstanden ist.

Alle aufgeführten Beispiele sind in leicht abgewandelter Form im täglichen Einsatz im Unternehmen. Mit Hilfe des Werkzeugs Excel wurden Speziallösungen geschaffen, die nur einen Bruchteil dessen kosten, was eine spezielle Programmierung an Kosten verursachen würde.

5.1 Ein Beispiel aus dem Kreditwesen

Fast jeder der eine Immobilie kauft oder baut, steht zu Beginn vor dem Problem der Kreditaufnahme. Verschiedene Möglichkeiten des Disagio und der Tilgungshöhe lassen die einzelnen Angebote recht undurchsichtig erscheinen. Ein Vergleich der verschiedenen Angebote bezüglich des Realzinses ist wünschenswert.

In einem anderen Fall steht einem Haushalt ein bestimmter Betrag monatlich zur Verfügung, der für eine Kreditaufnahme eingesetzt werden soll. Dabei wird die Kredithöhe in bezug zur Laufzeit gesetzt, um den idealen Geldeinsatz zu ermitteln.

In allen Fällen steht der Kreditnehmer vor dem Problem der Aufteilung seiner Belastung in Tilgungsbeträge und Zinsbeträge. Dies trifft vor allem dann zu, wenn er den Anteil der Zinslast steuerlich geltend machen will.

Im folgenden Beispiel sollen diese Möglichkeiten berücksichtigt werden. Verschiedene Angebote werden später aus einer Tabelle ablesbar sein.

Microsoft Excel - KREDIT.XLS

Datei Bearbeiten Formel Format Daten Optionen Makro Fenster ?

B1 230000

	A	B	C	D	E
1	**Kredithöhe**	230000,00			
2	**Auszahlungsrate**	100,00	**Laufzeit des Disagio**	5	
3	Auszahlungsbetrag	230000,00			
4	**Zins**	6,25			
5	Realzins	6,25			
6	Monatsrate je nach Laufzeit	1897,95	Monatsrate je nach Tilgung	1772,92	
7	Tilgung je nach Laufzeit	3,65	**Tilgung**	3,00	
8	**Laufzeit**	16,00	Laufzeit je nach Tilgung	18,06	
9					
10	*nach Laufzeit*		*nach Tilgung*		
11	**Anzahl geleisteter Raten**	36	**Anzahl geleisteter Raten**	36	
12	bereits getilgt	27639,66	bereits getilgt T.	22703,04	
13	bisherige Zinslast	40686,42	bisherige Zinslast T.	41121,96	
14	Summe Belastung	68326,07	Summe Belastung T.	63825,00	

Bereit NUM

Das Kreditmodell in der Übersicht

Die Abbildung zeigt das bereits geschützte Modell. Die Fettschrift in Kombination mit den unterstrichenen Feldern zeigt die Eingabefelder an. Alle anderen Felder sind gesperrt und werden automatisch berechnet.

Der Anwender gibt die Kredithöhe, die Auszahlungsrate, den Zinssatz und die Laufzeit des Disagio ein und erhält die Monatsrate für den Kredit unter zwei Gesichtspunkten:

- Entweder er setzt den Anteil der Tilgung fest, dann werden Monatsrate und Gesamtlaufzeit ermittelt (D6 und D8);
- oder er setzt die Gesamtlaufzeit fest und erhält dann die Monatsrate und den zugehörigen Tilgungsbedarf (B6 und B7) .

Für beide Fälle wird schließlich ermittelt, wie sich die gezahlten Beträge in Zinslast und Tilgung aufteilen, um später evtl. bei der Steuererklärung geltend gemacht zu werden (B12/13 bzw. D12/13). Dies geschieht natürlich in Abhängigkeit von der Anzahl der bereits gezahlten Raten (B11 bzw. D11).

Zur Berechnung der jeweiligen Werte sind eine ganze Reihe Formeln und Funktionen nötig. Diese Formeln sind durch die vielen Zellenbezeichnungen in manchen Fällen recht unübersichtlich und können von anderen Benutzern oder nach längerer Zeit nicht immer einfach nachvollzogen werden. Aus diesem Grund machen wir uns eine Eigenschaft von Excel zunutze, die es ermöglicht, die Zellenbezeichnungen mit Namen zu versehen.

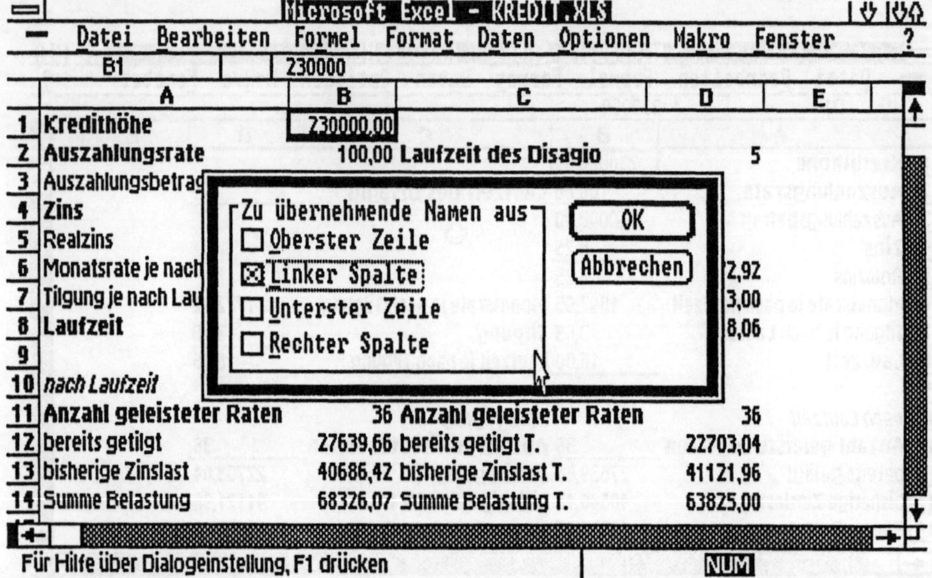

Benennung der Formeln

Aus dem Menü "Formel" wird der Befehl "Namen übernehmen" ausgewählt. Aktivieren Sie vorher A1 bis B14 und wählen Sie die zu übernehmenden Namen aus der linken Spalte aus. Tun Sie das gleiche dann noch einmal für C1 bis D14. Jetzt können diese Namen in die Formeln eingesetzt werden und erhöhen dadurch die Transparenz der Inhalte.

Die Formel für den Auszahlungsbetrag beispielsweise läßt sich dadurch auf zwei Arten darstellen:

= B1/100*B2

oder

= Kredithöhe/100*Auszahlungsrate

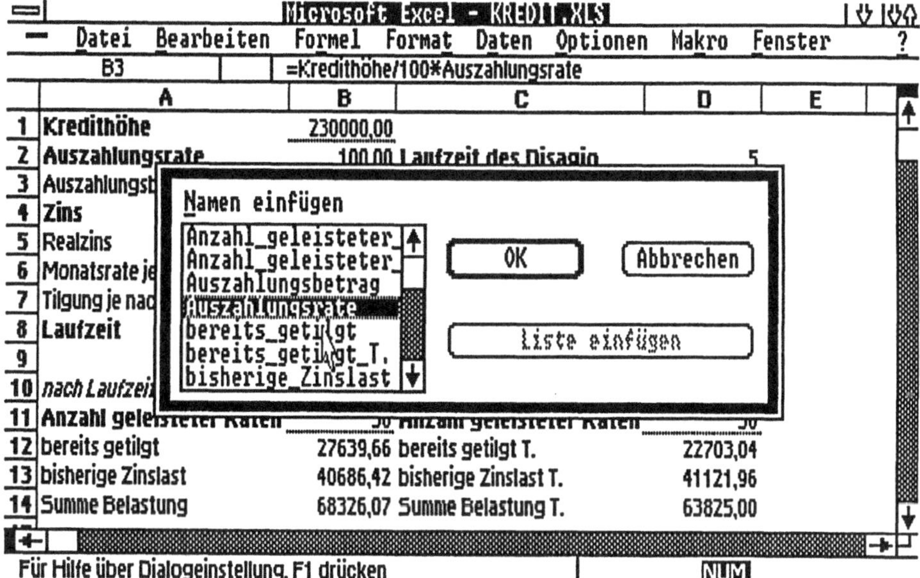

Auswahl der Benennungen

Microsoft Excel - KREDIT.XLS

Datei Bearbeiten Formel Format Daten Optionen Makro Fenster ?

B3 =Kredithöhe/100*Auszahlungsrate

	A	B	C	D	E
1	**Kredithöhe**	230000,00			
2	**Auszahlungsrate**	100,00	**Laufzeit des Disagio**	5	
3	Auszahlungsbetrag	230000,00			
4	**Zins**	6,25			
5	Realzins	6,25			
6	Monatsrate je nach Laufzeit	1897,95	Monatsrate je nach Tilgung	1772,92	
7	Tilgung je nach Laufzeit	3,65	**Tilgung**	3,00	
8	**Laufzeit**	16,00	Laufzeit je nach Tilgung	18,06	
9					
10	*nach Laufzeit*		*nach Tilgung*		
11	**Anzahl geleisteter Raten**	36	**Anzahl geleisteter Raten**	36	
12	bereits getilgt	27639,66	bereits getilgt T.	22703,04	
13	bisherige Zinslast	40686,42	bisherige Zinslast T.	41121,96	
14	Summe Belastung	68326,07	Summe Belastung T.	63825,00	

Bereit NUM

Die Verwendung von Benennungen in einer Formel

Die zweite Darstellungsform erhöht sicherlich die Einsicht des einzelnen Anwenders in die Formel. Die Begriffe werden entweder direkt bei der Eingabe der Formel getippt oder mit dem Befehl "Namen einfügen" aus dem Menü "Formel" an der entsprechenden Stellen eingesetzt. Im folgenden Abschnitt sollen die so entstandenen Formeln genauer analysiert werden.

Die Formeln

Das Zinsmodellbesteht aus einer ganzen Reihe von Formeln und Funktionen, die entweder selbst erstellt werden müssen oder aber aus der Formelsammlung von Excel abgerufen werden. Letzteres geschieht mit dem Befehl "Funktion einfügen" aus dem Menü "Formel". Es erscheint eine Dialogbox auf dem Bildschirm, in der weit über 100 Funktionen angeboten werden, die in Excel verfügbar sind. Diese Funktionen sind alphabetisch geordnet. Der Anwender kann sich den Zugriff erleichtern, indem er den ersten Buchstaben der entsprechenden Formel eingibt und damit sofort die zugehörigen Formelnamen angezeigt bekommt. Das Durchforsten der gesamten Aufstellung wird dadurch vermieden. Nun die Formeln im einzelnen:

Der Auszahlungsbetrag: Dies ist der Anteil des Kredites, der dem Kreditnehmer übergeben wird, d. h.

= *Kredithöhe/100 * Auszahlungsrate* .

Der Unterschied zwischen Kredit und Auszahlungsbetrag wird als Disagio bezeichnet und kann in einigen Fällen steuerlich geltend gemacht werden. In der Formel wird in unserem Falle der Betrag ermittelt, der durch 92,5 % von DM 305.000,-- entsteht.

Der Realzins: Hier wird das Disagio und der Zins auf den tatsächlichen Auszahlungsbetrag bezogen. Es stellt sich hierbei die Frage, wieviel Zinsen tatsächlich für das vorhandene Geld bezahlt werden. Dabei muß berücksichtigt werden, daß das Disagio in der Regel eine ganz bestimmte Laufzeit besitzt, die mit der Tilgungsdauer nicht übereinstimmt.

Microsoft Excel - KREDIT.XLS

Datei Bearbeiten Formel Format Daten Optionen Makro Fenster ?

B5 =(Kredithöhe/100*Zins+(Kredithöhe-Auszahlungsbetrag)/Laufzeit_des_Disagio)/Auszahlungsbetrag*100

	A			
1	**Kredithöhe**	305000,00		
2	**Auszahlungsrate**	92,50	**Laufzeit des Disagio**	5
3	Auszahlungsbetrag	282125,00		
4	**Zins**	5,75		
5	Realzins	7,84		
6	Monatsrate je nach Laufzeit	1918,77	Monatsrate je nach Tilgung	1715,63
7	Tilgung je nach Laufzeit	1,80	**Tilgung**	1,00
8	**Laufzeit**	25,00	Laufzeit je nach Tilgung	33,29
9				
10	*nach Laufzeit*		*nach Tilgung*	
11	**Anzahl geleisteter Raten**	24	**Anzahl geleisteter Raten**	15
12	bereits getilgt	11602,19	bereits getilgt T.	3943,07
13	bisherige Zinslast	34448,40	bisherige Zinslast T.	21791,30
14	Summe Belastung	46050,59	Summe Belastung T.	25734,38

Bereit NUM

Die Formel zur Berechnung des Realzins

Im ersten Teil der Formel wird der Betrag für die Verzinsung der Kredithöhe ermittelt, d. h.

*Kredithöhe/100 * Zins .*

Danach wird der Betrag für das Disagio und der daraus resultierende Jahresanteil berechnet:

(Kredithöhe minus Auszahlungsbetrag) / Laufzeit des Disagio.

Die Summe dieser beiden Ausdrücke wird dann in prozentualer Beziehung zum Auszahlungsbetrag gesetzt.

Monatsrate je nach Laufzeit: Dieser Ausdruck wird wird durch eine finanzmathematische Funktion ermittelt.

Microsoft Excel - KREDIT.XLS

Datei Bearbeiten Formel Format Daten Optionen Makro Fenster ?

B6 =RMZ(Zins%/12;Laufzeit*12;-Kredithöhe)

	A	B	C	D	E
1	**Krédithöhe**	305000,00			
2	**Auszahlungsrate**	92,50	**Laufzeit des Disagio**	5	
3	Auszahlungsbetrag	282125,00			
4	**Zins**	5,75			
5	Realzins	7,84			
6	Monatsrate je nach Laufzeit	1918,77	Monatsrate je nach Tilgung	1715,63	
7	Tilgung je nach Laufzeit	1,80	**Tilgung**	1,00	
8	**Laufzeit**	25,00	Laufzeit je nach Tilgung	33,29	
9					
10	*nach Laufzeit*		*nach Tilgung*		
11	**Anzahl geleisteter Raten**	24	**Anzahl geleisteter Raten**	15	
12	bereits getilgt	11602,19	bereits getilgt T.	3943,07	
13	bisherige Zinslast	34448,40	bisherige Zinslast T.	21791,30	
14	Summe Belastung	46050,59	Summe Belastung T.	25734,38	

Bereit NUM

Die Berechnung der Monatsrate je nach Laufzeit

Die Funktion Rmz (regelmäßige Zahlungen) liefert als Ergebnis die regelmäßigen Zahlungen für eine Investition mit konstanten Cashflows. Ihr Inhalt besteht aus 5 Werten.

Zins = Zinsfuß je Zeitraum
Zzr = Zahl der Zeiträume
Bw = Barwert
Zw = zukünftiger Wert
F = Fälligkeit der Zahlungen

Bei unserer Berechnung können die beiden letzten Argumente der Funktion weggelassen werden. Excel setzt diese dann automatisch auf Null. Das bedeutet, daß unsere Zahlungen immer am Ende einer Zeiteinheit fällig sind. Das entspricht wohl auch der Praxis. Jetzt wird nur noch der Zinsfuß pro Monat, die Laufzeit in Monaten und der Barwert als negative Kredithöhe eingegeben, und wir erhalten die Monatsrate je nach Laufzeit.

Tilgung je nach Laufzeit : Bei vorgegebener Laufzeit steckt in der oben berechneten Monatsrate ein ganz bestimmter Tilgungssatz, der die Abzahlung des Kredits in diesem Zeitraum möglich macht. Die Tilgung variiert je nach Laufzeit: Je niedriger die Laufzeiten, desto höher muß die Tilgung sein. Der Tilgungsbetrag soll als Prozentsatz ermittelt werden.

Microsoft Excel - KREDIT.XLS

Datei Bearbeiten Formel Format Daten Optionen Makro Fenster ?

B7 =(Monatsrate_je_nach_Laufzeit-(Kredithöhe/100*Zins/12))*100/Kredithöhe*12

	A			
1	**Kredithöhe**	305000,00		
2	**Auszahlungsrate**	92,50	**Laufzeit des Disagio**	5
3	Auszahlungsbetrag	282125,00		
4	**Zins**	5,75		
5	Realzins	7,84		
6	Monatsrate je nach Laufzeit	1918,77	Monatsrate je nach Tilgung	1715,63
7	Tilgung je nach Laufzeit	1,80	**Tilgung**	1,00
8	**Laufzeit**	25,00	Laufzeit je nach Tilgung	33,29
9				
10	*nach Laufzeit*		*nach Tilgung*	
11	**Anzahl geleisteter Raten**	24	**Anzahl geleisteter Raten**	15
12	bereits getilgt	11602,19	bereits getilgt T.	3943,07
13	bisherige Zinslast	34448,40	bisherige Zinslast T.	21791,30
14	Summe Belastung	46050,59	Summe Belastung T.	25734,38

Bereit NUM

Die Berechnung der Tilgung je nach Laufzeit

Zu diesem Zweck wird der dem Zins zugeordnete Geldbetrag

*Kredithöhe/100 * Zins/12*

von der Monatsrate subtrahiert. Das Ergebnis ist der geldwerte Tilgungsbetrag, der nun noch als Prozentanteil der Kredithöhe ausgedruckt wird.

Monatsrate je nach Tilgung: Monatsrate, Tilgung und Laufzeit können allerdings auch unter einem anderen Gesichtspunkt betrachtet werden. Bei dieser Betrachtungsweise wird nicht die Laufzeit, sondern die Tilgung als feste Größe bestimmt und die anderen Beträge werden rechnerisch ermittelt.

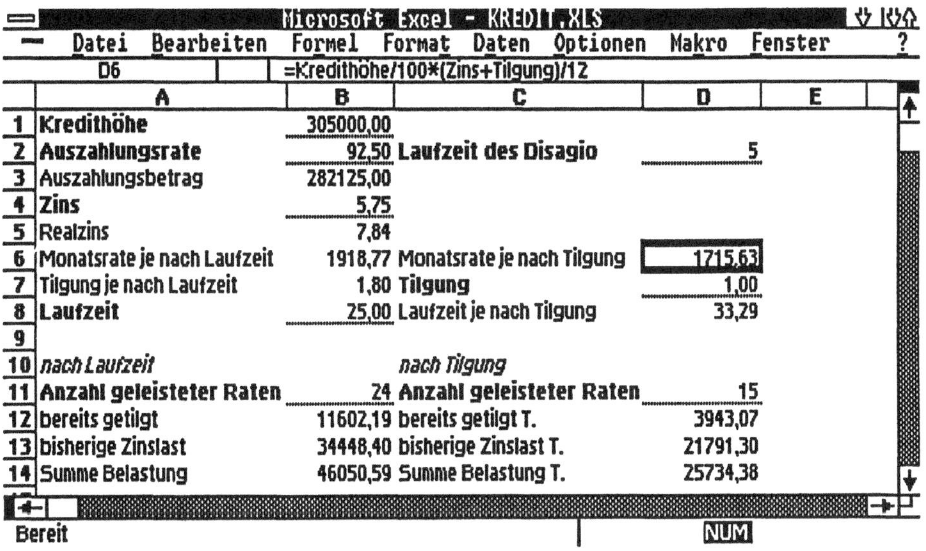

Microsoft Excel - KREDIT.XLS

Datei Bearbeiten Formel Format Daten Optionen Makro Fenster ?

D6 =Kredithöhe/100*(Zins+Tilgung)/12

	A	B	C	D	E
1	**Kredithöhe**	305000,00			
2	**Auszahlungsrate**	92,50	**Laufzeit des Disagio**	5	
3	Auszahlungsbetrag	282125,00			
4	**Zins**	5,75			
5	Realzins	7,84			
6	Monatsrate je nach Laufzeit	1918,77	Monatsrate je nach Tilgung	1715,63	
7	Tilgung je nach Laufzeit	1,80	**Tilgung**	1,00	
8	**Laufzeit**	25,00	Laufzeit je nach Tilgung	33,29	
9					
10	*nach Laufzeit*		*nach Tilgung*		
11	**Anzahl geleisteter Raten**	24	**Anzahl geleisteter Raten**	15	
12	bereits getilgt	11602,19	bereits getilgt T.	3943,07	
13	bisherige Zinslast	34448,40	bisherige Zinslast T.	21791,30	
14	Summe Belastung	46050,59	Summe Belastung T.	25734,38	

Bereit NUM

Berechnung der Monatsrate je nach Tilgung

Unter o. g. Gesichtspunkt wird bei der Berechnung der Monatsrate der Zinssatz einfach um die Tilgung erhöht:

Zins + Tilgung.

Der Wert für die Tilgung wird in D7 manuell eingegeben. In den meisten Fällen wird er 1% betragen. Dieser Wert führt nun zu einer niedrigeren Monatsrate als bei der vorhergehenden Berechnung. Dort lag die Tilgung bei 1,8% der Kredithöhe.

Laufzeit je nach Tilgung: Eine solche Festlegung der Tilgung hat eine Abhängigkeit der Laufzeit zur Folge, die über eine vorgegebene Formel ermittelt wird.

Die Funktion ZZR liefert als Ergebnis die Zahl der Zahlungszeiträume, die für eine Investition bei gleichbleibendem Cashflow vorzusehen ist, um das gewünschte Ziel zu erreichen. Im einzelnen setzen sich die Argumente folgendermaßen zusammen:

Zins = Zinsfuß je Zeitraum;
Rmz = regelmäßige Zahlungen;
Bw = Barwert;
Zw = zukünftiger Wert;
F = Fälligkeit.

Auch hier können die beiden letzten Argumente durch Fortlassen auf Null gesetzt werden.

Damit wird nur noch der monatliche Zinssatz, die Monatsrate je nach Tilgung und die Kredithöhe benötigt, um die Laufzeit in Monaten zu ermitteln. Eine Division durch 12 liefert uns als Ergebnis die Laufzeit in Jahren.

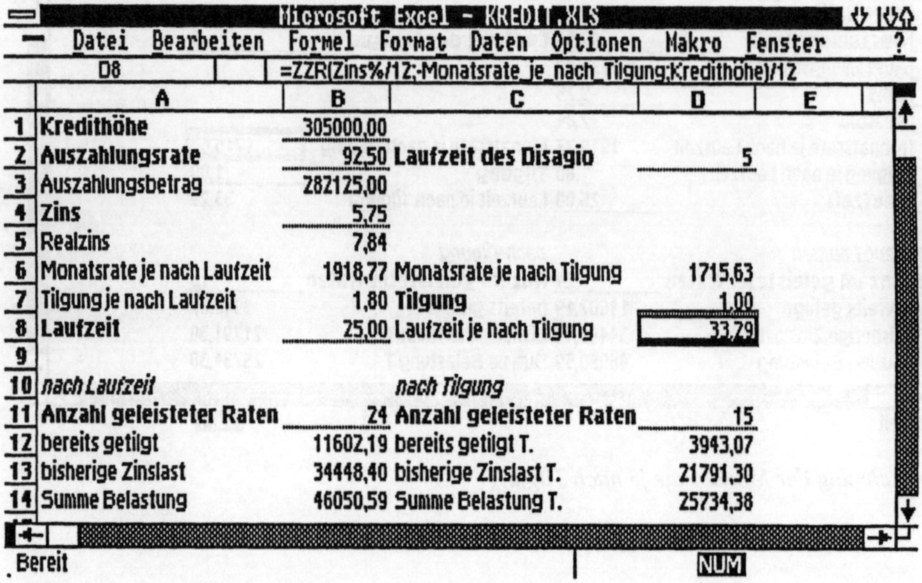

Microsoft Excel - KREDIT.XLS

Datei Bearbeiten Formel Format Daten Optionen Makro Fenster ?

D8 =ZZR(Zins%/12;-Monatsrate_je_nach_Tilgung;Kredithöhe)/12

	A	B	C	D	E
1	**Kredithöhe**	305000,00			
2	**Auszahlungsrate**	92,50	**Laufzeit des Disagio**	5	
3	Auszahlungsbetrag	282125,00			
4	**Zins**	5,75			
5	Realzins	7,84			
6	Monatsrate je nach Laufzeit	1918,77	Monatsrate je nach Tilgung	1715,63	
7	Tilgung je nach Laufzeit	1,80	**Tilgung**	1,00	
8	**Laufzeit**	25,00	Laufzeit je nach Tilgung	33,79	
9					
10	*nach Laufzeit*		*nach Tilgung*		
11	**Anzahl geleisteter Raten**	24	**Anzahl geleisteter Raten**	15	
12	bereits getilgt	11602,19	bereits getilgt T.	3943,07	
13	bisherige Zinslast	34448,40	bisherige Zinslast T.	21791,30	
14	Summe Belastung	46050,59	Summe Belastung T.	25734,38	

Bereit NUM

Berechnung der Laufzeit je nach Tilgung

Als weitere Größe soll die Aufteilung der Belastung in Tilgungsbeträge und Zinslast erfolgen. Dies geschieht ebenfalls unter den zwei Gesichtspunkten "Festgelegte Laufzeit" oder "Festgelegte Tilgung". Zuvor muß allerdings die Anzahl der bisher geleisteten Raten eingegeben werden.

Tilgungsbetrag bei fester Laufzeit : Dies ist der Anteil, um den sich der Kreditbetrag nach einer ganz bestimmten Anzahl von Raten verringert hat.

In die Formel geht die Funktion BW ein, der Barwert einer Investition. Die Argumente dieser Funktion sind:

Zins = Zinsfuß je Zeitraum;
Zzr = Zahl der Zeiträume;
Rmz = regelmäßige Zahlungen;
Zw = zukünftiger Wert;
F = Fälligkeit.

Da Zw gleich Null gesetzt wird, wird als Ergebnis eine geleistete Zahlung ermittelt. Das hat einen negativen Barwert zur Folge, der die Kredithöhe ebenfalls beinhaltet. Deshalb wird er nochmals zur Kredithöhe addiert.

Microsoft Excel - KREDIT.XLS

Datei Bearbeiten Formel Format Daten Optionen Makro Fenster ?

B12 =Kredithöhe+BW(Zins%/12;(Laufzeit*12-Anzahl_geleisteter_Raten);Monatsrate_je_nach_Laufzeit)

	A	B	C	D
1	**Kredithöhe**	305000,00		
2	**Auszahlungsrate**	92,50	**Laufzeit des Disagio**	5
3	Auszahlungsbetrag	282125,00		
4	**Zins**	5,75		
5	Realzins	7,84		
6	Monatsrate je nach Laufzeit	1918,77	Monatsrate je nach Tilgung	1715,63
7	Tilgung je nach Laufzeit	1,80	**Tilgung**	1,00
8	**Laufzeit**	25,00	Laufzeit je nach Tilgung	33,29
9				
10	*nach Laufzeit*		*nach Tilgung*	
11	**Anzahl geleisteter Raten**	24	**Anzahl geleisteter Raten**	15
12	bereits getilgt	11602,19	bereits getilgt T.	3943,07
13	bisherige Zinslast	34448,40	bisherige Zinslast T.	21791,30
14	Summe Belastung	46050,59	Summe Belastung T.	25734,38

Bereit NUM

Die Berechnung des bereits getilgten Kreditbetrages

Maßgeblich für die Berechnung der Zahl der Zeiträume (Zzr) ist die festgelegte Laufzeit in Monaten abzüglich der bereits geleisteten Raten

*Laufzeit * 12 - Anzahl geleisteter Raten.*

Microsoft Excel - KREDIT.XLS

Datei Bearbeiten Formel Format Daten Optionen Makro Fenster ?

B13 =Monatsrate_je_nach_Laufzeit*Anzahl_geleisteter_Raten-bereits_getilgt

	A	B	C	D	E
1	**Kredithöhe**	305000,00			
2	**Auszahlungsrate**	92,50	**Laufzeit des Disagio**	5	
3	Auszahlungsbetrag	282125,00			
4	**Zins**	5,75			
5	Realzins	7,84			
6	Monatsrate je nach Laufzeit	1918,77	Monatsrate je nach Tilgung	1715,63	
7	Tilgung je nach Laufzeit	1,80	**Tilgung**	1,00	
8	**Laufzeit**	25,00	Laufzeit je nach Tilgung	33,29	
9					
10	*nach Laufzeit*		*nach Tilgung*		
11	**Anzahl geleisteter Raten**	24	**Anzahl geleisteter Raten**	15	
12	bereits getilgt	11602,19	bereits getilgt T.	3943,07	
13	bisherige Zinslast	34448,40	bisherige Zinslast T.	21791,30	
14	Summe Belastung	46050,59	Summe Belastung T.	25734,38	

Bereit NUM

Berechnung der bisher gezahlten Zinsen

Zinslast bei fester Laufzeit: Die Anzahl der Monatsraten minus Tilgungsbetrag ergibt die Zinslast. Dieser Betrag ist sozusagen die Verleihgebühr und kann ggfs. steuerlich geltend gemacht werden.

Summe der Belastung bei fester Laufzeit: Diese Summe ergibt sich aus dem Tilgungsbetrag und der Zinslast. Hier wird die gesamte finanzielle Belastung des Kreditnehmers über einen bestimmten Zeitraum ermittelt.

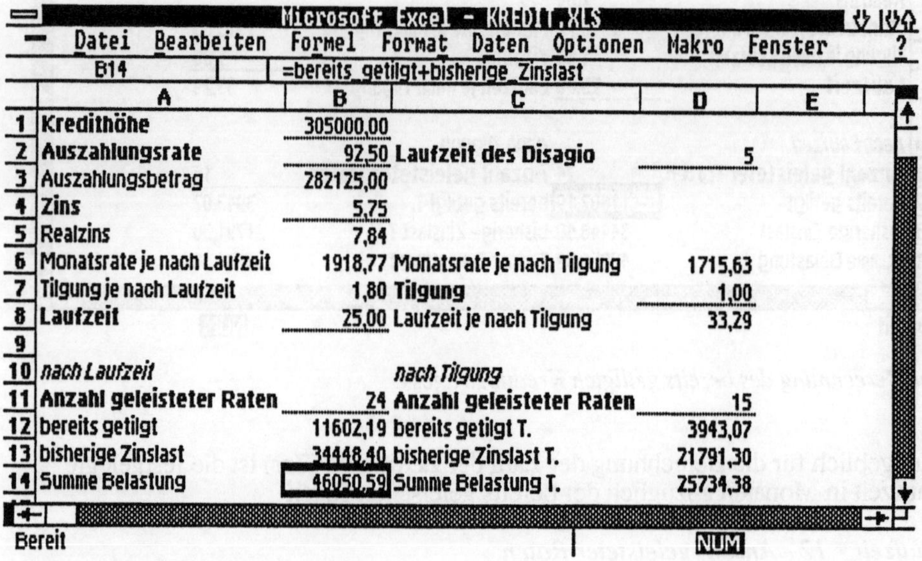

Microsoft Excel - KREDIT.XLS

Datei Bearbeiten Formel Format Daten Optionen Makro Fenster ?

B14 =bereits_getilgt+bisherige_Zinslast

	A	B	C	D	E
1	**Kredithöhe**	305000,00			
2	**Auszahlungsrate**	92,50	**Laufzeit des Disagio**	5	
3	Auszahlungsbetrag	282125,00			
4	**Zins**	5,75			
5	Realzins	7,84			
6	Monatsrate je nach Laufzeit	1918,77	Monatsrate je nach Tilgung	1715,63	
7	Tilgung je nach Laufzeit	1,80	**Tilgung**	1,00	
8	**Laufzeit**	25,00	Laufzeit je nach Tilgung	33,29	
9					
10	*nach Laufzeit*		*nach Tilgung*		
11	**Anzahl geleisteter Raten**	24	**Anzahl geleisteter Raten**	15	
12	bereits getilgt	11602,19	bereits getilgt T.	3943,07	
13	bisherige Zinslast	34448,40	bisherige Zinslast T.	21791,30	
14	Summe Belastung	46050,59	Summe Belastung T.	25734,38	

Bereit NUM

Berechnung der gesamten Belastung

Tilgung, Zinslast und Belastung bei fester Tilgung : Analog zu den vorhergehenden Berechnungen lassen sich die Formeln für Tilgung, Zinslast und Belastung unter dem Gesichtspunkt der festgelegten Tilgung betrachten. Die Formeln sind vom Aufbau her identisch, haben aber leicht veränderte Parameter. Der Vollständigkeit halber sollen sie kurz, zusammen mit den entsprechenden Abbildungen, aufgelistet werden:

Tilgung

Microsoft Excel - KREDIT.XLS

Datei Bearbeiten Formel Format Daten Optionen Makro Fenster ?

D12 =Kredithöhe+BW(Zins%/12;(Laufzeit_je_nach_Tilgung*12-Anzahl_geleisteter_Raten_T.);Monatsrate_je_nach_Tilgung)

A

Zinslast

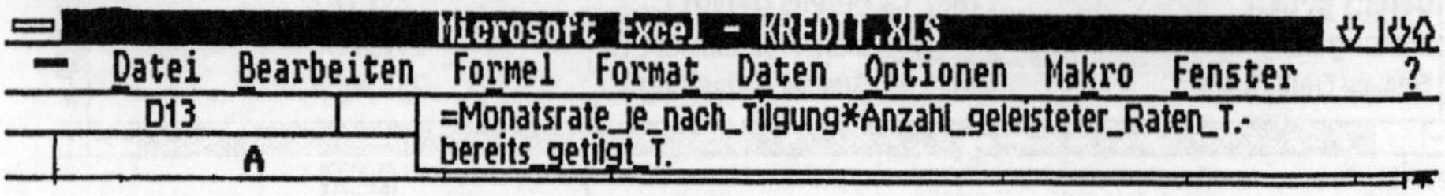

Microsoft Excel - KREDIT.XLS

Datei Bearbeiten Formel Format Daten Optionen Makro Fenster ?

D13 =Monatsrate_je_nach_Tilgung*Anzahl_geleisteter_Raten_T.-bereits_getilgt_T.

A

Belastung

Microsoft Excel - KREDIT.XLS
Datei Bearbeiten Formel Format Daten Optionen Makro Fenster ?
D14 =bereits_getilgt_T.+bisherige_Zinslast_T.

5.1.1 Reihen- und Mehrfachoperationen

Auf den vorhergehenden Seiten haben wir ein Kreditmodell erstellt, mit dessen Hilfe sich verschiedene Werte ermitteln lassen. Die Flexibilität eines solchen Modells besteht vor allem durch die Möglichkeit, verschiedene Zahlenwerte einzugeben und damit Ergebnisse zu vergleichen. Komfort wäre allerdings erst gegeben, wenn man verschiedene Werte direkt miteinander vergleichen könnte. Excel bietet zu diesem Zweck die Möglichkeit der Mehrfachoperation. Dabei werden identische Berechnungen mit verschiedenen Eingabewerten in einem Arbeitsgang durchgeführt. Zur weiteren Steigerung des Komforts bei Mehrfachoperationen dient die Erzeugung von Reihen. Wir wollen dies zunächst an einem kleinen Beispiel verdeutlichen.

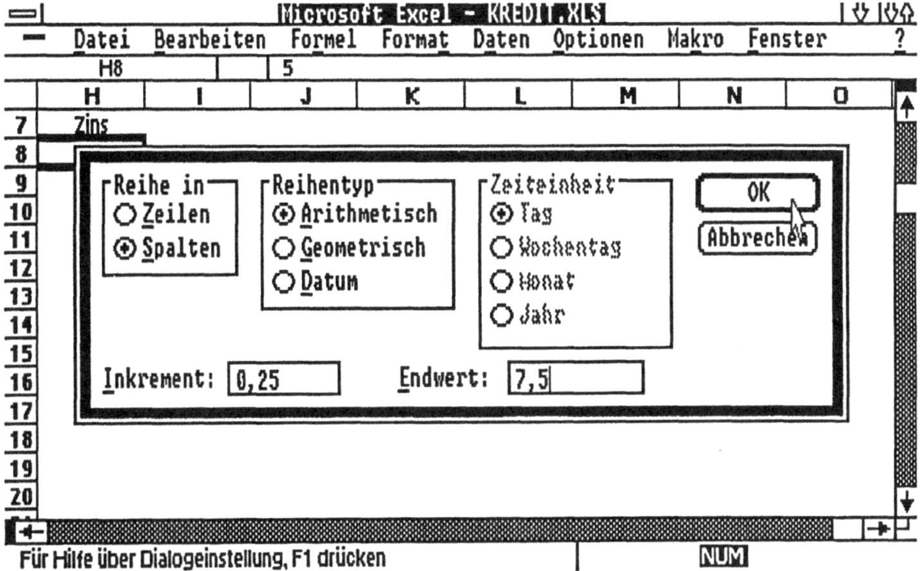

Erzeugung einer Datenreihe in 0,25 Schritten

Das Ziel soll sein, jeden Zinswert zwischen 5 und 7,5% die Monatsrate je nach Tilgung zuzuordnen. Dazu wird die Spalte H mit der Bezeichnung "Zinsen" versehen und der Ausgangsbetrag von 5% in die nächste Zelle eingetragen. Aus dem Menü "Daten" wird nun der Befehl "Reihe berechnen" ausgewählt. Zu beachten ist lediglich, daß die Zelle mit der 5%-Eintragung aktiviert bleibt. Die Reihe soll in der Spalte in gleichmäßigen Schritten (arithmetisch) fortgesetzt werden. Dabei beträgt die Schrittgröße 0,25, und der Endwert ist bei 7,5 erreicht.

Microsoft Excel - KREDIT.XLS

Datei Bearbeiten Formel Format Daten Optionen Makro Fenster ?

D6 =D6

	H	I	J	K	L	M	N	O
7	Zins	=D6						
8	5							
9	5,25							
10	5,5							
11	5,75							
12	6							
13	6,25							
14	6,5							
15	6,75							
16	7							
17	7,25							
18	7,5							
19								
20								

Zeigen NUM

Die Datenreihe als Zinssätze und die Zuordnung des Kriteriums

In das Feld I7 wird nun das Zuordnungskriterium eingegeben. In unserem Fall wird die Monatsrate je nach Tilgung den entsprechenden Zinswerten zugeordnet. Die Eintragung lautet also

= D6.

Die Festlegung dieses Kriteriums bewirkt im Rahmen der Mehrfachoperation, daß für jeden Zinswert die entsprechende Monatsrate ermittelt wird. Dies geschieht in einem Arbeitsgang. Das Ergebnis wird hinterher als Matrix dargestellt.

Die Ergebnismatrix muß aktiviert werden, bevor die eigentliche Mehrfachoperation durchgeführt wird.

Jetzt kann die Zuordnung durch die Eingabe der entsprechenden Zeilen- und Spaltenbezeichnungen festgelegt werden. In unserem Fall stellt sich nur die Frage, welche Werte sich in der Spalte befinden. Durch Anklicken des Feldes B4 in unserem Modell ist die Zuordnung zu den Zinsen festgelegt. Da es sich dabei um eine eindimensionale Darstellung handelt, sind die Zeilen nicht besetzt, daher kann hier auch keine Eintragung erfolgen.

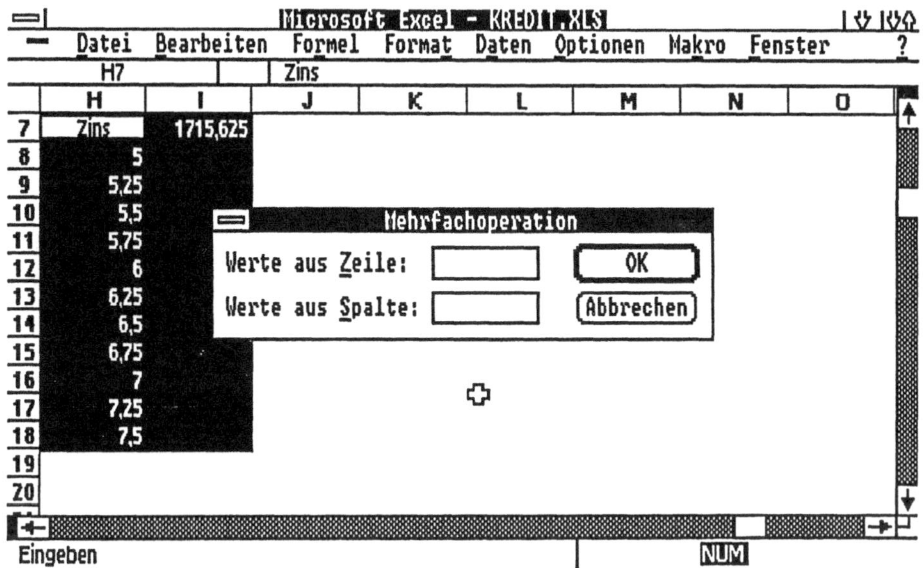

Vorbereitung für eine Mehrfachoperation

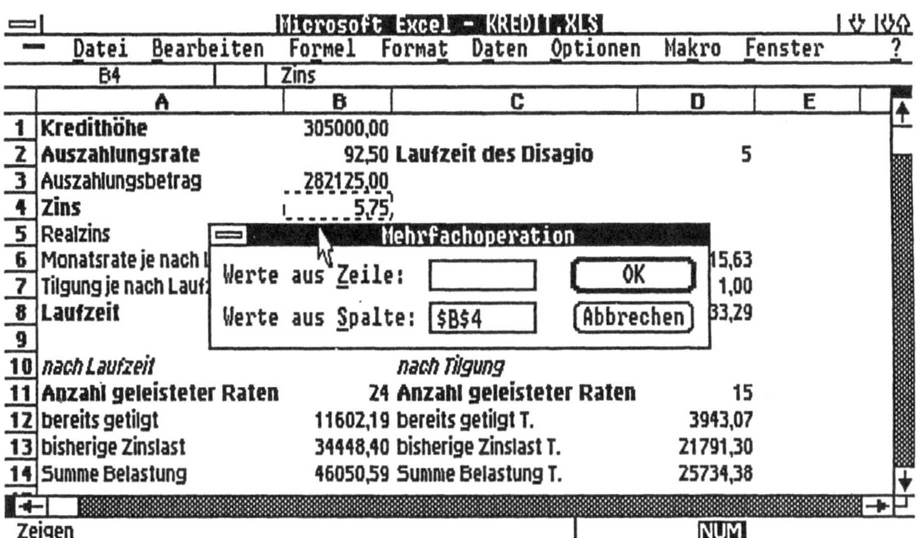

Einlesen der Spaltenbedeutung aus dem Modell

Nach Bestätigung der Eingabe werden alle Monatsraten bezüglich der Zinsen automatisch berechnet.

Microsoft Excel - KREDIT.XLS

Datei Bearbeiten Formel Format Daten Optionen Makro Fenster ?

I7 =D6

	H	I	J	K	L	M	N	O
7	Zins	1715,625						
8	5,00	1525,00						
9	5,25	1588,54						
10	5,50	1652,08						
11	5,75	1715,63						
12	6,00	1779,17						
13	6,25	1842,71						
14	6,50	1906,25						
15	6,75	1969,79						
16	7,00	2033,33						
17	7,25	2096,88						
18	7,50	2160,42						
19								
20								

Bereit NUM

Die aufgefüllte Tafel

Da bei Mehrfachoperationen die Zahlen im Berechnungsfeld schnell durchlaufen, mag es aus ästhetischen Gründen sinnvoll sein, für dieses Feld ein festes Format zu vergeben. In unserem Fall ist es die Bezeichnung "Betrag", die als weiteres "Format" unter dem Befehl "Format" eingegeben wird. Dadurch vermeidet man ein Flackern der Zelle bei der Berechnung.

Mehrfachoperationen lassen sich auch mehrdimensional durchführen. Deshalb sollen zur Verdeutlichung zwei Abhängigkeiten geschaffen werden.

Microsoft Excel - KREDIT.XLS

Datei Bearbeiten Formel Format Daten Optionen Makro Fenster ?

B22 =D6

	B	C	D	E	F	G	H
20							
21	Zins						
22	1715,63	90,00	92,50	95,00	97,50	100,00	
23	5,00						
24	5,25						
25	5,50						
26	5,75						
27	6,00						
28	6,25						
29	6,50						
30	6,75						
31	7,00						
32	7,25						
33	7,50						

Bereit NUM

Eine Mehrfachoperation mit zwei Variablen

Die Matrix wird um die Auszahlungsraten erweitert und erhält damit eine weitere abhängige Größe. Dabei entsteht die Zahlenreihe für die Auszahlungsrate durch zeilenweisen Eintrag der Reihe und einer Schrittweite von 2,5. Das Ende wurde bei 100 festgelegt und der erste Wert betrug 90.

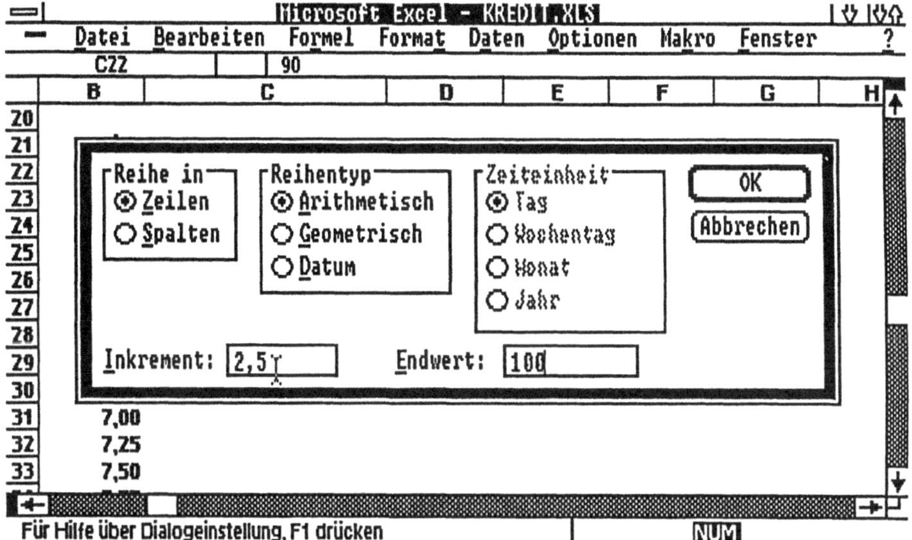

Einlesen der horizontalen Zahlenreihe

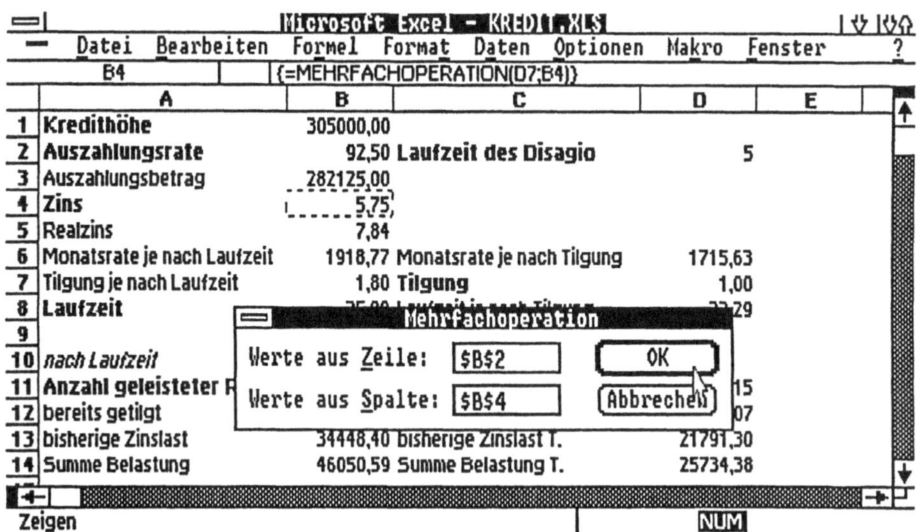

Übernahme der Variablen aus dem Modell

Nun wird wiederum der ganze Matrixbereich aktiviert und die Randbezeichnungen in die dafür vorgesehene Dialogbox eingegeben. In der Zeile der Matrix stehen die Auszahlungsraten (B2) und in der Spalte die Zinsen (B4) unseres Modells. Nach der Bestätigung werden alle Felder der Matrix mit den entsprechenden Werten ausgefüllt.

Microsoft Excel - KREDIT.XLS

Datei Bearbeiten Formel Format Daten Optionen Makro Fenster ?

A22 | Auszahlungsrate

	A	B	C	D	E
21		Zins			
22	Auszahlungsrate	1715,63	90,00	92,50	95,00
23		5,00	1525,00	1525,00	1525,00
24		5,25	1588,54	1588,54	1588,54
25		5,50	1652,08	1652,08	1652,08
26		5,75	1715,63	1715,63	1715,63
27		6,00	1779,17	1779,17	1779,17
28		6,25	1842,71	1842,71	1842,71
29		6,50	1906,25	1906,25	1906,25
30		6,75	1969,79	1969,79	1969,79
31		7,00	2033,33	2033,33	2033,33
32		7,25	2096,88	2096,88	2096,88
33		7,50	2160,42	2160,42	2160,42
34		7,75	2223,96	2223,96	2223,96

Bereit NUM

Die Tafel wird automatisch gefüllt

Wie man deutlich sehen kann, sind die Ergebnisse in jeder Spalte identisch. Die Interpretation ist klar: laut Definition ändert sich die monatliche Rate nicht in Abhängigkeit von der Auszahlungsrate. Ein anderes Berechnungskriterium wäre hier sicher sinnvoller. Aus diesem Grund wird das Kriterium in B22 einfach geändert.

Microsoft Excel - KREDIT.XLS

Datei Bearbeiten Formel Format Daten Optionen Makro Fenster ?

B22 | =B5

	A	B	C	D	E
21		Zins			
22	Auszahlungsrate	Betrag	90,00	92,50	95,00
23		5,00	7,78	7,03	6,32
24		5,25	8,06	7,30	6,58
25		5,50	8,33	7,57	6,84
26		5,75	8,61	7,84	7,11
27		6,00	8,89	8,11	7,37
28		6,25	9,17	8,38	7,63
29		6,50	9,44	8,65	7,89
30		6,75	9,72	8,92	8,16
31		7,00	10,00	9,19	8,42
32		7,25	10,28	9,46	8,68
33		7,50	10,56	9,73	8,95
34		7,75	10,83	10,00	9,21

Bereit NUM

Die Änderung des Kriteriums hat eine Neuberechnung zur Folge

Wir ersetzen es durch den Realzins, und schon werden alle Werte in der Matrix neu berechnet. An dieser Stelle erkennt man die Philosophie der Mehrfachoperationen: verschiedene Berechnungskriterien können aufgrund zweier Randbedingungen getestet werden. Eine solche Vorgehensweise ermöglicht uns eine leichte Handhabung von Berechnungen, die immer wieder neu gestartet werden müssen.

Als weitere Darstellung läßt sich für unser Beispiel ebenso die Abhängigkeit der monatlichen Zahlungen von Zins und unterschiedlichen Tilgungsraten ermitteln.

Microsoft Excel - KREDIT.XLS

Datei Bearbeiten Formel Format Daten Optionen Makro Fenster ?

B22 =D6

	A	B	C	D	E
21		Zins			
22	Tilgung	Betrag	0,00	0,50	1,00
23		5,00	1270,83	1397,92	1525,00
24		5,25	1334,38	1461,46	1588,54
25		5,50	1397,92	1525,00	1652,08
26		5,75	1461,46	1588,54	1715,63
27		6,00	1525,00	1652,08	1779,17
28		6,25	1588,54	1715,63	1842,71
29		6,50	1652,08	1779,17	1906,25
30		6,75	1715,63	1842,71	1969,79
31		7,00	1779,17	1906,25	2033,33
32		7,25	1842,71	1969,79	2096,88
33		7,50	1906,25	2033,33	2160,42
34		7,75	1969,79	2096,88	2223,96

Bereit NUM

Übersicht, wie Tilgung und Zins die Monatsrate beeinflussen.

In der Zeile stehen dabei die Tilgung in 0,5 %-Schritten gestaffelt und in der Spalte die Zinsen.

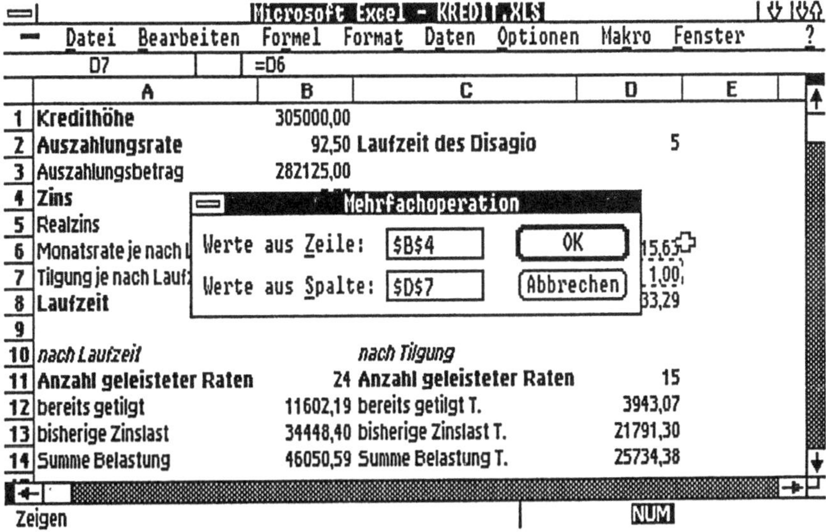

Microsoft Excel - KREDIT.XLS

Datei Bearbeiten Formel Format Daten Optionen Makro Fenster ?

D7 =D6

	A	B	C	D
1	Kredithöhe	305000,00		
2	Auszahlungsrate	92,50	Laufzeit des Disagio	5
3	Auszahlungsbetrag	282125,00		
4	Zins			
5	Realzins			
6	Monatsrate je nach L			15,63
7	Tilgung je nach Lauf			1,00
8	Laufzeit			33,29
9				
10	*nach Laufzeit*		*nach Tilgung*	
11	Anzahl geleisteter Raten	24	Anzahl geleisteter Raten	15
12	bereits getilgt	11602,19	bereits getilgt T.	3943,07
13	bisherige Zinslast	34448,40	bisherige Zinslast T.	21791,30
14	Summe Belastung	46050,59	Summe Belastung T.	25734,38

Mehrfachoperation

Werte aus Zeile: $B$4 [OK]

Werte aus Spalte: $D$7 [Abbrechen]

Zeigen NUM

Kennzeichnung der Variablen zur oben gezeigten Tafel

Aus einer solchen Matrix lassen sich jetzt gewünschte Werte ablesen bzw. Vergleiche ziehen. Sollte sich im Modell selbst ein Eingabewert ändern, wird automatisch der Matrixinhalt neu berechnet. Dies betrifft beispielsweise die Kredithöhe. Eine Änderung des Wertes hat sowohl die Neuberechnung des Modells als auch die Neuberechnung der Matrix zur Folge.

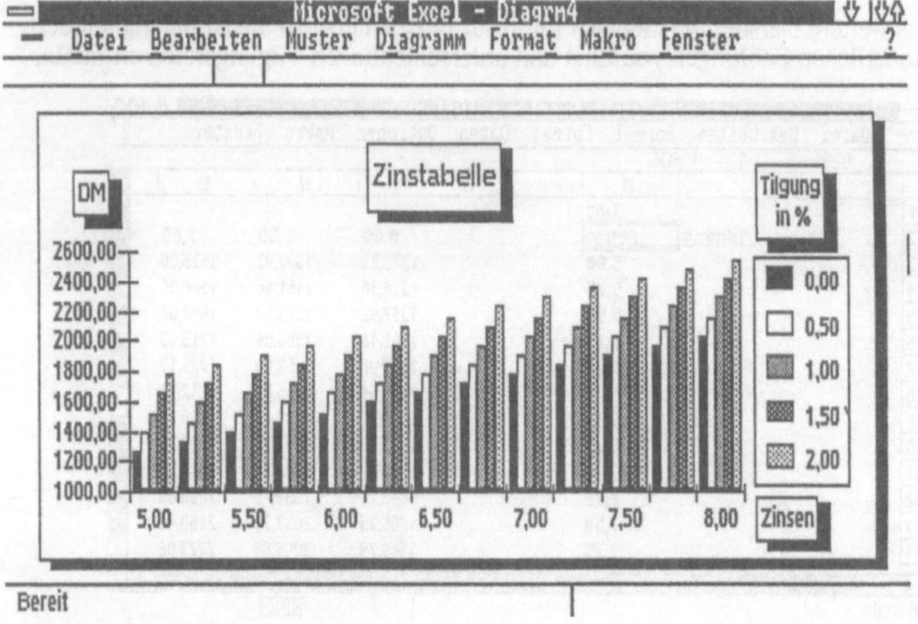

Grafische Darstellung der Zinstafel

Zum Schluß können die Werte noch grafisch dargestellt werden. Versuchen Sie es einmal! Achten Sie aber auch auf die Feinheiten, wie Achsenschnittpunkt, Werte-Darstellung auf der Zinsachse, korrekte Übernahme der Werte und Schattierungen. Die meisten Überarbeitungen lassen sich durch Formatierungen vornehmen. Zu beachten ist allerdings, daß die Teile der Grafik, die überarbeitet werden sollen, zuvor auch aktiviert sein müssen.

5.1.2 Arbeiten mit der Begleitdiskette

Starten Sie Ihren Computer entweder mit Windows oder direkt mit Excel. Wenn Sie sich in Excel befinden, wählen Sie "Laden" aus dem Menü "Datei". Legen Sie die Begleitdiskette in das eingebaute Laufwerk Ihres Computers ein und wählen Sie das entsprechende Verzeichnis aus. Öffnen Sie nun das Dokument mit dem Namen KREDIT.XLS. Das Modell wird geladen und erscheint auf Ihrem Bildschirm.

Die fettgedruckten Bestimmungsgrößen müssen eingegeben werden und erlauben die Beurteilung unter den verschiedenen Bedingungen. So kann beispielsweise durch Eingabe verschiedener Werte eine ganz bestimmte Monatsrate ermittelt werden, die die Rückzahlung eines Bauherrnkredits ermöglicht. Verschiedene Randbedingungen können dabei ausgetestet werden, um die beste Alternative zu finden. Für die jährliche Steuererklärung läßt sich dann ermitteln, wieviel Kapital bei der Rückzahlung des Kredits für Zinsen und wieviel für Tilgung aufgebracht wurde. Jeder Kreditnehmer kann auf diese Weise die optimalen Bedingungen für seine steuerliche Situation herausfinden und entsprechend handeln.

5.2 Eine Urlaubsstatistik

Das folgende Beispiel wird in der betrieblichen Praxis eingesetzt und unterliegt daher fest vorgegebenen Anforderungen. Das Ziel der Auswertung ist, die Urlaubsansprüche einzelner Mitarbeiter zu jedem Zeitpunkt aktuell darstellen zu können.

Es mußten insgesamt zwei Arbeitsblätter erstellt werden. Beide Arbeitsblätter enthalten die Namen der Mitarbeiter, das Eintrittsdatum in das Unternehmen und das Austrittsdatum aus dem Unternehmen, falls eine Trennung erfolgte.

Im ersten Arbeitsblatt wurden zusätzlich die Geburtsdaten und die restlichen Urlaubstage aus dem Vorjahr als Eingabefelder definiert. Alle weiteren Eintragungen werden automatisch berechnet. Dazu gehört das Alter des jeweiligen Mitarbeiters, der tarifliche Urlaubsanspruch für das laufende Jahr, der tatsächliche Urlaubsanspruch aufgrund der Verweildauer im Unternehmen und bezogen auf das laufende Jahr, der Gesamturlaubsanspruch im laufenden Jahr incl. des Resturlaubs, die bereits genehmigten Tage und der restliche Urlaubsbestand bezogen auf das aktuelle Datum. Zusätzlich werden im Falle einer Schwangerschaft die entsprechenden Ansprüche auf Mutterschaftsurlaub berechnet.

Der tatsächliche Urlaubsanspruch für das laufende Jahr bezieht sich nicht auf das Austrittsdatum, sondern ausschließlich auf das Eintrittsdatum unter besondere Berücksichtigung, daß der Eintritt in das Unternehmen auch im laufenden Jahr stattgefunden haben kann. Dies alles beinhaltet das Arbeitsblatt der gesamten Urlaubsstatistik. Es bietet eine Übersicht für den Personalleiter.

Auf einem zweiten Arbeitsblatt, das im wesentlichen von einem Sachbearbeiter betreut wird, werden drei Werte errechnet. Der Urlaubsanspruch für das laufende Jahr bei Ausscheiden aus dem Unternehmen, der Urlaubsanspruch für das laufende Jahr beim Verbleib im Unternehmen und der Resturlaub. Hinzu kommen Eingabefelder, die die monatlich genehmigten Tage für die einzelnen Mitarbeiter auflisten.

Die gestrichelten Linien in der Abbildung zeigen deutlich die Eingabefelder an. Alle anderen Felder unterliegen einem Schutz und können nicht verändert werden. Die Tabelle mit der Gesamtstatistik umfaßt außer dem Zahlenmaterial noch einen Kopfteil.

Microsoft Excel

Datei Bearbeiten Formel Format Daten Optionen Makro Fenster ?

E9

URLAUBSA.XLS

	A	B	C	D	E	F	G	H	I	J	K	L
13				GEBURTS-		REST	TARIF	NSPRUC	GESAMT	GEN.	REST	BEGIN
14	NAME	EINTRITT	AUSTRITT	DATUM	ALTER	1987	88	88	88	88	88	MUTTEF
15	ALBERTS	1.4.82		25.2.54	34	12	30	30	42	18	24	23.3
16	BIEBLIS	1.7.80	30.4.88	8.12.23	64	15	30	30	45	10	15	1.3
17	BLAN	1.3.72		22.9.45	42	16	30	30	46	30	16	1.3

JURLAUB.XLS

	A	B	C	D	E	F	G	H	I	J	K	L	M	N	O	P	Q	R	S	T
1	Name	Eintrittsd	Austrittsd.	U. A	Url	J	F	M	A	M	J	J	A	S	O	N	D	Resturl.		
2	ALBERTS	1.4.82			42	3			2	1	3	9						24		
3	BIEBLIS	1.7.80	30.4.88	10	45	4		6										15		
4	BLAN	1.3.72			46	8			12			10						16		
5	BLECK	1.2.86			30							21						9		

Bereit Berechnen NUM

Die beiden Arbeitsblätter der Urlaubsstatistik

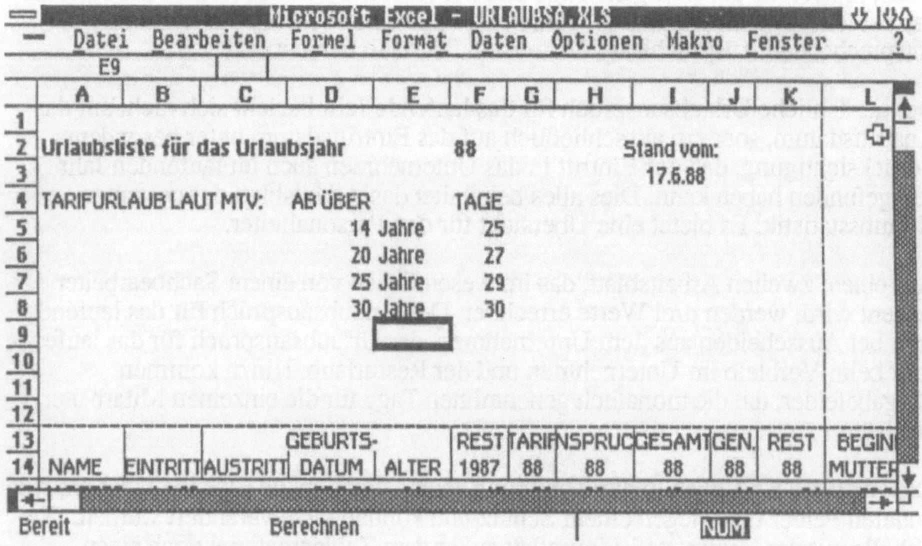

Microsoft Excel - URLAUBSA.XLS

Datei Bearbeiten Formel Format Daten Optionen Makro Fenster ?

E9

	A	B	C	D	E	F	G	H	I	J	K	L
1												
2	Urlaubsliste für das Urlaubsjahr				88				Stand vom:			
3									17.6.88			
4	TARIFURLAUB LAUT MTV:			AB ÜBER	TAGE							
5				14 Jahre	25							
6				20 Jahre	27							
7				25 Jahre	29							
8				30 Jahre	30							
9												
10												
11												
12												
13				GEBURTS-		REST	TARIF	NSPRUC	GESAMT	GEN.	REST	BEGIN
14	NAME	EINTRITT	AUSTRITT	DATUM	ALTER	1987	88	88	88	88	88	MUTTEF

Bereit Berechnen NUM

Die Urlaubsansprüche nach Alter

Dieser Kopfteil besteht aus einer Übersicht der einzelnen Urlaubsansprüche lt. Manteltarifvertrag und zeigt in Zelle I3 immer das aktuelle Tagesdatum. Das aktuelle Tagesdatum wird automatisch durch die eingebaute Funktion

JETZT ()

berechnet. Schauen wir uns nun die einzelnen Spalten, in denen die Eintragungen ermittelt werden, etwas genauer an. In Spalte E befindet sich das Alter des jeweiligen Mitarbeiters:

Microsoft Excel - URLAUBSA.XLS

Datei Bearbeiten Formel Format Daten Optionen Makro Fenster ?

E15 =GANZZAHL((JETZT()-D15)/(365,25))

	A	B	C	D	E	F	G	H	I	J	K	L
12												
13				GEBURTS-		REST	TARIF	NSPRUC	GESAMT	GEN.	REST	BEGIN
14	NAME	EINTRITT	AUSTRITT	DATUM	ALTER	1987	88	88	88	88	88	MUTTER
15	ALBERTS	1.4.82		25.2.54	34	12	30	30	42	18	24	23.3
16	BIEBLIS	1.7.80	30.4.88	8.12.23	64	15	30	30	45	10	15	1.3
17	BLAN	1.3.72		22.9.45	42	16	30	30	46	30	16	1.3
18	BLECK	1.2.86		16.4.53	35	0	30	30	30	21	9	2.3
19	BUDEN	1.1.85		31.8.52	35	1	30	30	31	12	19	
20	BRUNS	1.2.86		22.12.55	32	0	30	30	30	24	6	
21	BUSER	1.3.76		26.8.52	35	10,5	30	30	40,5	21	19,5	
22	KURTE	11.3.85		10.3.52	36	0	30	30	30	12	18	
23	LOEW	1.3.85		19.10.56	31	7	30	30	37	0	37	
24	DELBRAC	11.2.86		20.2.57	31	5	30	30	35	0	35	
25	DALLMEI	1.1.78		29.9.44	43	4	30	30	34	0	34	

Bereit Berechnen NUM

Die Berechnung des Alters der Mitarbeiter

Die Berechnung des Alters geschieht stets neu und ist immer aktuell. An dieser Stelle wird das tatsächliche Alter an dem Tag ermittelt, an dem das Dokument aufgeschlagen wird. Es ist also nicht, wie in vielen Statistiken üblich, das Alter zum 1. Januar eines jeweiligen Jahres. Das Alter errechnet sich durch die Formel

= GANZZAHL (JETZT ()-D15)/(365,25)).

Das Geburtsdatum des Mitarbeiters wird dabei vom aktuellen Datum subtrahiert. Dadurch erhalten wir das Alter in Tagen. Es muß also noch einmal durch die Anzahl der Tage eines Jahres dividiert werden. Wir teilen durch 365,25, um die Schaltjahre mit einzuplanen.

Damit ein unzulässiges Runden der Zahlen bei der 5 hinter dem Komma vermieden wird, setzen wir die Funktion "GANZZAHL" ein. Sie liefert als Ergebnis die größte ganze Zahl, die kleiner oder gleich der angegebenen Zahl ist.

Es ist z. B. GANZZAHL (25,8) = 25 und GANZZAHL (25,2) = 25. Somit erhalten wir eine korrekte Darstellung des Alters.

In der Spalte G wird nun der tarifliche Urlaubsanspruch der einzelnen Arbeitnehmer bezogen auf ihr Alter festgelegt. Zu diesem Zweck muß das Alter zum 1. Januar 1988 festgestellt werden.

Microsoft Excel - URLAUBSA.XLS

Datei Bearbeiten Formel Format Daten Optionen Makro Fenster ?

G15 =VERWEIS(GANZZAHL(($G$14-D15)/365);$D$5:$D$8;$F$5:$F$8)

	A	B	C	D	E	F	G	H	I	J	K	L
3									17.6.88			
4	TARIFURLAUB LAUT MTV:			AB ÜBER		TAGE						
5				14 Jahre		25						
6				20 Jahre		27						
7				25 Jahre		29						
8				30 Jahre		30						
9												
10												
11												
12												
13				GEBURTS-		REST	TARIF	NSPRUC	GESAMT	GEN.	REST	BEGIN
14	NAME	EINTRITT	AUSTRITT	DATUM	ALTER	1987	88	88	88	88	88	MUTTER
15	ALBERTS	1.4.82		25.2.54	34	12	30	30	42	18	24	23.3
16	BIEBLIS	1.7.80	30.4.88	12.23	64	15	30	30	45	10	15	1.3

Bereit Berechnen NUM

Einlesen des Tarifanspruchs

Dies geschieht durch die Formel "GANZZAHL". Danach wird dem so ermittelten Alter in der Tabelle Tarifurlaub lt. MTV ein Urlaubsanspruch zugeordnet. Dies geschieht durch die Funktion "VERWEIS". Diese Funktion "VERWEIS" beinhaltet ein Suchkriterium, einen Vergleichsvektor und einen Ergebnisvektor. Der Rechenvorgang vollzieht sich folgendermaßen: Das Suchkriterium wird identifiziert (das Alter zum 1. Jan. 1988) und einer Zahl im Vergleichsvektor zugeordnet, die kleiner oder gleich dem angegebenen Suchkriterium ist. Der zugeordnete Wert im Ergebnisvektor wird dann in die entsprechende Zelle eingetragen.

Betrachten wir ein Beispiel. Das Alter eines Mitarbeiters zum 1. Jan. 1988 soll 23 Jahre sein (Suchkriterium). Im Vergleichsvektor ist die nächste Zahl, die kleiner oder gleich 23 Jahre ist, die Zahl 20. Der Zahl 20 wiederum ist die Zahl 27 im Ergebnisvektor zugeordnet. Diese Zahl würde letztendlich übertragen werden. Unsere Interpretation lautet also: ein 23-jähriger hat Anspruch auf 27 Urlaubstage.

Der tatsächliche Anspruch eines Mitarbeiters im laufenden Jahr wird in Spalte H eingetragen. Diese Spalte wurde eingerichtet, um vor allen Dingen den Mitarbeitern gerecht zu werden, die erst im laufenden Jahr zum Unternehmen gestoßen sind.

Microsoft Excel - URLAUBSA.XLS

Datei Bearbeiten Formel Format Daten Optionen Makro Fenster ?

H15 =WENN(JAHR(B15)-JAHR(JETZT())=0;WENN(TAG(B15)<5;RUNDEN(G15/12*(13-MONAT(B15));0);RUNDEN(G15/12*(12-MONAT(B15));0));G15)

	A	B	C									
11												
12												
13				GEBURTS-		REST	TARIF	NSPRUC	GESAMT	GEN.	REST	BEGIN
14	NAME	EINTRITT	AUSTRITT	DATUM	ALTER	1987	88	88	88	88	88	MUTTER
15	ALBERTS	1.4.82		25.2.54	34	12	30	30	42	18	24	23.3
16	BIEBLIS	1.7.80	30.4.88	8.12.23	64	15	30	30	45	10	15	1.3
17	BLAN	1.3.72		22.9.45	42	16	30	30	46	30	16	1.3
18	BLECK	1.2.86		16.4.53	35	0	30	30	30	21	9	2.3
19	BUDEN	1.1.85		31.8.52	35	1	30	30	31	12	19	
20	BRUNS	1.2.86		22.12.55	32	0	30	30	30	24	6	
21	BUSER	1.3.76		26.8.52	35	10,5	30	30	40,5	21	19,5	
22	KURTE	11.3.85		10.3.52	36	0	30	30	30	12	18	
23	LOEW	1.3.85		19.10.56	31	7	30	30	37	0	37	
24	DELBRAC	11.2.86		20.2.57	31	5	30	30	35	0	35	

Bereit Berechnen NUM

Der Urlaubsanspruch für das laufende Jahr

Wenn ein Mitarbeiter also erst am 1. Februar 1988 seine Stelle angetreten hat, so hat er keinen Anspruch auf den gesamten Tarifurlaub für das Jahr 1988. In diesem Falle muß der Anspruch für den Januar 1988 abgezogen werden. Dies wird durch eine WENN-Funktion abgeprüft. Als erstes erfolgt die Aussage, ob das Eintrittsdatum identisch mit dem laufenden Jahr ist:

JAHR(B15)-JAHR(JETZT ())=0

Wenn dies nicht der Fall ist, wird der Tarifanspruch aus der Spalte G übernommen. Ansonsten erfolgt eine neue WENN-Funktion.

In dieser Funktion wird der Tag des Eintritts geprüft. Hat der Arbeitnehmer vor dem 5. eines jeweiligen Monats seine Stelle angetreten, dann wird ihm der angefangene Monat zu vollen Urlaubsanteilen angerechnet. Hat er erst am 5. eines Monates oder später im Monat seine Stelle angetreten, wird dieser angefangene Urlaub nicht mehr in den Urlaubsanspruch eingerechnet. Gleichzeitig werden die so ermittelten Urlaubstage ganzzahlig auf- oder abgerundet.

Dieses Kriterium - vor dem 5. die Stelle angetreten oder ab dem 5. eines Monates die Stelle angetreten - ist zunächst willkürlich gesetzt und soll Ihnen die Möglichkeiten zeigen, wie solche Kriterien in eine logische Abfrage eingebaut werden können. Die 5 kann natürlich durch eine beliebige Zahl ersetzt werden. Dabei befindet sich die gesamte Logik, die hinter diesem Ausdruck steht, in der Formel

WENN(TAG(B15)<5;RUNDEN(G15/12*(13-MONAT(B15));0);

RUNDEN(G15/12*(12-MONAT(B15));0))

Betrachten wir nun einmal die einzelnen Elemente dieser Funktion. Durch die in Excel eingebauten Funktionen - TAG, MONAT und JAHR - werden nur die entsprechenden Bereiche einer Datumeingabe berücksichtigt.

TAG von 27. Aug. 1988 wäre 27.
MONAT von 27. Aug. 1988 wäre 8 und
JAHR von 27. Aug. 1988 wäre 88.

Auf diese Weise können einzelne Bereiche einer Datumeingabe in eine Berechnung einfließen.

Wenn wir berücksichtigen, daß B15 ein Eintrittsdatum darstellt und G15 den zugehörigen Tarifurlaub, dann ergeben sich folgende Interpretationen: TAG von B15<5 bedeutet dann, der Mitarbeiter eines Unternehmens hat vor dem 5. eines Monates seine Stelle angetreten.

E15 : 12 = monatlicher Anteil am Tarifurlaub für das laufende Jahr.

13 - Monat von B15

ergibt als Wert die restliche monatliche Arbeitsdauer im laufenden Jahr. Ist der Arbeitnehmer beispielsweise am 1. Febr. 1988 in das Unternehmen eingetreten, dann würde 13 - Monat von B15 = 11 ergeben, damit würden ihm 11 Monate für die Berechnung seines Urlaubsanspruchs angerechnet.

Microsoft Excel - URLAUBSA.XLS

Datei Bearbeiten Formel Format Daten Optionen Makro Fenster ?

I15 | =F15+H15

	A	B	C	D	E	F	G	H	I	J	K	L
11												
12												
13				GEBURTS-		REST	TARIF	NSPRUC	GESAMT	GEN.	REST	BEGIN
14	NAME	EINTRITT	AUSTRITT	DATUM	ALTER	1987	88	88	88	88	88	MUTTER
15	ALBERTS	1.4.82		25.2.54	34	12	30	30	42	18	24	23.3
16	BIEBLIS	1.7.80	30.4.88	8.12.23	64	15	30	30	45	10	15	1.3
17	BLAN	1.3.72		22.9.45	42	16	30	30	46	30	16	1.3
18	BLECK	1.2.86		16.4.53	35	0	30	30	30	21	9	2.3
19	BUDEN	1.1.85		31.8.52	35	1	30	30	31	12	19	
20	BRUNS	1.2.86		22.12.55	32	0	30	30	30	24	6	
21	BUSER	1.3.76		26.8.52	35	10,5	30	30	40,5	21	19.5	
22	KURTE	11.3.85		10.3.52	36	0	30	30	30	12	18	
23	LOEW	1.3.85		19.10.56	31	7	30	30	37	0	37	
24	DELBRAC	11.2.86		20.2.57	31	5	30	30	35	0	35	

Bereit Berechnen NUM

Der gesamte Urlaubsanspruch in einem Jahr

Aus dem Resturlaub vom Vorjahr in Spalte F und den tatsächlichen Urlaubsanspruch im laufenden Jahr in Spalte H ergibt sich dann der Gesamturlaubsanspruch für das laufende Jahr. Auch hier könnte durch eine logische Formel eine Verfallgrenze für den Resturlaub des Vorjahres eingegeben werden. In unseren vorliegenden Falle war das jedoch nicht erwünscht.

In der Spalte J werden alle Urlaubstage summiert, die bis zum derzeitigen Datum bereits in Anspruch genommen wurden. Es handelt sich hierbei also um die bereits genehmigten Urlaubstage.

Microsoft Excel

Datei Bearbeiten Formel Format Daten Optionen Makro Fenster ?

J15 =SUMME(JURLAUB.XLS!$F2:$Q2)

URLAUBSA.XLS

	A	B	C	D	E	F	G	H	I	J	K
11											
12											
13				GEBURTS-		REST	TARIF	NSPRUC	GESAMT	GEN.	REST
14	NAME	EINTRITT	AUSTRITT	DATUM	ALTER	1987	88	88	88	88	88
15	ALBERTS	1.4.82		25.2.54	34	12	30	30	42	18	24
16	BIEBLIS	1.7.80	30.4.88	8.12.23	64	15	30	30	45	10	15
17	BLAN	1.3.72		22.9.45	42	16	30	30	46	30	16

	A	B	C	D	E	F	G	H	I	J	K	L	M	N	O	P	Q	R
1	Name	Eintrittsd	Austrittsd.	U. A	Url	J	F	M	A	M	J	J	A	S	O	N	D	Resturl.
2	ALBERTS	1.4.82			42	3			2	1	3	9						24
3	BIEBLIS	1.7.80	30.4.88	10	45	4		6										15
4	BLAN	1.3.72			46	8			12			10						16

Bereit Berechnen NUM

Bisher genehmigte Urlaubstage aus einer anderen Tabelle

Dieser Wert wird aus der zweiten Tabelle eingelesen. Es muß also eine Rechenoperation auf dem zweiten Arbeitsblatt durchgeführt werden, um hier eine Eintragung zu erhalten. Dabei wird auf dem zweiten Arbeitsblatt die Summe der genehmigten Tage über das Jahr gebildet, also von Januar bis Dezember. Im einzelnen ist die Summe von Spalte F bis Spalte Q in der jeweiligen Zeile gemeint.

Vor der Bereichsbezeichnung im Funktionseintrag befindet sich der Hinweis auf den Bezug. Dieser Bezugshinweis ist der Name des zweiten Arbeitsblatts. Wir wissen also, daß wir die Summe bilden sollen von F2 bis Q2 auf dem Arbeitsblatt "JURLAUB.XLS".

In Spalte K der Urlaubsstatistik wird ermittelt, wieviel Resturlaub ab aktuellem Datum bei jedem einzelnen Arbeitnehmer noch besteht. Dies geschieht unter verschiedenen logischen Bedingungen.

Microsoft Excel

Datei Bearbeiten Formel Format Daten Optionen Makro Fenster ?

K15 =WENN(C15="";I15-J15;JURLAUB.XLS!$D2+F15-J15)

URLAUBSA.XLS

	A	B	C	D	E	F	G	H	I	J	K
11											
12											
13				GEBURTS-		REST	TARIF	NSPRUC	GESAMT	GEN.	REST
14	NAME	EINTRITT	AUSTRITT	DATUM	ALTER	1987	88	88	88	88	88
15	ALBERTS	1.4.82		25.2.54	34	12	30	30	42	18	24
16	BIEBLIS	1.7.80	30.4.88	8.12.23	64	15	30	30	45	10	15
17	BLAN	1.3.72		22.9.45	42	16	30	30	46	30	16

	A	B	C	D	E	F	G	H	I	J	K	L	M	N	O	P	Q	R
1	Name	Eintrittsd	Austrittsd.	U. A	Url	J	F	M	A	M	J	J	A	S	O	N	D	Resturl.
2	ALBERTS	1.4.82			42	3			2	1	3	9						24
3	BIEBLIS	1.7.80	30.4.88	10	45	4		6										15
4	BLAN	1.3.72			46	8			12			10						16

Bereit Berechnen NUM

Die Berechnung des Resturlaubs

Wenn der Arbeitnehmer das Unternehmen nicht verläßt, werden einfach die bisher genehmigten Urlaubstage vom gesamten Jahresanspruch abgezogen. Verläßt ein Arbeitnehmer allerdings das Unternehmen im laufenden Jahr, wird der restliche Urlaubsanspruch aus dem Vorjahr addiert und davon die bisher in Anspruch genommenen Tage subtrahiert.

Sehen wir uns das an einem Beispiel etwas genauer an. Wir wählen die Zeile 16 aus. Der Arbeitnehmer verläßt das Unternehmen am 30. April 1988 und hat einen restlichen Urlaubsanspruch aus dem Vorjahr von insgesamt 15 Tagen. Daraus resultiert ein Gesamturlaubsanspruch von 45 Tagen. Aufgrund seines vorzeitigen Ausscheidens bekommt er jedoch nur einen Teil seines Jahresurlaubanspruches von 30 Tagen, nämlich insgesamt 10 Tage zuerkannt. Zu diesen 10 Tagen müssen die Ansprüche aus dem Vorjahr (15 Tage) hinzuaddiert werden; also hat er für das Jahr 1988 bis zum 30. April insgesamt einen Anspruch auf 25 Urlaubstage. Wie wir der Statistik entnehmen können, hat er einmal 4 und einmal 6 Tage im Januar und März genommen. Sein Resturlaub im April beträgt also 15 Tage.

Schauen wir uns diesen Urlaubsanspruch bis zum Ausscheiden etwas näher an. Auf dem Arbeitsblatt "JURLAUB.XLS" in der Spalte D finden wir die entsprechende Formel dafür. Solange sich in Spalte C unter der Überschrift "Austrittsdatum" keine Eintragung befindet, wird in die Spalte D auch keine Eintragung erfolgen. Ist allerdings ein Austrittsdatum angegeben, gilt für die Berechnung dieses Austrittsdatums folgender Ausdruck:

Microsoft Excel

Datei Bearbeiten Formel Format Daten Optionen Makro Fenster ?

D2 =WENN(C2="";"";GANZZAHL(URLAUBSA.XLS!$H15/12*(MONAT(C2)-WENN(JAHR(B2)<JAHR(C2);0;MONAT(B2)-1))))

URLAUBSA.XLS

	A	B	C	D	E	F	G	H	I	J	K	L
11												
12												
13				GEBURTS-		REST	TARIF	NSPRUC	GESAMT	GEN.	REST	BEGIN
14	NAME	EINTRITT	AUSTRITT	DATUM	ALTER	1987	88	88	88	88	88	MUTTE
15	ALBERTS	1.4.82		25.2.54	34	12	30	30	42	18	24	23.3
16	BIEBLIS	1.7.80	30.4.88	8.12.23	64	15	30	30	45	10	15	1.3
17	BLAN	1.3.72		22.9.45	42	16	30	30	46	30	16	1.3

JURLAUB.XLS

	A	B	C	D	E	F	G	H	I	J	K	L	M	N	O	P	Q	R	S
1	Name	Eintrittsd	Austrittsd	U. A	Url	J	F	M	A	M	J	J	A	S	O	N	D	Resturl.	
2	ALBERTS	1.4.82			42	3			2	1	3	9						24	
3	BIEBLIS	1.7.80	30.4.88	10	45	4		6										15	
4	BLAN	1.3.72			46	8			12			10						16	

Bereit Berechnen NUM

Berechnung des Urlaubs nach einer Kündigung

Der Urlaubsanspruch über das ganze Jahr gesehen wird aus der ersten Tabelle eingelesen. Dieser Urlaubsanspruch befindet sich in Spalte H. Er wird durch 12 dividiert, um den monatlichen Anteil zu erhalten. Nun muß er noch mit einer ganz bestimmten Zahl multipliziert werden, um auf den tatsächlichen Jahresanspruch zu gelangen.

Im einfachsten Fall ist dies die Kennzahl für den Monat. Scheidet jemand im März aus, wird mit 3 multipliziert, scheidet jemand im April aus, wird mit 4 multipliziert usw. Dies trifft jedoch nur zu, wenn der Arbeitnehmer auch schon im vorhergehenden Jahr dem entsprechenden Unternehmen angehört hat. In unserem Ausdruck hieße das: JAHR von B2 kleiner JAHR von C2.

Denkbar wäre jedoch auch, daß ein Arbeitnehmer im selben Jahr, in dem er seine Stelle angetreten hat, das Unternehmen auch wieder verläßt. Dies gilt für befristete Arbeitsverträge, für Saisonarbeiter oder für den Fall, daß man sich nach einer Probezeit wieder voneinander trennt.

So kann es beispielsweise vorkommen, daß ein Arbeitnehmer im Februar seine Stelle angetreten hat und bereits im Mai des gleichen Jahres das Unternehmen wieder verläßt. Sein Urlaubsanspruch beträgt für das laufende Jahr dann nicht 5 von 12 Jahresanteilen, sondern nur 4. Von der Monatskennziffer 5 müßte also zumindest der Januar abgezogen werden. Dieser Vorgang vollzieht sich durch den Ausdruck

MONAT(C2)- MONAT(B2)-1.

In Spalte E dieser Übersicht werden nochmals die Urlaubsansprüche aus unserer ersten Tabelle (dort Spalte I) eingelesen.

Microsoft Excel

Datei Bearbeiten Formel Format Daten Optionen Makro Fenster ?

E2 | =URLAUBSA.XLS!$I15

URLAUBSA.XLS

	A	B	C	D	E	F	G	H	I	J	K	L
11												
12												
13				GEBURTS-		REST	TARIF	NSPRUC	GESAMT	GEN.	REST	BEGIN
14	NAME	EINTRITT	AUSTRITT	DATUM	ALTER	1987	88	88	88	88	88	MUTTE
15	ALBERTS	1.4.82		25.2.54	34	12	30	30	42	18	24	23.3
16	BIEBLIS	1.7.80	30.4.88	8.12.23	64	15	30	30	45	10	15	1.3
17	BLAN	1.3.72		27.9.45	42	16	30	30	46	30	16	1.3

JURLAUB.XLS

	A	B	C	D	E	F	G	H	I	J	K	L	M	N	O	P	Q	R	S
1	Name	Eintrittsd	Austrittsd.	U. A	Url	J	F	M	A	M	J	J	A	S	O	N	D	Resturl.	
2	ALBERTS	1.4.82			42	3			2	1	3	9						24	
3	BIEBLIS	1.7.80	30.4.88	10	45	4		6										15	
4	BLAN	1.3.72			46	8			17			10						16	

Bereit Berechnen NUM

Einlesen der gesamten Urlaubsansprüche in die Eintragungstabelle

Das gleiche gilt für die Eintragung des Resturlaubs. Hier werden ebenfalls die Werte aus der ursprünglichen Tabelle übernommen.

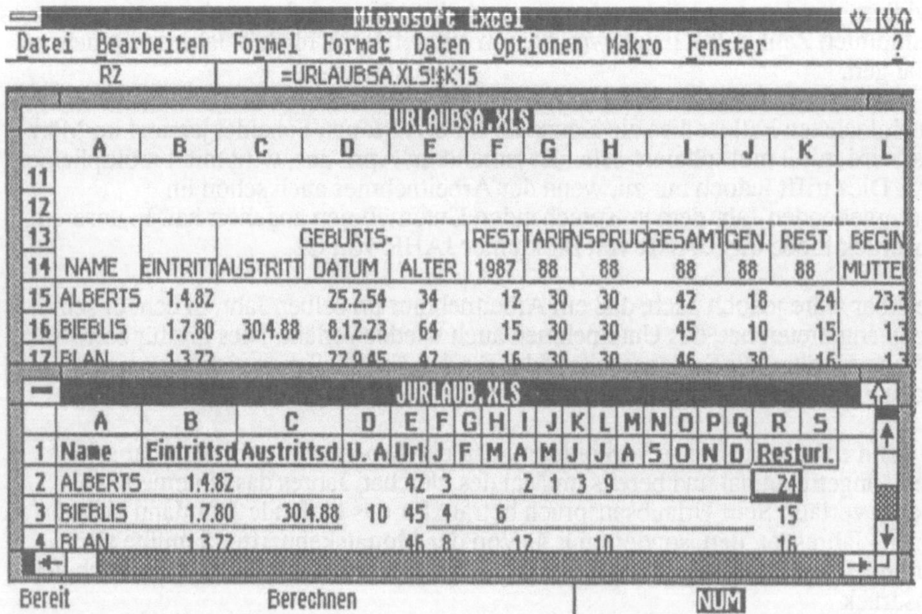

Microsoft Excel

Datei Bearbeiten Formel Format Daten Optionen Makro Fenster ?

R2 | =URLAUBSA.XLS!$K15

URLAUBSA.XLS

	A	B	C	D	E	F	G	H	I	J	K	L
11												
12												
13				GEBURTS-		REST	TARIF	NSPRUC	GESAMT	GEN.	REST	BEGIN
14	NAME	EINTRITT	AUSTRITT	DATUM	ALTER	1987	88	88	88	88	88	MUTTE
15	ALBERTS	1.4.82		25.2.54	34	12	30	30	42	18	24	23.3
16	BIEBLIS	1.7.80	30.4.88	8.12.23	64	15	30	30	45	10	15	1.3
17	BLAN	1.3.72		27.9.45	42	16	30	30	46	30	16	1.3

JURLAUB.XLS

	A	B	C	D	E	F	G	H	I	J	K	L	M	N	O	P	Q	R	S
1	Name	Eintrittsd	Austrittsd.	U. A	Url	J	F	M	A	M	J	J	A	S	O	N	D	Resturl.	
2	ALBERTS	1.4.82			42	3			2	1	3	9						24	
3	BIEBLIS	1.7.80	30.4.88	10	45	4		6										15	
4	BLAN	1.3.72			46	8			17			10						16	

Bereit Berechnen NUM

Übernahme des Resturlaubs

Nachdem die beiden Arbeitsblätter eingerichtet sind, brauchen sie nur noch durch die Eingabe der entsprechenden genehmigten Urlaubstage auf dem aktuellen Stand gehalten zu werden.

Interessant ist nunmehr lediglich die Hinzufügung eines neuen Arbeitnehmers. Zu diesem Zweck geht man an das Ende der Tabelle, öffnet der besseren Übersicht halber auf jedem Arbeitsblatt ein Fenster, das die Überschriften beinhaltet (rechts oben am Rollbalken) und nimmt die neuen Eintragungen vor. Jetzt müssen die fehlenden Formeln nur noch von der ehemals letzten Reihe in die nächste Reihe aufgefüllt werden, und schon wird die Tabelle fortgesetzt.

Microsoft Excel

Datei Bearbeiten Formel Format Daten Optionen Makro Fenster ?

A29

URLAUBSA.XLS

	A	B	C	D	E	F	G	H	I	J	K	
13				GEBURTS-		REST	TARIF	NSPRUC	GESAMT	GEN.	REST	BE
14	NAME	EINTRITT	AUSTRITT	DATUM	ALTER	1987	88	88	88	88	88	MUT
27	EDELS	2.1.84		25.2.53	35	0	30	30	30	0	30	
28	FARBER	4.12.85		10.8.60	27	-1	29	29	28	0	28	
29												
30												

	A	B	C	D	E	F	G	H	I	J	K	L	M	N	O	P	Q	R	S
1	Name	Eintrittsd	Austrittsd.	U. A	Url	J	F	M	A	M	J	J	A	S	O	N	D	Resturl.	
15	FARBER	4.12.85			28													28	
16																			
17																			

Bereit Berechnen NUM

Ein neuer Mitarbeiter wird hinzugefügt

Zu diesem Zweck muß ebenfalls der Schutz aufgehoben werden, um die neuen Eintragungen zu ermöglichen. Wichtig ist jedoch, daß bei einer Neusortierung der Namen in alphabetischer Reihenfolge die Bezüge zu anderen Arbeitsblättern automatisch mit geändert werden. Eine Aktualisierung bezüglich Sortierung kann also jederzeit erfolgen. Diese Urlaubsstatistik kann zur Vervollständigung noch durch die Aspekte des Mutterschutzes erweitert werden. Interessant sind zu diesem Zweck drei weitere Daten - der Beginn und das Ende des Mutterschaftsurlaubs und der daraus resultierende weitere gesamte Urlaubsanspruch.

Aus der Abbildung erkennt man, daß der Beginn des Mutterschaftsurlaubs der einzige Eintragungsbereich ist, während die anderen beiden Daten automatisch berechnet werden.

Das Ende des Mutterschaftsurlaubs wird berechnet durch die Addition von 100 Tagen zum Beginn des Mutterschaftsurlaubs.

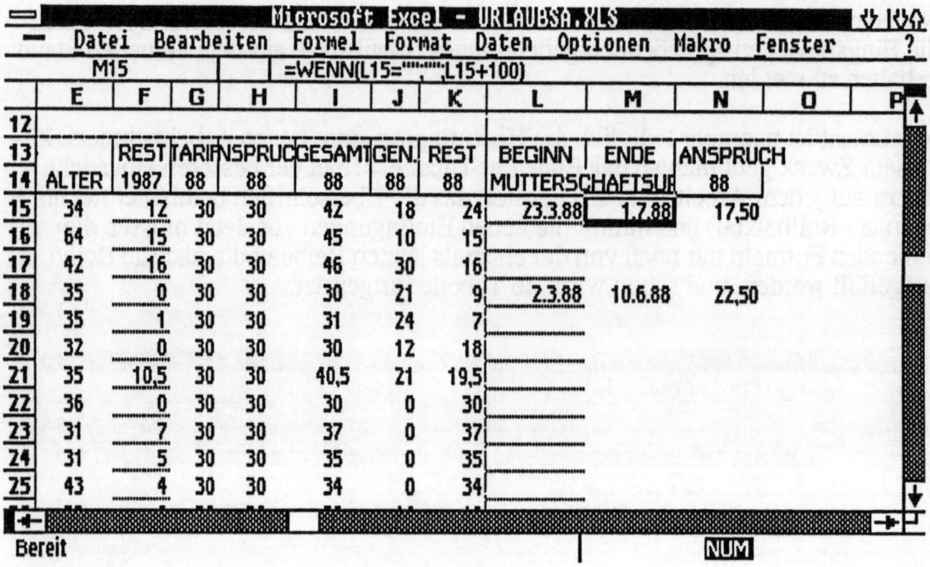

Microsoft Excel - URLAUBSA.XLS

Datei Bearbeiten Formel Format Daten Optionen Makro Fenster ?

M15 =WENN(L15="";"";L15+100)

	E	F	G	H	I	J	K	L	M	N	O	P
12												
13		REST	TARIF	NSPRUC	GESAMT	GEN.	REST	BEGINN	ENDE	ANSPRUCH		
14	ALTER	1987	88	88	88	88	88	MUTTERSCHAFTSUR		88		
15	34	12	30	30	42	18	24	23.3.88	1.7.88	17,50		
16	64	15	30	30	45	10	15					
17	42	16	30	30	46	30	16					
18	35	0	30	30	30	21	9	2.3.88	10.6.88	22,50		
19	35	1	30	30	31	24	7					
20	32	0	30	30	30	12	18					
21	35	10,5	30	30	40,5	21	19,5					
22	36	0	30	30	30	0	30					
23	31	7	30	30	37	0	37					
24	31	5	30	30	35	0	35					
25	43	4	30	30	34	0	34					

Bereit NUM

Berechnung des Zeitraums für den Mutterschaftsurlaub

Microsoft Excel - URLAUBSA.XLS

Datei Bearbeiten Formel Format Daten Optionen Makro Fenster ?

N15

```
=WENN(L15="";"";WENN(UND(TAG(L15)>1;TAG(M15)>1);G15/12*
MONAT(L15)+G15/12*(12-MONAT(M15));G15/12*(MONAT(L15)-1)+G15/
12*(12-MONAT(M15))))
```

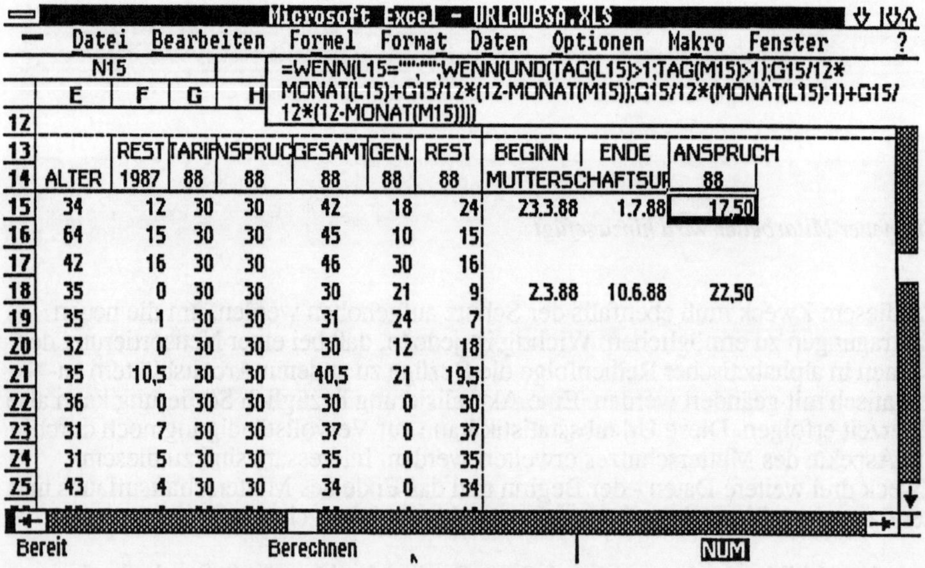

	E	F	G	H	I	J	K	L	M	N
12										
13		REST	TARIF	NSPRUC	GESAMT	GEN.	REST	BEGINN	ENDE	ANSPRUCH
14	ALTER	1987	88	88	88	88	88	MUTTERSCHAFTSUR		88
15	34	12	30	30	42	18	24	23.3.88	1.7.88	17,50
16	64	15	30	30	45	10	15			
17	42	16	30	30	46	30	16			
18	35	0	30	30	30	21	9	2.3.88	10.6.88	22,50
19	35	1	30	30	31	24	7			
20	32	0	30	30	30	12	18			
21	35	10,5	30	30	40,5	21	19,5			
22	36	0	30	30	30	0	30			
23	31	7	30	30	37	0	37			
24	31	5	30	30	35	0	35			
25	43	4	30	30	34	0	34			

Bereit Berechnen NUM

Urlaubsanspruch in Abhängigkeit vom Mutterschaftsurlaub

Wenn kein Mutterschaftsurlaubsbeginn eingetragen wird, bleibt auch diese berechnete Zelle leer. Der restliche Urlaubsanspruch, der zusätzlich zum Mutterschaftsurlaub noch gewährt wird, hängt davon ab, ob der Mutterschaftsurlaub am 1. eines Monates beginnt oder endet. Ist dies nicht der Fall, wird dieser Monat in die restliche Urlaubsberechnung mit einbezogen. Ein Beispiel macht die Problematik deutlich. Beginnt ein Mutterschaftsurlaub am 1. März 1988, wird in die Jahresurlaubsberechnung nur der Januar und Februar einbezogen. Beginnt der Mutterschaftsurlaub am 2. März 1988, wird in die Jahresurlaubsberechnung der Januar, Februar und auch der März einbezogen. Die Formel in Spalte N macht dies deutlich.

Die Formel liest sich folgendermaßen: Wenn sowohl der Beginn als auch das Ende des Mutterschaftsurlaubs nicht auf den ersten eines Monates fällt, werden Anfangs- und Endmonat für die Resturlaubsberechnung mitgezählt. Wenn dies nicht der Fall ist, kann aufgrund der 100-Tageregelung nur der Anfang oder das Ende den ersten eines Monates beinhalten. Deshalb wird auch für die Berechnung nur 1 Monat subtrahiert:

(MONAT(L15)-1).

Nun ist die Urlaubsstatistik komplett. Der Sachbearbeiter trägt lediglich die genehmigten Urlaubstage ein. Auf dem anderen Arbeitsblatt sieht man dann die entsprechenden Restdaten. Der laufende Arbeitsaufwand ist minimal und die Übersicht stets aktuell.

5.2.1 Arbeiten mit der Begleitdiskette

Starten Sie Ihren Computer entweder mit Windows oder direkt mit Excel. Wenn Sie sich in Excel befinden, wählen Sie "Laden" aus dem Menü "Datei". Legen Sie die Begleitdiskette in das eingebaute Laufwerk Ihres Computers ein und wählen Sie das Verzeichnis des eingebauten Laufwerkes aus. Öffnen Sie nun die Dokumente mit den Namen URLAUBSA.XLS und JURLAUB.XLS. Die Modelle werden geladen und erscheinen auf Ihrem Bildschirm.

Wählen Sie aus dem Menü "Optionen" den Befehl "Neu berechnen". In das Dokument "JURLAUB" werden die Namen der Mitarbeiter, das Eintrittsdatum, das Austrittsdatum und die genommenen Urlaubstage im jeweiligen Monat eingetragen.

Das Dokument "URLAUBSA.XLS" beinhaltet die Zuordnung der Urlaubstage zu den Altersklassen (Zeile 1-12). Hier werden die Namen der Mitarbeiter, das Eintrittsdatum, das Austrittsdatum, das Geburtsdatum und der Resturlaub aus dem Vorjahr eingetragen. Die Doppelnennungen können selbstverständlich aus der ersten Tabelle herüberkopiert werden.

5.3 Eine Aufstellung für die Berechnung der Schwerbehindertenabgabe

Die Personalstatistik, die wir im letzten Kapitel als reine Urlaubsstatistik geführt haben, soll nun um einen weiteren Gesichtspunkt erweitert werden. Die Erweiterung betrifft die Schwerbehindertenabgaben eines Unternehmens für das laufende Kalenderjahr.

Grundlage der Aufstellung ist das Formular des Arbeitsamtes zur Berechnung der Arbeits- und Pflichtplätze sowie der zu zahlenden Ausgleichsabgabe (Errechnung der Arbeits- und Pflichtplätze sowie der zu zahlenden Ausgleichsabgabe).

Microsoft Excel - SBAG.XLS

Datei Bearbeiten Formel Format Daten Optionen Makro Fenster ?

BH13

	BI	BJ	BK	BL	BM	BN	BO	BP	BQ	BR	BS	BT
2		Ges	ABM	Diff	Plätze	SBH	GS	AfG	MA	Summe	*Unterbes.*	*Ausgleichsabg.*
3	Januar	15	6	9	0	1		1		2	0	0,00 DM
4	Februar	15	6	9	0	1		1		2	0	0,00 DM
5	März	15	6	9	0	1		1		2	0	0,00 DM
6	April	15	6	9	0	1		1		2	0	0,00 DM
7	Mai	15	6	9	0	1		1		2	0	0,00 DM
8	Juni	15	6	9	0	1		1		2	0	0,00 DM
9	Juli	15	6	9	0	1		1		2	0	0,00 DM
10	August	15	6	9	0	1		1		2	0	0,00 DM
11	September	14	5	9	0	1		1		2	0	0,00 DM
12	Oktober	14	5	9	0	1		1		2	0	0,00 DM
13	November	14	5	9	0	1		1		2	0	0,00 DM
14	Dezember	14	5	9	0	1		1		2	0	0,00 DM
15											Gesamt	0,00 DM

Bereit Berechnen NUM

Arbeitsblatt zur Berechnung der Ausgleichsabgabe

Dieses Formular wurde sinngemäß auf ein Arbeitsblatt übertragen. In der ersten Spalte werden die Monate aufgelistet. In der nächsten Spalte erfolgt eine Auflistung der Arbeitsplätze, dann die Auflistung der Arbeitsbeschaffungsmaßnahmen und in der nächsten Spalte die Differenz zwischen beiden. Diese Differenz stellt die Berechnungsgrundlage für die Pflichtzahl dar.

Aufgrund dieser Berechnung wird aus einer Tabelle die entsprechende Anzahl von Pflichtplätzen für Schwerbehinderte für das Unternehmen herausgesucht.

Microsoft Excel - SBAG.XLS

Datei Bearbeiten Formel Format Daten Optionen Makro Fenster ?

BL3 =BJ3-BK3

	BI	BJ	BK	BL	BM	BN	BO	BP	BQ	BR	BS	BT
2		Ges	ABM	Diff	Plätze	SBH	GS	AfG	MA	Summe	*Unterbes.*	*Ausgleichsabg.*
3	Januar	15	6	9	0	1		1		2	0	0,00 DM
4	Februar	15	6	9	0	1		1		2	0	0,00 DM
5	März	15	6	9	0	1		1		2	0	0,00 DM

Die Berechnung der Pflichtzahl.

Microsoft Excel - SBAG.XLS

Datei Bearbeiten Formel Format Daten Optionen Makro Fenster ?

BM3 =VERWEIS(BL3;$BS$22:$BS$42;$BT$22:$BT$42)

	BI	BJ	BK	BL	BM	BN	BO	BP	BQ	BR	BS	BT
2		Ges	ABM	Diff	Plätze	SBH	GS	AfG	MA	Summe	*Unterbes.*	*Ausgleichsabg.*
3	Januar	15	6	9	0	1		1		2	0	0,00 DM
4	Februar	15	6	9	0	1		1		2	0	0,00 DM
5	März	15	6	9	0			1		2	0	0,00 DM
6	April	15	6	9	0	1		1		2	0	0,00 DM

Einlesen der Soll-Plätze

Es wird der Wert zugeordnet, der kleiner oder gleich der entsprechenden Arbeitsplatzzahl (BL3) ist. Nach dieser Zuordnung wird aus der Suchtabelle der zugehörige Wert im Ergebnisvektor in die Zelle als Ergebnis eingelesen (vgl. Zelle BS22 bis BT42 des Arbeitsblattes).

Microsoft Excel - SBAG.XLS

Datei Bearbeiten Formel Format Daten Optionen Makro Fenster ?

BM3 =VERWEIS(BL3;$BS$22:$BS$42;$BT$22:$BT$42)

	BI	BJ	BK	BL	BM	BN	BO	BP	BQ	BR	BS	BT
20												
21											Arbeitsplätze	Pflichtplätze
22											0	0
23											16	1
24											25	2
25											42	3
26											59	4
27											75	5
28											92	6
29											109	7
30											125	8
31											142	9
32											159	10
33											175	11

Bereit Berechnen NUM

Tabelle zur Pflichtplatz-Berechnung

Im Falle einer Unterbesetzung ist der Betrieb verpflichtet, eine Ausgleichsabgabe in Höhe von DM100,-- pro unterbesetztem Platz zu bezahlen, kann aber gleichzeitig ganz bestimmte Rechnungen nach §53 des Schwerbehindertengesetzes anteilmäßig oder Vorjahresguthaben von diesen Beträgen abziehen, um somit zu einem Gesamtbetrag zu gelangen.

Microsoft Excel - SBAG.XLS

Datei Bearbeiten Formel Format Daten Optionen Makro Fenster ?

BT3 =BS3*100

	BI	BJ	BK	BL	BM	BN	BO	BP	BQ	BR	BS	BT
1												
2		Ges	ABM	Diff	Plätze	SBH	GS	AfG	MA	Summe	Unterbes.	Ausgleichsabg.
3	Januar	15	6	9	0	1		1		2	0	0,00 DM
4	Februar	15	6	9	0	1		1		2	0	0,00 DM
5	März	15	6	9	0	1		1		2	0	0,00 DM
6	April	15	6	9	0	1		1		2	0	0,00 DM

Berechnung der Ausgleichsabgabe

Microsoft Excel - SBAG.XLS

Datei Bearbeiten Formel Format Daten Optionen Makro Fenster ?

BT18 =BT15-BT16-BT17

	BI	BJ	BK	BL	BM	BN	BO	BP	BQ	BR	BS	BT
6	April	15	6	9	0	1		1		2	0	0,00 DM
7	Mai	15	6	9	0	1		1		2	0	0,00 DM
8	Juni	15	6	9	0	1		1		2	0	0,00 DM
9	Juli	15	6	9	0	1		1		2	0	0,00 DM
10	August	15	6	9	0	1		1		2	0	0,00 DM
11	September	14	5	9	0	1		1		2	0	0,00 DM
12	Oktober	14	5	9	0	1		1		2	0	0,00 DM
13	November	14	5	9	0	1		1		2	0	0,00 DM
14	Dezember	14	5	9	0	1		1		2	0	0,00 DM
15											Gesamt	0,00 DM
16											abzgl. Rechn.	
17											abzgl. Guth.	
18											Gesamtbetrag	0,00 DM
19												

Bereit Berechnen NUM

Berechnung der Jahresausgleichsabgabe

Die eigentliche Unterbesetzung errechnet sich aus der Differenz zwischen den Pflichtplätzen und den tatsächlich besetzten Plätzen. Hierbei ist jedoch zu berücksichtigen, daß negative Werte nicht entstehen dürfen. Falls also mehr Schwerbehindertenplätze vom Unternehmen geschaffen wurden, als eigentlich als Pflichtplätze gefordert worden sind, können dadurch entstandene Fehlbeträge nicht ausgeglichen werden. Ein Negativwert bei der Unterbesetzung muß immer zu Null umgewandelt werden. Von daher benötigen wir für die Eintragung die Wenn-Funktion.

Microsoft Excel - SBAG.XLS

Datei Bearbeiten Formel Format Daten Optionen Makro Fenster ?

BS3 =WENN(BM3-BR3<0;0;BM3-BR3)

	BI	BJ	BK	BL	BM	BN	BO	BP	BQ	BR	BS	BT
1												
2		Ges	ABM	Diff	Plätze	SBH	GS	AfG	MA	Summe	Unterbes.	Ausgleichsabg.
3	Januar	15	6	9	0	1		1		2	0	0,00 DM
4	Februar	15	6	9	0	1		1		2	0	0,00 DM
5	März	15	6	9	0	1		1		2	0	0,00 DM
6	April	15	6	9	0	1		1		2	0	0,00 DM
7	Mai	15	6	9	0	1		1		2	0	0,00 DM
8	Juni	15	6	9	0	1		1		2	0	0,00 DM
9	Juli	15	6	9	0	1		1		2	0	0,00 DM
10	August	15	6	9	0	1		1		2	0	0,00 DM
11	September	14	5	9	0	1		1		2	0	0,00 DM
12	Oktober	14	5	9	0	1		1		2	0	0,00 DM
13	November	14	5	9	0	1		1		2	0	0,00 DM
14	Dezember	14	5	9	0	1		1		2	0	0,00 DM

Bereit Berechnen NUM

Die Berechnung der Unterbesetzung

Wenn also die Pflichtplätze in Spalte BM minus der tatsächlich geschaffenen Plätze in Spalte BR < 0 sind, soll in der Spalte Unterbesetzung eine 0 erscheinen, ansonsten der normale Differenzbetrag. Interessant dürfte nun sein, wie es zum automatischen Eintrag in dieses Formular kommt.

	A	B	C	D	E	F	G	H	I	J	K	L	M
1	AUFSTELLUNG FÜR DIE BERECHNUNG DER SCHWERBEHINDERTENABGABE FÜR							1988					
2													
3		Eintritts-	Austritts-	AB - Maßnahme			Schwerbehinderung	Versicherungs-	befristet	Pers.	Ges	ABM	SBH
4	NAME	datum	datum	von	bis	%	Aktenzeichen d ausstellenden Behörd	nummer	bis	Gruppe	Jan	Jan	Jan
5	ALBERT	1 4 82									1		
6	BLECK	1.2 86									1		
7	BODEN	15.1 85		15 1 87	14 1.89						1	1	
8	BRUHNS	1 2.86		1 2 86							1	1	
9	BUSER	1 3.76				50	1234/245678/5678901/FFM		1.1 89	SB	1		
10	KURTE	11 3 85		11 3 87	28 2 89						1	1	
11	LÖWING	1 3 85					4567890/02345/0987654321	1234567890		SB	1		
12	DÜSMAHR	1 2 86	31.8 88	1 2.88	31 8 88						1	1	
13	EDELS	2.1.84									1		
14	FHAHNE	4 12.85									1		
15	FAULENBIER	1 3 85		1 3 87	28 2 89						1	1	
16	FARB	1 7 83					A12345678/89/0987654321	123456		BS	1		
17	FERB	24 2 86									1		
18	FILS	1.1.85									1		
19	FLECKER	21.10 85		21 10 87	28 2 89						1	1	
20	GESAMTSUMME										15	6	0
21													
22													
23													
24													
25													
26													
27													
28													
29													
30													
31													
32													
33													

Die Eingabebereiche der Tabelle

In der oben angeführten Darstellung sehen Sie einen Ausschnitt aus den Eingabefeldern. Wie in unserer Personalstatistik wird auch hier wieder der Name der Mitarbeiter aufgelistet. Das Eintrittsdatum in das Unternehmen und das Austrittsdatum, falls das Unternehmen wieder verlassen wird, findet man dort ebenfalls. In den nächsten Spalten wird die Dauer der Arbeitsbeschaffungsmaßnahmen eingetragen. Danach erfolgt die Eintragung einer möglichen Schwerbehinderung nach Aktenzeichen und nach Prozentzahl, danach die Versicherungsnummer und in der nächsten Spalte eine mögliche Befristung der Schwerbehinderungsanerkennung. In der letzten Spalte des Eintragebereiches befinden sich Bezeichnungsschlüssel für verschiedene Personengruppen, die für SBH oder für AFG in Frage kommen. Diesem Eingabebereich der Tabelle folgt ein Teil, der automatisch berechnet wird.

Microsoft Excel - SBAG.XLS

Datei Bearbeiten Formel Format Daten Optionen Makro Fenster ?

O2

	K	L	M	N	O	P	Q	R	S	T	U	V	W	X	Y	Z	AA	AB
3	Ges	ABM	SBH	AfG	Ges	ABM	SBH	AfG	Ges	ABM	SBH	AfG	Ges	ABM	SBH	AfG	Ges	ABM
4	Jan	Jan	Jan	Jan	Feb	Feb	Feb	Feb	Mär	Mär	Mär	Mär	Apr	Apr	Apr	Apr	Mai	Mai
5	1				1				1				1				1	
6	1				1				1				1				1	
7	1	1			1	1			1	1			1	1			1	1
8	1	1			1	1			1	1			1	1			1	1
9	1				1				1				1				1	
10	1	1			1	1			1	1			1	1			1	1
11	1				1				1				1				1	
12	1	1			1	1			1	1			1	1			1	1
13	1				1				1				1				1	
14	1				1				1				1				1	
15	1	1			1	1			1	1			1	1			1	1
16	1			1	1			1	1			1	1			1	1	

Bereit Berechnen NUM

Automatische Berechnung des Mitarbeiterstatus

Hierbei handelt es sich insgesamt um vier mögliche Eintragungen, die unterschiedliche Berechnungsgrundlagen haben. Die erste Monatseintragung GES gibt an, ob der Arbeitnehmer in dem fraglichen Monat tätig war oder nicht. Wenn das Eintrittsdatum größer als der letzte Tag des jeweiligen Monats ist, war der Arbeitnehmer in diesem Monat nicht anwesend, d. h.

B5 > O4 - 1.

O4 ist der erste Tag des Folgemonats O4 - 1 ist daher der letzte Tag des aktuellen Monats.

Microsoft Excel - SBAG.XLS

Datei Bearbeiten Formel Format Daten Optionen Makro Fenster ?

K5 =WENN(ODER($B5>$O$4-1;(WENN($C5="";$K$4;$C5))<$K$4);"";1)

	K	L	M	N	O	P	Q	R	S	T	U	V	W	X	Y	Z	AA	AB
3	Ges	ABM	SBH	AfG	Ges	ABM	SBH	AfG	Ges	ABM	SBH	AfG	Ges	ABM	SBH	AfG	Ges	ABM
4	Jan	Jan	Jan	Jan	Feb	Feb	Feb	Feb	Mär	Mär	Mär	Mär	Apr	Apr	Apr	Apr	Mai	Mai
5	1				1				1				1				1	
6	1				1				1				1				1	
7	1	1			1	1			1	1			1	1			1	1
8	1	1			1	1			1	1			1	1			1	1
9	1				1				1				1				1	
10	1	1			1	1			1	1			1	1			1	1
11	1				1				1				1				1	
12	1	1			1	1			1	1			1	1			1	1
13	1				1				1				1				1	
14	1				1				1				1				1	
15	1	1			1	1			1	1			1	1			1	1
16	1			1	1			1	1			1	1			1	1	

Bereit Berechnen NUM

Berechnung der Anwesenheit eines Mitarbeiters

Dieser Ausdruck stellt fest, ob ein Arbeitnehmer in dem besagten Monat seine Stelle bereits angetreten hat oder sie erst in einem der nächsten Monate antreten wird. Eine Eintragung muß allerdings auch dann unterbleiben, wenn der Arbeitnehmer zwar seine Stelle vor diesem Datum angetreten hat (Eintrittsdatum liegt also vor dem besagten Monat), er aber auch vor diesem Monat die Stelle wieder aufgegeben hat. Das Austrittsdatum liegt also auch vor dem aktuellen Monat. Dies wird durch eine Oder-Anweisung deutlich gemacht. In dieser Oder-Anweisung befindet sich wiederum eine Wenn-Anweisung.

Wenn C5 nicht leer ist, ein Austrittsdatum also vorhanden ist, soll geprüft werden, ob dieses Austrittsdatum vor dem fraglichen Monat liegt, d. h.

C5 < K4.

Ist dies der Fall, darf ebenfalls keine Eintragung erfolgen. Damit ist die Anwesenheit der Mitarbeiter im fraglichen Monat eindeutig definiert.

Im nächsten Feld wird geprüft, ob im aktuellen Monat der anwesende Mitarbeiter einer Arbeitsbeschaffungsmaßnahme zuzurechnen ist.

Ist der Mitarbeiter in diesem Monat nicht anwesend, bleibt natürlich auch dieses Feld leer. Nur im Falle einer Anwesenheit wird die AB-Maßnahme abgeprüft.

Microsoft Excel - SBAG.XLS

Datei Bearbeiten Formel Format Daten Optionen Makro Fenster ?

L5 =WENN(K5="";"";WENN(UND(ODER($D5>$O$4-1;$D5="");ODER($E5="";$E5<$L$4));"";1))

	K	L	M	N	O												
3	Ges	ABM	SBH	AfG	Ges	ABM	SBH	AfG	Ges	ABM	SBH	AfG	Ges	ABM	SBH	AfG	Ges	ABM
4	Jan	Jan	Jan	Jan	Feb	Feb	Feb	Feb	Mär	Mär	Mär	Mär	Apr	Apr	Apr	Apr	Mai	Mai
5	1				1				1				1				1	
6	1				1				1				1				1	
7	1	1			1	1			1	1			1	1			1	1
8	1	1			1	1			1	1			1	1			1	1
9	1				1				1				1				1	
10	1	1			1	1			1	1			1	1			1	1
11	1				1				1				1				1	
12	1	1			1	1			1	1			1	1			1	1
13	1				1				1				1				1	
14	1				1				1				1				1	
15	1	1			1	1			1	1			1	1			1	1
16	1			1	1			1	1			1	1			1	1	

Bereit Berechnen NUM

Berechnung der ABM-Zahl

Liegt der Beginn der Maßnahme nach dem letzten des aktuellen Monats

D5 > O4 - 1

oder ist ein Maßnahmebeginn nicht erwähnt, d. h.

D5 = leer,

dann erfolgt kein Eintrag. Zusätzlich muß die Bedingung erfüllt sein, daß entweder E5, also das Ende der Maßnahme erreicht ist oder das Maßnahmeende vor dem aktuellen Monatsdatum liegt:

E5 < L4.

In allen anderen Fällen erfolgt an dieser Stelle die Eintragung 1.
Nun wird die Bedingung für die Schwerbehinderung festgelegt - immer unter dem Gesichtspunkt, daß der Arbeitnehmer in diesem Monat anwesend ist, d. h. in der Spalte K eine Eintragung erfolgt ist.

Für die Schwerbehinderung müssen zwei Bedingungen erfüllt sein. Der prozentuale Anteil der Schwerbehinderung muß größer als 50% sein und in der Spalte Personengruppe muß das Kürzel SB eingetragen sein. Dann erfolgt hier die Eintragung 1.

Microsoft Excel - SBAG.XLS

Datei Bearbeiten Formel Format Daten Optionen Makro Fenster ?

M5 =WENN(K5="";"";WENN(UND($F5>50;$J5="SB");1;""))

	K	L	M	N	O	P	Q	R	S	T	U	V	W	X	Y	Z	AA	AB
3	Ges	ABM	SBH	AfG	Ges	ABM	SBH	AfG	Ges	ABM	SBH	AfG	Ges	ABM	SBH	AfG	Ges	ABM
4	Jan	Jan	Jan	Jan	Feb	Feb	Feb	Feb	Mär	Mär	Mär	Mär	Apr	Apr	Apr	Apr	Mai	Mai
5	1				1				1				1				1	
6	1				1				1				1				1	
7	1	1			1	1			1	1			1	1			1	1
8	1	1			1	1			1	1			1	1			1	1
9	1				1				1				1				1	
10	1	1			1	1			1	1			1	1			1	1
11	1				1				1				1				1	
12	1	1			1	1			1	1			1	1			1	1
13	1				1				1				1				1	
14	1				1				1				1				1	
15	1	1			1	1			1	1			1	1			1	1
16	1			1	1			1	1			1	1			1	1	

Bereit Berechnen NUM

Berechnung der SBH -Zahl

Im nächsten Feld wird die Bedingung für sonstige anrechnungsfähige Personen festgelegt. Folgende Kriterien sind dafür maßgeblich. Es wird eine Schwerbehinderung von < = 30% festgestellt und in der Spalte "Personengruppe" das Kürzel GL gefunden:

F5 > = 30; J5 = GL

Eine andere Möglichkeit ist, daß sich in der Spalte "Personengruppen" der Schlüssel WE oder der Schlüssel BS befindet. Unter all diesen Bedingungen erfolgt eine Eintragung in die Spalte AfG.

Microsoft Excel - SBAG.XLS

Datei Bearbeiten Formel Format Daten Optionen Makro Fenster ?

N5 =WENN(K5="";"";WENN(ODER(UND($F5>=30;$J5="GL");ODER($J5=
"WE";$J5="BS"));1;""))

	K	L	M	N	O	P	Q	R	S	T	U	V	W	X	Y	Z	AA	AB
3	Ges	ABM	SBH	AfG	Ges	ABM	SBH	AfG	Ges	ABM	SBH	AfG	Ges	ABM	SBH	AfG	Ges	ABM
4	Jan	Jan	Jan	Jan	Feb	Feb	Feb	Feb	Mär	Mär	Mär	Mär	Apr	Apr	Apr	Apr	Mai	Mai
5	1				1				1				1				1	
6	1				1				1				1				1	
7	1	1			1	1			1	1			1	1			1	1
8	1	1			1	1			1	1			1	1			1	1
9	1				1				1				1				1	
10	1	1			1	1			1	1			1	1			1	1

Berechnung der Anzahl für AfG

Diese vier Formeln werden nun in unserem Modell nach unten aufgefüllt und auf die anderen Monate übertragen.

Microsoft Excel - SBAG.XLS

Datei Bearbeiten Formel Format Daten Optionen Makro Fenster ?

K20 =SUMME(K5:K19)

	K	L	M	N	O	P	Q	R	S	T	U	V	W	X	Y	Z	AA	AB
1																		
2																		
3	Ges	ABM	SBH	AfG	Ges	ABM	SBH	AfG	Ges	ABM	SBH	AfG	Ges	ABM	SBH	AfG	Ges	ABM
4	Jan	Jan	Jan	Jan	Feb	Feb	Feb	Feb	Mär	Mär	Mär	Mär	Apr	Apr	Apr	Apr	Mai	Mai
11	1				1				1				1				1	
12	1	1			1	1			1	1			1	1			1	1
13	1				1				1				1				1	
14	1				1				1				1				1	
15	1	1			1	1			1	1			1	1			1	1
16	1			1	1			1	1			1	1			1	1	
17	1				1				1				1				1	
18	1				1				1				1				1	
19	1	1			1	1			1	1			1	1			1	1
20	15	6	0	1	15	6	0	1	15	6	0	1	15	6	0	1	15	6

Bereit Berechnen NUM

Die Summe der tätigen Mitarbeiter

Wenn dies erfolgt ist, muß in der letzten Zeile des Modells nur noch die Summenformel erstellt werden, und wir erhalten damit die Werte, die hinterher in das Formular des Arbeitsamts übertragen werden können. Jetzt müssen noch die einzelnen Eintragungen in die Eingabefelder vorgenommen werden. Einmal jährlich kann dann der Ausdruck des Formulars zum Einreichen bei der entsprechenden Behörde erfolgen.

5.3.1 Arbeiten mit der Begleitdiskette

Starten Sie Ihren Computer entweder mit Windows oder direkt mit Excel. Wenn Sie sich in Excel befinden, wählen Sie "Laden" aus dem Menü "Datei". Legen Sie die Begleitdiskette in das eingebaute Laufwerk Ihres Computers ein, und wählen Sie das Verzeichnis des eingebauten Laufwerkes aus. Öffnen Sie nun das Dokument mit dem Namen SBAG.XLS. Das Modell wird geladen und erscheint auf Ihrem Bildschirm.

In das Dokument werden die Namen der Mitarbeiter, das Eintrittsdatum, das Austrittsdatum, die Dauer der ABM und die Kennwerte der Schwerbehinderung eingetragen. Eine Änderung der bestehenden Grenzwerte kann jederzeit durch Änderung der entsprechenden Formel berücksichtigt werden.

5.4 Ein Beispiel aus dem klinischen Forschungsbereich

Auch Daten aus der Forschung lassen sich mit Excel relativ einfach verarbeiten. Unser Beispiel stammt aus dem klinischen Forschungsbereich.

Zwei Patientengruppen, die eine jeweils unterschiedliche Therapieform erhielten, wurden mittels eines Fragebogens vor- und nachuntersucht. Eine Patientengruppe (Info) erhält Basis-Informationen zur Erkrankung, die andere Patientengruppe (Stat) erhält ein volles dreimonatiges Therapieprogramm.

Von klinischem Forschungsinteresse ist, ob sich die beiden Patientengruppen mit dem unterschiedlichen Therapieangebot hinsichtlich der Dimensionen, die im Fragebogen ermittelt werden, unterscheiden. Der Fragebogen wurde vor und nach der Therapie ausgefüllt. Der ausgewertete Fragebogen ergibt die Dimension I, P und C, Merkmale der Persönlichkeitsforschung. Auf die Interpretation wollen wir an dieser Stelle verzichten.

Durch die zeitlich unterschiedliche Verabreichung des Fragebogens ergibt sich eine weitere klinische Fragestellung, ob die Therapie einen Einfluß auf die Veränderung der Dimensionen hat. Dies wird durch den Vergleich "Vorher - Nachher"

Die Auswertung der verschiedenen Fragestellungen kann auf unterschiedliche Weise vorgenommen werden. Stellvertretend wird hier nur eine Möglichkeit näher untersucht. Die Daten sind dabei in Form einer Datenbank angelegt. Damit ist eine permanente Fortsetzung und Vergrößerung der einzelnen Klientengruppen möglich. Die statistischen Kennzahlen werden automatisch an die neue Situation angepaßt.

Das Datenblatt zeigt den typischen Aufbau einer Datenbank in Excel. In den Zeilen 19 bis 35 befindet sich die eigentliche Datenbank, darüber die statistischen Kennzahlen.

Hier sind die Testergebnisse der einzelnen Behandlungsgruppen "Stat" und "Info" aufgelistet. Drei Dimensionen wurden gemessen: I, P und C. Die Kategorie "Vorher" umfaßt die Meßdaten vor der Behandlung, "Nachher" beinhaltet die Meßdaten unmittelbar nach der Behandlung, und "Kontroll" zeigt die Meßdaten an, die drei Monate nach der Behandlung erhoben wurden.

	A	B	C	D	E	F	G	H	I	J
1		I vorher	P vorher	C vorher	I nachher	P nachher	C nachher	I kontroll	P kontroll	C kontroll
2	AM stat	36,7273	25,45455	24,72727	36,63636	27,272727	26,818182	34,5	32	35
3	AM Info	32,6	24,66667	26	32,5	24,833333	25,666667			
4	S stat	6,54356	7,501515	8,415354	5,766675	4,6279782	5,9130057	2,12132	1,4142136	0
5	S Info	3,57771	3,701351	4,743416	2,387467	4,1593269	4,0373258			
6	V stat	42,8182	51,39744	61,39744	33,41026	31,564103	40,166667	12,33333	2,3333333	16,333333
7	V Info	12,8	13,7	22,5	5,7	17,3	16,3			
8	Ns	11	11	11	11	11	11	2	2	2
9	Ni	5	5	5	5	5	5			
10	t-Wert	2,42454	0,424909	-0,61697	2,816116	1,5993665	0,6854566			
11	Grenze t	2,11	Grenze F	4,68						
12	Ents. t	ungleich	gleich	gleich	ungleich	gleich	gleich			
13	F-Wert	3,34517	3,751638	2,728775	5,861448	1,8245146	2,4642127			
14	Ents. F	gleich	gleich	gleich	ungleich	gleich	gleich			
15										
16	Gruppe	Gruppe								
17	stat	info								
18										
19	Gruppe	I vorher	P vorher	C vorher	I nachher	P nachher	C nachher	I kontroll	P kontroll	C kontroll
20	stat.	32	28	31	32	26	29	33	33	35
21	stat.	38	23	25	36	27	29	36	31	35
22	stat.	45	16	11	44	28	18			
23	stat.	48	23	18	28	30	31			
24	stat.	38	20	16	35	22	16			
25	stat.	34	19	16	35	25	20			
26	info	34	30	33	34	24	29			
27	info	37	21	21	34	24	20			
28	info	34	23	24	35	18	21			
29	info	28	28	30	29	29	25			
30	info	30	24	27	32	27	28			
31	stat.	43	16	23	46	18	30			
32	stat.	27	34	35	35	35	33			
33	stat.	35	37	33	37	29	28			
34	stat.	29	33	32	44	32	32			
35	stat.	35	31	32	31	28	29			
36										
37										
38										
39										
40										
41										
42										
43										

Die Auswertung von Fragebögen über eine Datenbank

Durch einfaches Hinzufügen einer weiteren Zeile kann die Datenbank erweitert werden, wodurch die untersuchten Patientengruppen vergrößert werden können. Dies geschieht wie beschrieben mit Hilfe des Befehls "Maske" aus dem Menü "Daten". Da die vorgegebene Standardmaske jedoch etwas unübersichtlich ist, soll eine neue benutzerfreundlichere Maske erstellt werden, die dazu beiträgt, Eingabefehler zu vermeiden..

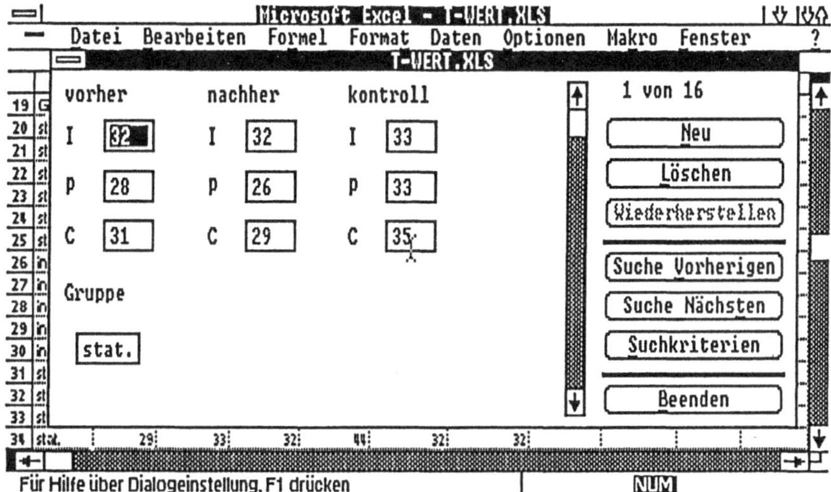

Eine vom Anwender definierte Maske zur Dateneingabe

Microsoft Excel - T-WERT.XLS

Datei Bearbeiten Formel Format Daten Optionen Makro Fenster ?

O19

	L	M	N	O	P	Q	R	S	T	U	V	W	X
19					Element	x	y	Breite	Höhe	Text	Eingabe/Ausgabe		
20					12	0	0	400	190				
21				Oberschrift	5	10	10			vorher			
22				Text	5	10	35	30	20	I			
23				Zahlenfeld	6	40	30	40	20		vorher		
24				Text	5	10	65	30	20	P			
25				Zahlenfeld	6	40	60	40	20		P vorher		
26				Text	5	10	95	30	20	C			
27				Zahlenfeld	6	40	90	40	20		C vorher		
28				Oberschrift	5	120	10			nachher			
29				Text	5	120	35	30	20	I			
30				Zahlenfeld	6	150	30	40	20		I nachher		
31				Text	5	120	65	30	20	P			
32				Zahlenfeld	6	150	60	40	20		P nachher		
33				Text	5	120	95	30	20	C			
34				Zahlenfeld	6	150	90	40	20		C nachher		

Bereit NUM

Eingaben zur Definition der Maske

Dabei wird in der Spalte "Element" durch einen bestimmten Zahlencode festgelegt, um welchen Typ von Maskenfeld es sich handelt. So steht beispielsweise die 6 für ein Zahlenfeld. Durch die X- und Y-Werte wird die Position des jeweiligen Feldes am Bildschirm festgelegt. Die Eingabefeldgröße ergibt sich durch die Definition in der Spalte "Breite und Höhe". Feldbezeichnungen und Überschriften stehen in der Spalte "Text" und die logische Zuordnung zur Datenbank in der Spalte "Eingabe/Ausgabe". Dabei müssen die Bezeichnungen mit den Feldbezeichnungen in der Datenbank genau übereinstimmen. Zur besseren Orientierung kann man in die erste Spalte eine kurze Beschreibung der jeweiligen Definitionen eingeben. Diese Beschreibung wird nicht in die eigentliche Maskendefinition mit aufgenommen.

Als nächstes wird der Maskendefinitionsbereich auf dem Arbeitsblatt aktiviert, und mit dem Befehl "Namen festlegen" aus dem Menü "Formel" wird für den aktivierten Tabellenbereich der Name "Datenmaske" vergeben.

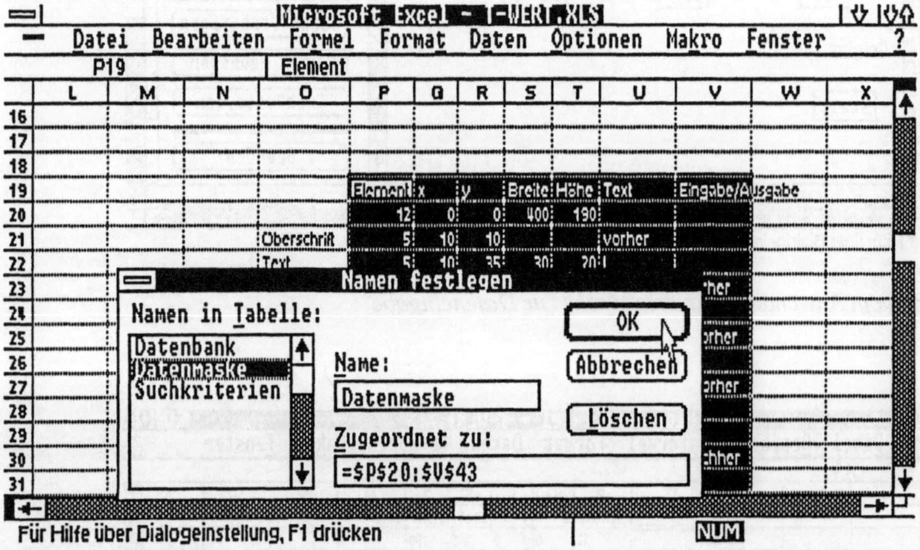

Definition der Eingaben als Maske

Damit ist die neue Maske definiert und kann nun mit dem Befehl "Maske" aus dem Menü "Daten" immer wieder abgerufen werden.

Wir möchten nun, daß bei Hinzufügung von Patienten oder Ergänzungen von Meßdaten z. B. in die Kontrollgruppe die statistischen Kennwerte im oberen Bereich der Datenbank automatisch aktualisiert werden. Dies geschieht mit Hilfe der verschiedenen Datenbankfunktionen.

So wird beispielsweise das arithmetische Mittel der Gruppe "Stat" durch die Funktion DBMITTELWERT errechnet. Diese Vorgehensweise ist schon aus früheren Betrachtungen von Datenbanken bekannt.

Microsoft Excel - T-WERT.XLS

Datei Bearbeiten Formel Format Daten Optionen Makro Fenster ?

B2 =DBMITTELWERT(Datenbank;B19;Suchkriterien)

	A	B	C	D	E	F	G	H	I	J	K
1		I vorher	P vorher	C vorher	I nachher	P nachher	C nachher	I kontroll	P kontroll	C kontroll	
2	AM stat	36,7273	25,45455	24,72727	36,63636	27,272727	26,818182	34,5	32	35	
3	AM info	32,6	24,66667	26	32,5	24,833333	25,666667				
4	S stat	6,54356	7,501515	8,415354	5,766675	4,6279782	5,9130057	2,12132	1,4142136	0	
5	S info	3,57771	3,701351	4,743416	2,387467	4,1593269	4,0373258				
6	V stat	42,8182	51,39744	61,39744	33,41026	31,564103	40,166667	12,33333	2,3333333	16,3333	
7	V info	12,8	13,7	22,5	5,7	17,3	16,3				
8	Ns	11	11	11	11	11	11	2	2	2	
9	Ni	5	5	5	5	5	5				
10	t-Wert	2,42454	0,424909	-0,61697	2,816116	1,5993665	0,6854566				
11	Grenze	2,11	Grenze F	4,68							
12	Ents. t	ungleich	gleich	gleich	ungleich	gleich	gleich				
13	F-Wert	3,34517	3,751638	2,728775	5,861448	1,8245146	2,4642127				
14	Ents. F	gleich	gleich	gleich	ungleich	gleich	gleich				
15											
16	Gruppe	Gruppe									

Bereit NUM

Auswertung der Fragebögen über die Mittelwerte

Das Suchkriterium wurde durch den Bereich A16 bis A17 definiert. Der Mittelwert wird also über die Kategorie "I vorher" entsprechend dem Suchkriterium "Stat" in der Datenbank gebildet. Analoges gilt die für alle anderen Kategorien in dieser Zeile. Etwas anders ist die Vorgehensweise bei der Ermittlung des arithmetischen Mittelwertes der Gruppe "Info".

Microsoft Excel - T-WERT.XLS

Datei Bearbeiten Formel Format Daten Optionen Makro Fenster ?

B3 =DBMITTELWERT(Datenbank;B19;$B$16:$B$17)

	A	B	C	D	E	F	G	H	I	J	K
1		I vorher	P vorher	C vorher	I nachher	P nachher	C nachher	I kontroll	P kontroll	C kontroll	
2	AM stat	36,7273	25,45455	24,72727	36,63636	27,272727	26,818182	34,5	32	35	
3	AM info	32,6	24,66667	26	32,5	24,833333	25,666667				
4	S stat	6,54356	7,501515	8,415354	5,766675	4,6279782	5,9130057	2,12132	1,4142136	0	

Eine Definition der Auswertungskriterien über den Zellenbezug

Hier bezieht sich die Formel nicht wie bisher auf ein Suchkriterium, sondern auf einen Tabellenbereich. Dies ist z. B. dann nötig, wenn kein entsprechendes Suchkriterium definiert ist. Der Tabellenbereich B16 bis B17 besagt also, daß aus der Kategorie Gruppe in der Datenbank das Merkmal "Info" für die Berechnung herangezogen werden soll. Man kann so also auf zweierlei Arten nach ganz bestimmten Kriterien Informationen aus einer Datenbank herausziehen. Die Vorgehensweise für die Standardabweichung und die Varianz und für die Ermittlung der Stichprobengröße ist natürlich identisch.

nur die Formeln in der Eingabeleiste einfügen.

```
Microsoft Excel - T-WERT.XLS
Datei  Bearbeiten  Formel  Format  Daten  Optionen  Makro  Fenster  ?
B4  =DBSTDABW(Datenbank;B19;Suchkriterien)
```

```
Microsoft Excel - T-WERT.XLS
Datei  Bearbeiten  Formel  Format  Daten  Optionen  Makro  Fenster  ?
B5  =DBSTDABW(Datenbank;B19;$B$16:$B$17)
```

```
Microsoft Excel - T-WERT.XLS
Datei  Bearbeiten  Formel  Format  Daten  Optionen  Makro  Fenster  ?
B6  =DBVARIANZ(Datenbank;B19;Suchkriterien)
```

```
Microsoft Excel - T-WERT.XLS
Datei  Bearbeiten  Formel  Format  Daten  Optionen  Makro  Fenster  ?
B7  =DBVARIANZ(Datenbank;B19;$B$16:$B$17)
```

```
Microsoft Excel - T-WERT.XLS
Datei  Bearbeiten  Formel  Format  Daten  Optionen  Makro  Fenster  ?
B8  =DBANZAHL(Datenbank;B19;Suchkriterien)
```

```
Microsoft Excel - T-WERT.XLS
Datei  Bearbeiten  Formel  Format  Daten  Optionen  Makro  Fenster  ?
B9  =DBANZAHL(Datenbank;B19;$B$16:$B$17)
```

Wenn man zwischen den beiden Gruppen einen Unterschied feststellen will, muß man entscheiden, ob die jeweils untersuchte Stichprobe der gleichen Grundgesamtheit entstammt. Dies kann durch die Betrachtung verschiedener Kriterien überprüft werden.

Wir haben hier beispielhaft zwei Kriterien herausgegriffen, den t-Wert, der überprüft, ob die Mittelwerte der beiden Stichproben der gleichen Grundgesamtheit entstammen und damit kein Unterschied zwischen den untersuchten Gruppen besteht, und als zweites Kriterium den F-Wert, der eine ähnliche Überprüfung vornimmt, jedoch bezogen auf die Streuung der Werte innerhalb der jeweiligen Stichprobe. Als erstes betrachten wir den t-Wert.

Microsoft Excel - T-WERT.XLS

Datei Bearbeiten Formel Format Daten Optionen Makro Fenster ?

B10 | =((B2-B3)/WURZEL(((B8-1)*B6+(B9-1)*B7)/(B8+B9-2)))*(B8*B9/(B8+B9))

	A	B	C	D	E	F	G	H	I	J	K
1		I vorher	P vorher	C vorher	I nachher	P nachher	C nachher	I kontroll	P kontroll	C kontroll	
2	AM stat	36,7273	25,45455	24,72727	36,63636	27,272727	26,818182	34,5	32	35	
3	AM info	32,6	24,66667	26	32,5	24,833333	25,666667				
4	S stat	6,54356	7,501515	8,415354	5,766675	4,6279782	5,9130057	2,12132	1,4142136	0	
5	S info	3,57771	3,701351	4,743416	2,387467	4,1593269	4,0373258				
6	V stat	42,8182	51,39744	61,39744	33,41026	31,564103	40,166667	12,33333	2,3333333	16,3333	
7	V info	12,8	13,7	22,5	5,7	17,3	16,3				
8	Ns	11	11	11	11	11	11	2	2	2	
9	Ni	5	5	5	5	5	5				
10	t-Wert	2,42454	0,424909	-0,61697	2,816116	1,5993665	0,6854566				
11	Grenze	2,11	Grenze F	4,68							
12	Ents. t	ungleich	gleich	gleich	ungleich	gleich	gleich				
13	F-Wert	[illegible]517	3,751638	2,728775	5,861448	1,8245146	2,4642127				
14	Ents. F	gleich	gleich	gleich	ungleich	gleich	gleich				
15											
16	Gruppe	Gruppe									

Bereit NUM

Die Berechnung des t-Wertes

Die Formel wird in Excel, wie oben gezeigt, dargestellt. Dieser so ermittelte t-Wert muß außerhalb eines ganz bestimmten Vertrauensbereiches liegen, damit man feststellen kann, daß die beiden Stichproben nicht der gleichen Grundgesamtheit entstammen. Solch eine Vertrauensgrenze kann in der einschlägigen Statistikliteratur nachgesehen werden und richtet sich nach der Fehlerwahrscheinlichkeit und der Stichprobengröße. Zur Vereinfachung könnte man diese Werte auch automatisch in das Datenblatt einlesen, wenn sie vorher einmal erfaßt werden.

Microsoft Excel - T-WERT.XLS

Datei Bearbeiten Formel Format Daten Optionen Makro Fenster ?

B12 | =WENN((ODER(B10>$B$11;B10<-$B$11));"ungleich";"gleich")

	A	B	C	D	E	F	G	H	I	J	K
1		I vorher	P vorher	C vorher	I nachher	P nachher	C nachher	I kontroll	P kontroll	C kontroll	
2	AM stat	36,7273	25,45455	24,72727	36,63636	27,272727	26,818182	34,5	32	35	
3	AM info	32,6	24,66667	26	32,5	24,833333	25,666667				
4	S stat	6,54356	7,501515	8,415354	5,766675	4,6279782	5,9130057	2,12132	1,4142136	0	
5	S info	3,57771	3,701351	4,743416	2,387467	4,1593269	4,0373258				
6	V stat	42,8182	51,39744	61,39744	33,41026	31,564103	40,166667	12,33333	2,3333333	16,3333	
7	V info	12,8	13,7	22,5	5,7	17,3	16,3				
8	Ns	11	11	11	11	11	11	2	2	2	
9	Ni	5	5	5	5	5	5				
10	t-Wert	2,42454	0,424909	-0,61697	2,816116	1,5993665	0,6854566				
11	Grenze	2,11	Grenze F	4,68							
12	Ents. t	[illegible]	gleich	gleich	ungleich	gleich	gleich				
13	F-Wert	3,34517	3,751638	2,728775	5,861448	1,8245146	2,4642127				
14	Ents. F	gleich	gleich	gleich	ungleich	gleich	gleich				
15											
16	Gruppe	Gruppe									

Bereit NUM

Die Entscheidung über die Populationszugehörigkeit

Die gleiche Vorgehensweise ergibt sich für die Festlegung des F-Wertes. Die Formel für den F-Wert wird in Excel folgendermaßen dargestellt:

Microsoft Excel - T-WERT.XLS

Datei Bearbeiten Formel Format Daten Optionen Makro Fenster ?

B13 =B6/B7

	A	B	C	D	E	F	G	H	I	J	K
1		I vorher	P vorher	C vorher	I nachher	P nachher	C nachher	I kontroll	P kontroll	C kontroll	
2	AM stat	36,7273	25,45455	24,72727	36,63636	27,272727	26,818182	34,5	32	35	
3	AM info	32,6	24,66667	26	32,5	24,833333	25,666667				
4	S stat	6,54356	7,501515	8,415354	5,766675	4,6279782	5,9130057	2,12132	1,4142136	0	
5	S info	3,57771	3,701351	4,743416	2,387467	4,1593269	4,0373258				
6	V stat	42,8182	51,39744	61,39744	33,41026	31,564103	40,166667	12,33333	2,3333333	16,3333	
7	V info	12,8	13,7	22,5	5,7	17,3	16,3				
8	Ns	11	11	11	11	11	11	2	2	2	
9	Ni	5	5	5	5	5	5				
10	t-Wert	2,42454	0,424909	-0,61697	2,816116	1,5993665	0,6854566				
11	Grenze	2,11	Grenze F	4,68							
12	Ents. t	ungleich	gleich	gleich	ungleich	gleich	gleich				
13	F-Wert	3,34517	3,751638	2,728775	5,861448	1,8245146	2,4642127				
14	Ents. F	gleich	gleich	gleich	ungleich	gleich	gleich				
15											
16	Gruppe	Gruppe									

Bereit NUM

Die Berechnung des F-Wertes

Die Überprüfung des Vertrauensbereiches wird wiederum durch eine Wenn-Funktion vorgenommen. Sie ist abhängig von der Über- oder Unterschreitung eines festgelegten Intervalls, das durch den Wert in D11 bestimmt ist.

Microsoft Excel - T-WERT.XLS

Datei Bearbeiten Formel Format Daten Optionen Makro Fenster ?

B14 =WENN((ODER(B13>$D$11;B13<-$D$11));"ungleich";"gleich")

	A	B	C	D	E	F	G	H	I	J	K
1		I vorher	P vorher	C vorher	I nachher	P nachher	C nachher	I kontroll	P kontroll	C kontroll	
2	AM stat	36,7273	25,45455	24,72727	36,63636	27,272727	26,818182	34,5	32	35	
3	AM info	32,6	24,66667	26	32,5	24,833333	25,666667				
4	S stat	6,54356	7,501515	8,415354	5,766675	4,6279782	5,9130057	2,12132	1,4142136	0	
5	S info	3,57771	3,701351	4,743416	2,387467	4,1593269	4,0373258				
6	V stat	42,8182	51,39744	61,39744	33,41026	31,564103	40,166667	12,33333	2,3333333	16,3333	
7	V info	12,8	13,7	22,5	5,7	17,3	16,3				
8	Ns	11	11	11	11	11	11	2	2	2	
9	Ni	5	5	5	5	5	5				
10	t-Wert	2,42454	0,424909	-0,61697	2,816116	1,5993665	0,6854566				
11	Grenze	2,11	Grenze F	4,68							
12	Ents. t	ungleich	gleich	gleich	ungleich	gleich	gleich				
13	F-Wert	3,34517	3,751638	2,728775	5,861448	1,8245146	2,4642127				
14	Ents. F	gleich	gleich	gleich	ungleich	gleich	gleich				
15											
16	Gruppe	Gruppe									

Bereit NUM

Die Entscheidung der Populationszugehörigkeit

Füllt man die Funktion nach rechts auf, so erhält man die 12 Vergleichsergebnisse. In unserem Falle unterscheiden sich die Stichproben nur nach der Dimension I. Man könnte also schlußfolgern, daß eine Zugehörigkeit zur Info- oder Stat-Gruppe besonders durch die Dimension I bestimmt ist.

Auf ähnliche Art und Weise könnte man Unterschiede zwischen vorher und nachher und sogar noch zu der Kontrollgruppe ermitteln, um den Einfluß der Behandlung näher bestimmen zu können. Wir wollen an dieser Stelle darauf verzichten, da es sich bei unserem Beispiel nur um eine kleine Demonstration handeln soll.

Durch Übertragung der Werte aus den Ergebnisfeldern in unserer Tabelle auf ein Diagramm-Arbeitsblatt lassen sich die einzelnen Vergleiche sehr gut visualisieren.

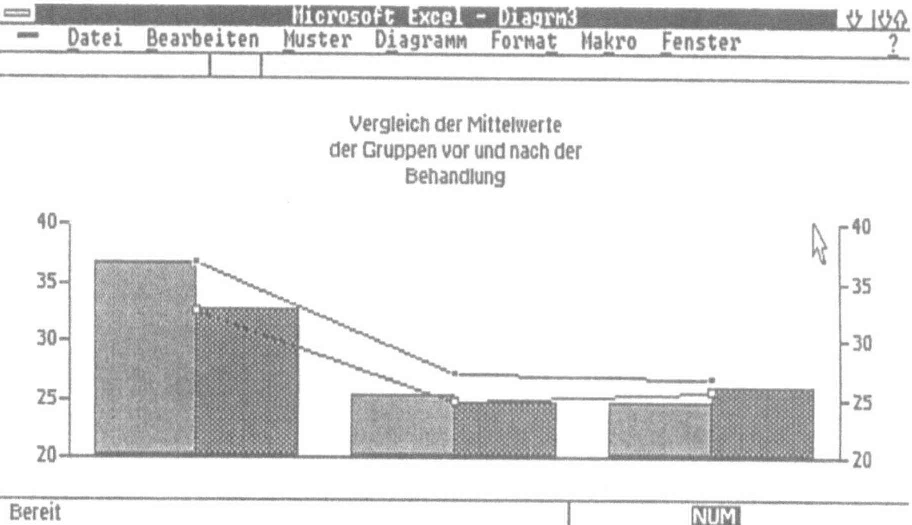

Vergleich der Mittelwerte in einer Grafik

Dies gilt sowohl für den Vergleich der Mittelwerte als auch für den Vergleich der Streuung. Es werden die Werte vor und nach der Behandlung verglichen und die Gruppen untereinander. Dies erfolgt mit unterschiedlichen Darstellungsarten - einmal durch Balkendiagramm (Vorher) und zum anderen durch Linien-Darstellung (Nachher).

Da die Bezeichnungen in der Tabelle anders sind als auf der dargestellten X-Achse, wird deutlich, daß die Datenreihen manuell überarbeitet wurden. Die neue X-Achse ist dabei als Textvektor im entsprechenden Eintragungsbereich eingegeben worden.

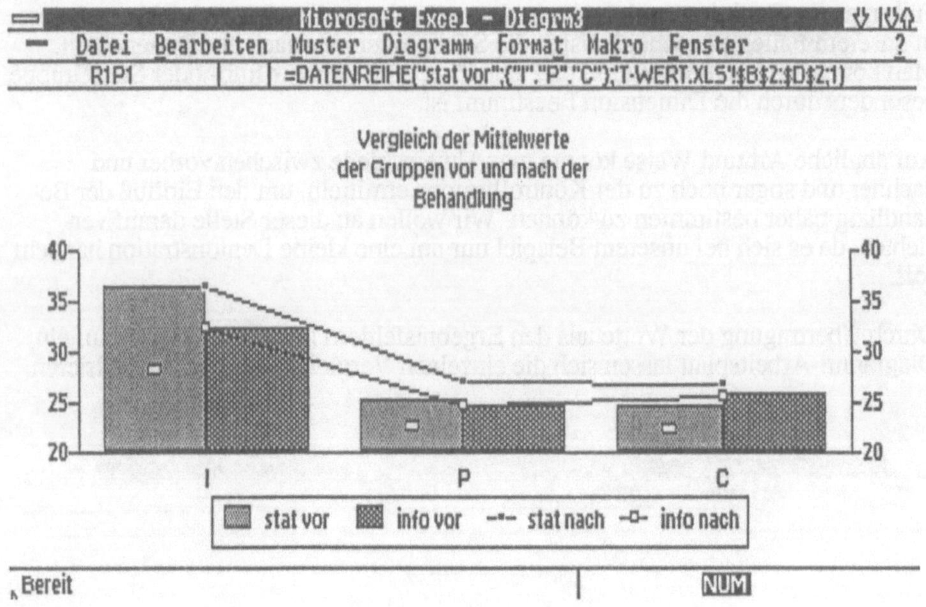

Die überarbeitete Grafik

Eine solche Grafik kann sicherlich das trockene statistische Zahlenmaterial sehr gut argumentativ unterstützen.

5.4.1 Arbeiten mit der Begleitdiskette

Starten Sie Ihren Computer entweder mit Windows oder direkt mit Excel. Wenn Sie sich in Excel befinden, wählen Sie "Laden" aus dem Menü "Datei". Legen Sie die Begleitdiskette in das eingebaute Laufwerk Ihres Computers ein und wählen Sie das Verzeichnis des eingebauten Laufwerkes aus. Öffnen Sie nun das Dokument mit dem Namen T-WERT.XLS. Das Modell wird geladen und erscheint auf Ihrem Bildschirm.

In diesem Dokument werden die Fragebogenwerte der einzelnen Patienten über die vorgegebene Maske eingetragen. Die Grenzen der t-Werte und F-Werte müssen dabei je nach Genauigkeit und Stichprobengröße neu festgelegt werden.

Die Grafik mit dem Mittelwert AM.XLC ist mit der Auflistung im Dokument "t-Wert" verknüpft und wird automatisch angepaßt. Die Streuungen und Varianzen können ebenfalls in das vorgefertigte Grafikformat kopiert werden, um die Ergebnisse abzurunden.

5.5 Eine Kleinlagerverwaltung

Das letzte Beispiel zeigt eine Kleinlagerverwaltung, in der verschiedene Artikel berücksichtigt werden. Insgesamt werden 400 Artikel bearbeitet.

Eine solche Lagergröße stößt bereits an das zeitlich sinnvolle Rechenverhalten 6 oder 8 MHz getakteter 80286er Maschinen. Besonders bei einer umfangreicheren Lagerverwaltung ist es sinnvoll, höher getaktete Rechner (12 MHz) oder Rechner mit 80386-Prozessoren zu verwenden. Spätestens bei solchen Anwendungen bewährt sich der Einsatz eines arithmetischen Coprozessors, der die Rechenvorgänge bei Excel auch schon im Falle von Multiplikation und Division beschleunigt. Auf jeden Fall ist es immer ratsam, zunächst die permanente Neuberechnung des Arbeitsblatts auszuschalten und erst am Ende der Eintragungen in einem Vorgang die Aktualisierung durchführen zu lassen.

Die Artikelverwaltung besteht insgesamt aus 3 Teilen, die sich in unserem Fall alle auf ein und demselben Arbeitsblatt befinden. Der erste Bereich charakterisiert die Produkte. Es handelt sich um Kleidungsstücke. Die Produktbezeichnung, der Einkaufspreis, die Konfektionsgröße und die Farben sind wichtige Produkteigenschaften. Hinzu kommen Informationen über die Lieferzeit einzelner Produkte und Preiszuschläge für einzelne Farbgebungen.

Der zweite Bereich ist in Form einer Datenbank angeordnet und listet sämtliche Bestellungen auf. Um eine solche Auflistung zu erhalten, müssen 3 Informationen in die Datenbank eingegeben werden: das Bestelldatum, die Artikelnummer und die Anzahl der Bestellungen. Alle weiteren Informationen werden automatisch eingetragen.

Der dritte Bereich besteht aus der Auflistung aller vorhandenen Artikel unter Berücksichtigung der Farben und Größen. Hier wird auch vermerkt, wieviele Artikel sich an Lager befinden und wieviele schon ausgeliefert wurden. Vom Anwender eingetragen werden hier lediglich die Lieferungen des Herstellers. Wird ein Artikel knapp, erfolgt ein Hinweis durch das Programm, der zur Nachbestellung auffordert.

	A	B	C	D	E	F	G	H	I	J
1	122	Lieferz.	Produkt		EK	Größe		Farbe		Aufpr.
2	49	10	1	Polo kurz	14,00 DM	1	S	1	rot	1
3		10	2	Polo lang	16,00 DM	2	M	2	grün	1,1
4		14	3	Polo kurz II	12,00 DM	3	L	3	orange	1,3
5		14	4	Polo lang II	14,00 DM	4	X	4	blau	1,1
6		30	5	Polo kurz M	22,00 DM	5	XL	5	gelb	1,2
7		30	6	Polo lang M	25,00 DM	6		6	flieder	1,3
8		42	7	Polo kurz M	18,00 DM	7		7	weiß	1
9		42	8	Polo lang M I	21,00 DM	8		8	marine	1,1
10		8	9	Polo III	5,00 DM	9		9	schwarz	1
11	Suchkriterium									
12	Datum	Artikel	Anzahl	Produkt	Größe	Farbe	EK-Preis	VK-Preis	Kalk. Diff.	Lager
13		>100								
14										
15	Datum	Artikel	Anzahl	Produkt	Größe	Farbe	EK-Preis	VK-Preis	Kalk. Diff.	Lager
16	14.5.88	111	12	Polo kurz	S	rot	14,00 DM	29,90 DM	1,90 DM	55
17	16.5.88	211	30	Polo lang	S	rot	16,00 DM	29,90 DM	-2,10 DM	48
18	23.5.88	111	18	Polo kurz	S	rot	14,00 DM	29,90 DM	1,90 DM	55
19	9.6.88	123	21	Polo kurz	M	orange	14,00 DM	39,90 DM	11,90 DM	55
20	15.6.88	211	43	Polo lang	S	rot	16,00 DM	29,90 DM	-2,10 DM	48
21	16.6.88	311	12	Polo kurz II	S	rot	12,00 DM	19,90 DM	-4,10 DM	88
22	11.8.88	111	65	Polo kurz	S	rot	14,00 DM	29,90 DM	1,90 DM	55
23	11.8.88	311	12	Polo kurz II	S	rot	12,00 DM	19,90 DM	-4,10 DM	88
24	11.8.88	411	24	Polo lang II	S	rot	14,00 DM	29,90 DM	1,90 DM	76
25	11.8.88	511	24	Polo kurz M	S	rot	22,00 DM	39,90 DM	-4,10 DM	76
26	11.8.88	611	33	Polo lang M	S	rot	25,00 DM	49,90 DM	-0,10 DM	103
27	11.8.88	711	36	Polo kurz M	S	rot	18,00 DM	39,90 DM	3,90 DM	64
28	11.8.88	811	48	Polo lang M I	S	rot	21,00 DM	39,90 DM	-2,10 DM	152
29										
30										
31										
32								Summe	Kalk. Diff	
33									4,70 DM	
34										
35										
36										
37										
38										
39										
40										
41	Artikel	Farbe	Größe	Anzahl	NR.	geliefert	Lieferung	nachbest.		
42	Polo kurz	rot	S	55	111	95	50			
43	Polo lang	rot	S	48	211	73	21	ordern		
44	Polo kurz II	rot	S	88	311	24	12			
45	Polo lang II	rot	S	76	411	24				
46	Polo kurz M	rot	S	76	511	24		ordern		
47	Polo lang M	rot	S	103	611	33	36	ordern		
48	Polo kurz M	rot	S	64	711	36		ordern		
49	Polo lang M I	rot	S	152	811	48	100	ordern		
50	Polo III	rot	S	100	911	0				
51	Polo kurz	grün	S	100	112	0				
52	Polo lang	grün	S	100	212	0				
53	Polo kurz II	grün	S	100	312	0				
54	Polo lang II	grün	S	100	412	0				
55	Polo kurz M	grün	S	100	512	0		ordern		
56	Polo lang M	grün	S	100	612	0		ordern		
57	Polo kurz M	grün	S	100	712	0		ordern		
58	Polo lang M I	grün	S	100	812	0		ordern		
59	Polo III	grün	S	100	912	0				

Die Artikelverwaltung auf einem Blick

Schauen wir uns zunächst an, wie den verschiedenen Artikelbezeichnungen Artikelnummern zugeordnet werden können. Diese Vorgehensweise ist für unser Beispiel nicht relevant, soll aber als kleiner Exkurs an dieser Stelle erläutert werden.

Aus einer Artikelnummer werden die Artikelbezeichnung, die Größe und die Farbe des Artikels herausgelesen. Beginnen wir also mit der Zuordnung der Artikelnummer zu einzelnen Artikeln. Wenn man in unserem Fall zu einer Artikelnummer gelangen will, müssen den einzelnen Artikelmerkmalen eindeutig Zahlen zugeordnet werden. In der vorgegebenen Artikelnummer sollen drei Produktmerkmale verborgen sein:

- die Artikelbezeichnung,
- die Konfektionsgröße,
- die Farbe.

Aus diesem Grund wird die Artikelnummer dreistellig sein. Dabei können pro Merkmal bis zu 10 Ausprägungen, repräsentiert durch eine Zahl zwischen 0 und 9, vergeben werden.

Microsoft Excel - ARTNRS.XLS

Datei Bearbeiten Formel Format Daten Optionen Makro Fenster ?

F28 =VERWEIS(G28;D31:D39;C31:C39)&VERWEIS(H28;F31:F39;E31:E39)&VERWEIS(I28;H31:H39;G31:G39)

	A	B	C	D	E	F	G	H	I
27						Artikelnr.	Artikel	Größe	Farbe
28						111	Polo kur	S	rot
29									
30									
31			9	Polo III	3	L	4	blau	
32			1	Polo kurz	2	M	6	flieder	
33			3	Polo kurz II	1	S	5	gelb	
34			5	Polo kurz M	4	X	2	grün	
35			7	Polo kurz M	5	XL	8	marine	
36			2	Polo lang	6		3	orange	
37			4	Polo lang II	7		1	rot	
38			6	Polo lang M	8		9	schwarz	
39			8	Polo lang M	9		7	weiß	
40									

Bereit Berechnen NUM

Die Erstellung einer Artikelnummer aufgrund verschiedener Merkmale der Produkte

Für die eindeutige Zuordnung der verschiedenen Ausprägungen zu den Kennzahlen ist es nötig, daß diese Ausprägungen der Artikelmerkmale aufsteigend sortiert sind. Bei dieser Art der Zuordnung ist es also nicht ausschlaggebend, die Zahlen 0 bis 9 in ihrer Reihenfolge zu sortieren, sondern die Ausprägung der Merkmale des Artikels müssen sortiert werden. Schließlich muß die Verweis-Funktion einen geordneten Vergleichsvektor vorfinden, um eine eindeutige Zuordnung zum ordnung zum Ergebnisvektor realisieren zu können. Die Inhalte des Vergleichsvektors bestehen hierbei beispielsweise aus den Ausprägungen des Merkmals Artikel. Der Ergebnisvektor besteht aus den Zahlen 0 bis 9.

Als erstes wird also der Bereich C31 bis D39 aktiviert und im Menü "Daten" der Befehl "Ordnen" ausgewählt. Der Bereich in Spalte D soll zeilenweise geordnet werden und zwar in aufsteigender Richtung. Ein Schlüssel wird in Zelle D33 geklickt. Bestätigen Sie diese Eingabe mit OK, und die Artikelausprägungen liegen geordnet vor.

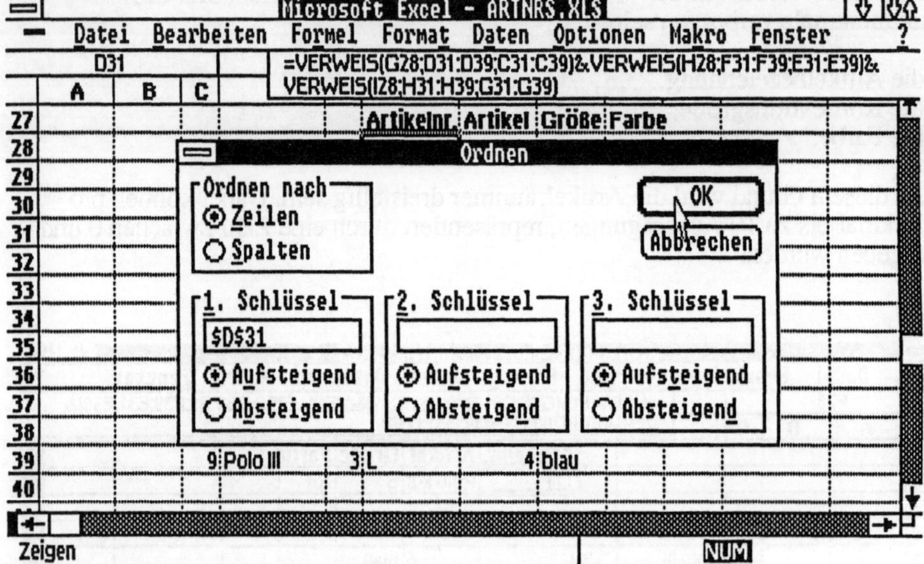

Die Sortierung der Merkmale als Voraussetzung für richtige Ergebnisse

Schauen wir uns nun an, wie die Artikelnummer für alle drei Bereiche eindeutig ermittelt wird, nachdem vorher die Sortierung vorgenommen wurde. Dies geschieht mit Hilfe der Funktion "Verweis". Die erste Stelle der Artikelnummer wird durch die Ausprägung des Merkmals Artikel bestimmt. Diese Ausprägung findet "Verweis" in G28. Danach wird dieser Ausdruck im Vergleichsvektor D31 bis D39 ermittelt und ihm wird die entsprechende Zahl im Ergebnisvektor C31 bis C39 zugeordnet. Diese Zahl wird in F28 an die erste Stelle gesetzt. Ein solcher Suchvorgang wiederholt sich zweimal für die Größe H28 und die Farbe I28.

Durch den Ausdruck in F28 erhalten wir also insgesamt drei Ergebnisse. Diese drei Ergebnisse müssen zur gleichen Zeit in einer Zelle dargestellt werden. Für eine solche Auflistung verschiedener Ergebnisse in ein und derselben Zelle bedient man sich des kaufmännischen "und" (&). Dieser Operator macht es möglich, die einzelnen Ergebnisse hintereinander in einer Zelle aufzulisten. Auf diese Weise erhalten wir die dreistellige Artikelnummer. Interessant ist, daß eine so entstandene Zahl als einzelnes Element weiter verarbeitet werden kann. So lautet in unserem

Beispiel das Ergebnis der Artikelnummer 111. Diese drei Ergebnisse (die drei Einser) ergeben in der Zelle die Zahl 111, die auch als solche in Berechnungen weiter verarbeitet werden kann.

Kommen wir zurück zu unserem Beispiel. Hier ist der umgekehrte Vorgang gefordert. Aus einer Artikelnummer sollen die verschiedenen Artikelbezeichnungen herausgelesen werden. Zu diesem Zwecke bedienen wir uns natürlich wieder der Verweisfunktion. Der einzelne Vorgang ist in der Vergangenheit schon mehrfach beschrieben worden und bedarf keiner weiteren Erläuterung. Interessant ist hier lediglich die Ermittlung des Verweis-Kriteriums. In der Artikelnummer muß die entsprechende Stelle der Artikelnummer identifiziert werden, um als Verweis-Kriterium interpretiert werden zu können.

Microsoft Excel - LAGER1.XLS

Datei Bearbeiten Formel Format Daten Optionen Makro Fenster ?

D16 =VERWEIS(WERT(TEIL(TEXT(B16;"000");1;1));$C$2:$C$10;$D$2:$D$10)

	A	B	C	D	E	F	G	H	I
3		10	2	Polo lang	16,00 DM	2	M	2	grün
4		14	3	Polo kurz II	12,00 DM	3	L	3	orange
5		14	4	Polo lang II	14,00 DM	4	X	4	blau
6		30	5	Polo kurz M	22,00 DM	5	XL	5	gelb
7		30	6	Polo lang M	25,00 DM	6		6	flieder
8		42	7	Polo kurz M	18,00 DM	7		7	weiß
9		42	8	Polo lang M	21,00 DM	8		8	marine
10		8	9	Polo III	5,00 DM	9		9	schwarz
11	Suchkriterium								
12	Datum	Artikel	Anzahl	Produkt	Größe	Farbe	EK-Preis	VK-Preis	Kalk. Diff. L
13		>100							
14									
15	Datum	Artikel	Anzahl	Produkt	Größe	Farbe	EK-Preis	VK-Preis	Kalk. Diff. L
16	14.5.88	111	12	Polo kurz	5	rot	14,00 DM	29,90 DM	1,90 DM

Bereit NUM

Die Interpretation der Artikelnummer in Produktmerkmale

Die Funktion

WERT(TEIL(TEXT(B16;"000");1;1))

beschreibt diesen Vorgang genauer. Zunächst wird dabei die Artikelnummer in eine Texteingabe umgewandelt. Dann wird das erste Zeichen des Textes herausgesucht und dieses Zeichen wiederum in einen Wert zurück verwandelt. So wird aus einer größeren Zahl eine einzelne Stelle herausgelesen. Man muß diesen kleinen Umweg gehen, die Zahl zunächst in einen Text und dann wieder in einen Wert zu verwandeln, um auf einfachste Weise auf die einzelnen Positionen der Zahl zu gelangen. In unserer Abbildung erhalten wir dadurch eine 1, wodurch die Zuordnung "Polo kurz" erfolgt.

Microsoft Excel - LAGER1.XLS

Datei Bearbeiten Formel Format Daten Optionen Makro Fenster ?

E16 | =VERWEIS(WERT(TEIL(TEXT($B16;"000");2;1));$F$2:$F$10;$G$2:$G$10)

	A	B	C	D	E	F	G	H	I
3		10	2	Polo lang	16,00 DM	2	M	2	grün
4		14	3	Polo kurz II	12,00 DM	3	L	3	orange
5		14	4	Polo lang II	14,00 DM	4	X	4	blau
6		30	5	Polo kurz M	22,00 DM	5	XL	5	gelb
7		30	6	Polo lang M	25,00 DM	6		6	flieder
8		42	7	Polo kurz M	18,00 DM	7		7	weiß
9		42	8	Polo lang M	21,00 DM	8		8	marine
10		8	9	Polo III	5,00 DM	9		9	schwarz
11	Suchkriterium								
12	Datum	Artikel	Anzahl	Produkt	Größe	Farbe	EK-Preis	VK-Preis	Kalk. Diff. La
13		>100							
14									
15	Datum	Artikel	Anzahl	Produkt	Größe	Farbe	EK-Preis	VK-Preis	Kalk. Diff. La
16	14.5.88	111	12	Polo kurz	5	rot	14,00 DM	29,90 DM	1,90 DM

Bereit NUM

Die Zuordnung der Konfektionsgröße

In der nächsten Spalte wird die zweite Stelle der Artikelnummer als Definition der Größe zugeordnet und unter der Rubrik Farbe erhalten wir die Zuordnung der dritten Stelle der Artikelnummer.

Microsoft Excel - LAGER1.XLS

Datei Bearbeiten Formel Format Daten Optionen Makro Fenster ?

F16 | =VERWEIS(WERT(TEIL(TEXT($B16;"000");3;1));$H$2:$H$10;$I$2:$I$10)

	A	B	C	D	E	F	G	H	I
3		10	2	Polo lang	16,00 DM	2	M	2	grün
4		14	3	Polo kurz II	12,00 DM	3	L	3	orange
5		14	4	Polo lang II	14,00 DM	4	X	4	blau
6		30	5	Polo kurz M	22,00 DM	5	XL	5	gelb
7		30	6	Polo lang M	25,00 DM	6		6	flieder
8		42	7	Polo kurz M	18,00 DM	7		7	weiß
9		42	8	Polo lang M	21,00 DM	8		8	marine
10		8	9	Polo III	5,00 DM	9		9	schwarz

Die Zuordnung der Farbe

Die Vorgehensweise der Zuordnung der einzelnen Stellen der Artikelnummern wiederholt sich noch einmal im Einkaufspreis. Jedoch wird hier nicht eine Produktbezeichnung durch den Ergebnisvektor ermittelt, sondern der Einkaufspreis des Produktes.

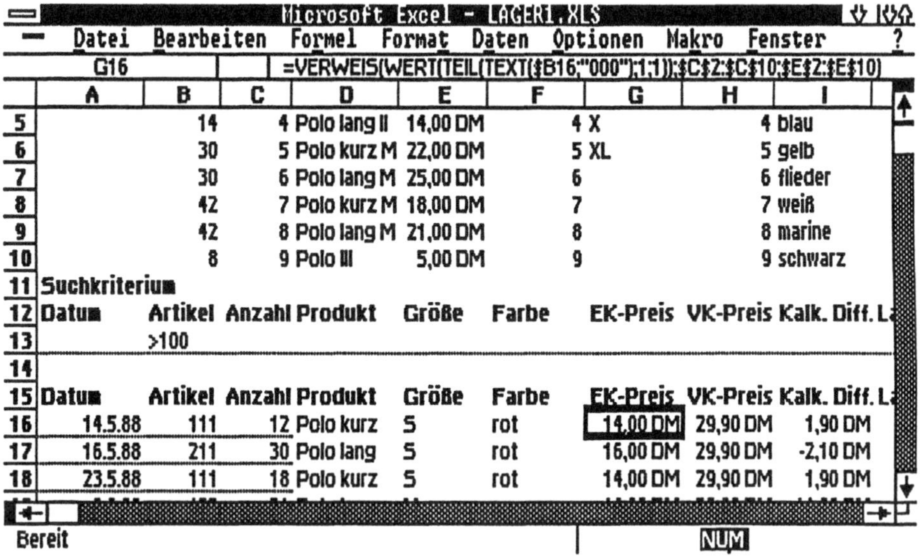

Microsoft Excel - LAGER1.XLS

Datei Bearbeiten Formel Format Daten Optionen Makro Fenster ?

G16 =VERWEIS(WERT(TEIL(TEXT($B16;"000");1;1));$C$2:$C$10;$E$2:$E$10)

	A	B	C	D	E	F	G	H	I
5		14	4	Polo lang II	14,00 DM	4	X	4	blau
6		30	5	Polo kurz M	22,00 DM	5	XL	5	gelb
7		30	6	Polo lang M	25,00 DM	6		6	flieder
8		42	7	Polo kurz M	18,00 DM	7		7	weiß
9		42	8	Polo lang M	21,00 DM	8		8	marine
10		8	9	Polo III	5,00 DM	9		9	schwarz
11	Suchkriterium								
12	Datum	Artikel	Anzahl	Produkt	Größe	Farbe	EK-Preis	VK-Preis	Kalk. Diff. L
13		>100							
14									
15	Datum	Artikel	Anzahl	Produkt	Größe	Farbe	EK-Preis	VK-Preis	Kalk. Diff. L
16	14.5.88	111	12	Polo kurz	5	rot	14,00 DM	29,90 DM	1,90 DM
17	16.5.88	211	30	Polo lang	5	rot	16,00 DM	29,90 DM	-2,10 DM
18	23.5.88	111	18	Polo kurz	5	rot	14,00 DM	29,90 DM	1,90 DM

Bereit NUM

Die Zuordnung des Einkaufpreises

Der Verkaufspreis errechnet sich durch einen hundertprozentigen Aufschlag

G16 * 2

multipliziert mit dem Farbzuschlag. Das ist die Zuordnung des Teils der Artikelnummer, der die Farbe definiert, zu dem Ergebnisvektor, der den Farbzuschlag beinhaltet. Der so ermittelte Verkaufspreis wird auf ganze Zehnerstellen gerundet, beträgt also 10, 20, 30 oder 40 DM. Aus Gründen der Preiskosmetik werden jeweils 10 Pfennige subtrahiert (minus 0,1). Somit erhalten wir Preise wie DM 29,90 oder DM 39,90.

Aufgrund dieser Vorgehensweise, RUNDEN und "Aufpreispolitik für Modefarben" entstehen Differenzen in der Kalkulation. Diese Kalkulationsdifferenz ist die Abweichung von einem hundertprozentigen Preisaufschlag H16 - G16 * 2. Manchmal wird durch die Formel mehr, manchmal weniger als 100% Aufschlag kalkuliert.

Microsoft Excel - LAGER1.XLS

Datei Bearbeiten Formel Format Daten Optionen Makro Fenster ?

H16 =RUNDEN(G16*2*VERWEIS(WERT(TEIL(TEXT($B16;"000");3;1));$H$2:$H$10;$J$2:$J$10);-1)-0,1

	A	B	C	D	E	F	G	H	I	J
5		14	4	Polo lang II	14,00 DM	4	X	4	blau	
6		30	5	Polo kurz M	22,00 DM	5	XL	5	gelb	
7		30	6	Polo lang M	25,00 DM	6		6	flieder	
8		42	7	Polo kurz M	18,00 DM	7		7	weiß	
9		42	8	Polo lang M	21,00 DM	8		8	marine	
10		8	9	Polo III	5,00 DM	9		9	schwarz	
11	Suchkriterium									
12	Datum	Artikel	Anzahl	Produkt	Größe	Farbe	EK-Preis	VK-Preis	Kalk. Diff.	La
13		>100								
14										
15	Datum	Artikel	Anzahl	Produkt	Größe	Farbe	EK-Preis	VK-Preis	Kalk. Diff.	La
16	14.5.88	111	12	Polo kurz	S	rot	14,00 DM	29,90 DM	1,90 DM	
17	16.5.88	211	30	Polo lang	S	rot	16,00 DM	29,90 DM	-2,10 DM	
18	23.5.88	111	18	Polo kurz	S	rot	14,00 DM	29,90 DM	1,90 DM	

Bereit NUM

Die Kalkulation des Verkaufpreises

Microsoft Excel - LAGER1.XLS

Datei Bearbeiten Formel Format Daten Optionen Makro Fenster ?

I16 =H16-G16*2

	C	D	E	F	G	H	I	J	K
5	4	Polo lang II	14,00 DM	4	X	4	blau	1,1	
6	5	Polo kurz M	22,00 DM	5	XL	5	gelb	1,2	
7	6	Polo lang M	25,00 DM	6		6	flieder	1,3	
8	7	Polo kurz M	18,00 DM	7		7	weiß	1	
9	8	Polo lang M	21,00 DM	8		8	marine	1,1	
10	9	Polo III	5,00 DM	9		9	schwarz	1	
11									
12	Anzahl	Produkt	Größe	Farbe	EK-Preis	VK-Preis	Kalk. Diff.	Lager	Nettoumsatz
13									
14									
15	Anzahl	Produkt	Größe	Farbe	EK-Preis	VK-Preis	Kalk. Diff.	Lager	Nettoumsatz
16	12	Polo kurz	S	rot	14,00 DM	29,90 DM	1,90 DM	55	146,74 DM
17	30	Polo lang	S	rot	16,00 DM	29,90 DM	-2,10 DM	48	306,84 DM
18	18	Polo kurz	S	rot	14,00 DM	29,90 DM	1,90 DM	55	220,11 DM

Bereit NUM

Die kalkulatorisch bedingten Differenzen

In der Spalte "Lager" ist die Anzahl der Artikel aufgeführt, die sich noch am Lager befinden. Dadurch kann einem Kunden mitgeteilt werden, ob er sofort beliefert wird oder ob es möglicherweise Lieferungsverzögerungen geben kann. Die Zuordnung dieser Zahl geschieht durch die Verweis-Funktion. Die Artikelnummer wird dabei der Anzahl der Artikel in der Lageraufstellung zugeordnet.

Microsoft Excel - LAGER1.XLS

Datei Bearbeiten Formel Format Daten Optionen Makro Fenster ?

J16 | =VERWEIS(B16;$E$42:$E$446;$D$42:$D$446)

	C	D	E	F	G	H	I	J	K
5	4	Polo lang II	14,00 DM	4	X	4	blau	1,1	
6	5	Polo kurz M	22,00 DM	5	XL	5	gelb	1,2	
7	6	Polo lang M	25,00 DM	6		6	flieder	1,3	
8	7	Polo kurz M	18,00 DM	7		7	weiß	1	
9	8	Polo lang M	21,00 DM	8		8	marine	1,1	
10	9	Polo III	5,00 DM	9		9	schwarz	1	
11									
12	Anzahl	Produkt	Größe	Farbe	EK-Preis	VK-Preis	Kalk. Diff.	Lager	Nettoumsatz
13									
14									
15	Anzahl	Produkt	Größe	Farbe	EK-Preis	VK-Preis	Kalk. Diff.	Lager	Nettoumsatz
16	12	Polo kurz	S	rot	14,00 DM	29,90 DM	1,90 DM	55	146,74 DM
17	30	Polo lang	S	rot	16,00 DM	29,90 DM	-2,10 DM	48	306,84 DM
18	18	Polo kurz	S	rot	14,00 DM	29,90 DM	1,90 DM	55	220,11 DM

Bereit NUM

Das Einlesen des Lagerbestands

Als letzte Kennziffer erhalten wir den Nettoumsatz. Der Nettoumsatz ist der Reingewinn vor Steuern, ohne Berücksichtigung von Personal- und Nebenkosten. Er ergibt sich aus dem Verkaufspreis minus dem Einkaufspreis plus Mehrwertsteuer auf den Einkaufspreis und wird mit der Anzahl der bestellten Produkte multipliziert. Um ihn umsatzsteuerfrei zu erhalten, wird das ganze nochmals durch 1,14 dividiert.

Microsoft Excel - LAGER1.XLS

Datei Bearbeiten Formel Format Daten Optionen Makro Fenster ?

K16 | =(H16-G16*1,14)*C16/1,14

	C	D	E	F	G	H	I	J	K
5	4	Polo lang II	14,00 DM	4	X	4	blau	1,1	
6	5	Polo kurz M	22,00 DM	5	XL	5	gelb	1,2	
7	6	Polo lang M	25,00 DM	6		6	flieder	1,3	
8	7	Polo kurz M	18,00 DM	7		7	weiß	1	
9	8	Polo lang M	21,00 DM	8		8	marine	1,1	
10	9	Polo III	5,00 DM	9		9	schwarz	1	
11									
12	Anzahl	Produkt	Größe	Farbe	EK-Preis	VK-Preis	Kalk. Diff.	Lager	Nettoumsatz
13									
14									
15	Anzahl	Produkt	Größe	Farbe	EK-Preis	VK-Preis	Kalk. Diff.	Lager	Nettoumsatz
16	12	Polo kurz	S	rot	14,00 DM	29,90 DM	1,90 DM	55	146,74 DM
17	30	Polo lang	S	rot	16,00 DM	29,90 DM	-2,10 DM	48	3[illegible],84 DM
18	18	Polo kurz	S	rot	14,00 DM	29,90 DM	1,90 DM	55	220,11 DM

Bereit NUM

Die Berechnung des Nettoumsatzes

Am Ende der Datenbank wird die Summe der kalkulierten Differenzen und die Summe der Nettoumsätze gebildet. Die Vorgehensweise ist die gleiche, wie in Kapitel 4 über Datenverwaltung beschrieben.

Die Formel

DBSUMME (Datenbank;"Kalk.Diff.";Suchkriterien)

addiert alle Eintragungen unter der Rubrik "Kalkulierte Differenz" und unter der Rubrik "Nettoumsatz". Somit erhalten wir den Kalkulationsüberschuß oder die Unterdeckung je nach Bestellung und den Nettoumsatz unter Abzug des Wareneinsatzes.

Microsoft Excel - LAGER1.XLS

Datei Bearbeiten Formel Format Daten Optionen Makro Fenster ?

I33 | =DBSUMME(Datenbank;"Kalk. Diff.";Suchkriterien)

	C	D	E	F	G	H	I	J	K
24	24	Polo lang II	S	rot	14,00 DM	29,90 DM	1,90 DM	76	293,47 DM
25	24	Polo kurz M	S	rot	22,00 DM	39,90 DM	-4,10 DM	76	312,00 DM
26	33	Polo lang M	S	rot	25,00 DM	49,90 DM	-0,10 DM	103	619,47 DM
27	36	Polo kurz M	S	rot	18,00 DM	39,90 DM	3,90 DM	64	612,00 DM
28	48	Polo lang M	S	rot	21,00 DM	39,90 DM	-2,10 DM	152	672,00 DM
29									
30									
31									
32						Summe	Kalk. Diff		Nettoumsatz
33							4,70 DM		4.989,21 DM
34									
35									

Die Summe der kalkulationsbedingten Abweichungen

Microsoft Excel - LAGER1.XLS

Datei Bearbeiten Formel Format Daten Optionen Makro Fenster ?

K33 | =DBSUMME(Datenbank;"Nettoumsatz";Suchkriterien)

	C	D	E	F	G	H	I	J	K
24	24	Polo lang II	S	rot	14,00 DM	29,90 DM	1,90 DM	76	293,47 DM
25	24	Polo kurz M	S	rot	22,00 DM	39,90 DM	-4,10 DM	76	312,00 DM
26	33	Polo lang M	S	rot	25,00 DM	49,90 DM	-0,10 DM	103	619,47 DM
27	36	Polo kurz M	S	rot	18,00 DM	39,90 DM	3,90 DM	64	612,00 DM
28	48	Polo lang M	S	rot	21,00 DM	39,90 DM	-2,10 DM	152	672,00 DM
29									
30									
31									
32						Summe	Kalk. Diff		Nettoumsatz
33							4,70 DM		4.989,21 DM
34									
35									

Der gesamte Nettoumsatz

In der eigentlichen Artikeldatei, dem Teil des Datenblattes, in dem sämtliche Artikel aufgeführt sind, unterliegen insgesamt drei Bereiche einer genauen Berechnung. Dies sind einmal der Artikelbestand unter der Rubrik Anzahl, die bereits gelieferten Artikel und die Aufforderung zum Nachbestellen.

Bei der Ermittlung des Artikelbestands unter der Rubrik "Anzahl" gehen wir von einem Grundbestand von 100 Artikeln aus. Von diesem Grundbestand werden alle gelieferten Artikel in Spalte F abgezogen und die Nachlieferung in Spalte E addiert.

Microsoft Excel - LAGER1.XLS

Datei Bearbeiten Formel Format Daten Optionen Makro Fenster ?

D42 =100-F42+G42

	A	B	C	D	E	F	G	H	I
36									
37									
38									
39									
40									
41	Artikel	Farbe	Größe	Anzahl	NR.	geliefert	Lieferung	nachbest.	
42	Polo kurz	rot	S	55	111	95	50		
43	Polo lang	rot	S	48	211	73	21	ordern	
44	Polo kurz II	rot	S	88	311	24	12		

Die am Lager befindliche Stückzahl

Hinter der Überprüfung der Auslieferungsanzahl unter der Rubrik "Geliefert" steht eine Mehrfachoperation. Die zu testende Funktion in der Mehrfachoperation befindet sich in Zelle F41.

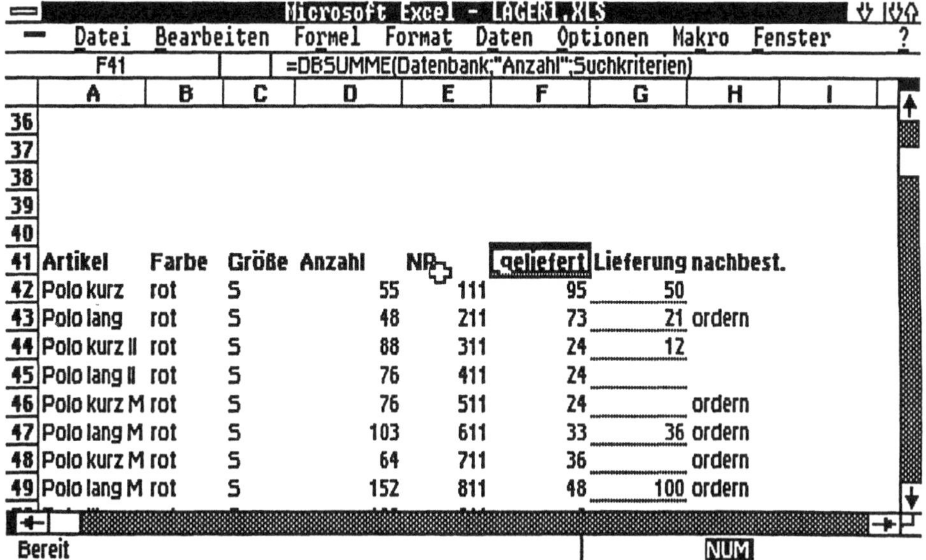

Microsoft Excel - LAGER1.XLS

Datei Bearbeiten Formel Format Daten Optionen Makro Fenster ?

F41 =DBSUMME(Datenbank;"Anzahl";Suchkriterien)

	A	B	C	D	E	F	G	H	I
36									
37									
38									
39									
40									
41	Artikel	Farbe	Größe	Anzahl	NR.	geliefert	Lieferung	nachbest.	
42	Polo kurz	rot	S	55	111	95	50		
43	Polo lang	rot	S	48	211	73	21	ordern	
44	Polo kurz II	rot	S	88	311	24	12		
45	Polo lang II	rot	S	76	411	24			
46	Polo kurz M	rot	S	76	511	24		ordern	
47	Polo lang M	rot	S	103	611	33	36	ordern	
48	Polo kurz M	rot	S	64	711	36		ordern	
49	Polo lang M	rot	S	152	811	48	100	ordern	

Bereit NUM

Das Kriterium für die Mehrfachoperation

Hier wird die bestellte Anzahl der Artikel aus der obigen Datenbank summiert. Dies wird natürlich immer bezogen auf die jeweilige Artikelnummer geschehen. Von daher muß bei der Mehrfachoperation der Inhalt der Spalte E näher spezifiziert werden. In Spalte E befinden sich die Artikelnummern, also in unserem Suchkriterium B13.

Die Überschrift in F41 wird durch eine feste Formateingabe definiert. Es wird der Name der Rubrik in Anführungsstrichen eingegeben - "geliefert" -

Microsoft Excel - LAGER1.XLS

Datei Bearbeiten Formel Format Daten Optionen Makro Fenster ?

F42 {=MEHRFACHOPERATION(;B13)}

	A	B	C	D	E	F	G	H	I
40									
41	Artikel	Farbe	Größe	Anzahl	NR.	geliefert	Lieferung	nachbest.	
42	Polo kurz	rot	S	55	111	95	50		
43	Polo lang	rot	S	48	211	73	21	ordern	
44	Polo kurz II	rot	S	88	311	24	12		
45	Polo lang II	rot	S	76	411	24			
46	Polo kurz M	rot	S	76	511	24		ordern	
47	Polo lang M	rot	S	103	611	33	36	ordern	
48	Polo kurz M	rot	S	64	711	36		ordern	
49	Polo lang M	rot	S	152	811	48	100	ordern	
50	Polo III	rot	S	100	911	0			
51	Polo kurz	grün	S	100	112	0			
52	Polo lang	grün	S	100	212	0			
53	Polo kurz II	grün	S	100	312	0			

Bereit NUM

Die Zuordnung der Mengen zu den Artikelnummern

Zum Schluß wird noch die Formel für die Nachbestellungen eingegeben. Hierbei handelt es sich um eine Wenn-Funktion. Diese Funktion überprüft einen Quotienten. Wenn dieser Quotient < 5 ist, soll nachbestellt werden.

Microsoft Excel - LAGER1.XLS

Datei Bearbeiten Formel Format Daten Optionen Makro Fenster ?

H42 =WENN(D42/VERWEIS(WERT(TEIL(TEXT(E42;"000");1;1));$C$2:$C$10;$B$2:$B$10)<5;"ordern";"")

	A	B	C	D	E	F	G	H
40								
41	Artikel	Farbe	Größe	Anzahl	NR.	geliefert	Lieferung	nachbest.
42	Polo kurz	rot	S	55	111	95	50	
43	Polo lang	rot	S	48	211	73	21	ordern
44	Polo kurz II	rot	S	88	311	24	12	
45	Polo lang II	rot	S	76	411	24		
46	Polo kurz M	rot	S	76	511	24		ordern
47	Polo lang M	rot	S	103	611	33	36	ordern
48	Polo kurz M	rot	S	64	711	36		ordern

Das Kriterium für die Nachbestellung

Der Quotient errechnet sich aus der Anzahl der Artikel, die sich noch im Regal befinden im Verhältnis zur Lieferfrist für einzelne Artikel. Diese Lieferfristen werden durch die Zuordnung der Artikel zum Ergebnisvektor in B2 bis B10 ermittelt. Je größer die Lieferzeit, desto kleiner der Quotient. Bei langer Lieferzeit müssen also mehr Artikel vorhanden sein, als bei kürzerer Lieferzeit.

Die hier definierte Kleinlagerverwaltung ermöglicht es, über die ebenfalls festgelegten Suchkriterien einige Informationen in Zusammenhang mit Bestellungen zu erhalten und damit aus der Datenbank Statistiken zu ermitteln.

Microsoft Excel - LAGER1.XLS

Datei Bearbeiten Formel Format Daten Optionen Makro Fenster ?

B13 >100

	A	B	C	D	E	F	G	H	I
4		14	3	Polo kurz II	12,00 DM	3	L	3	orange
5		14	4	Polo lang II	14,00 DM	4	X	4	blau
6		30	5	Polo kurz M	22,00 DM	5	XL	5	gelb
7		30	6	Polo lang M	25,00 DM	6		6	flieder
8		42	7	Polo kurz M	18,00 DM	7		7	weiß
9		42	8	Polo lang M	21,00 DM	8		8	marine
10		8	9	Polo III	5,00 DM	9		9	schwarz
11	Suchkriterium								
12	Datum	Artikel	Anzahl	Produkt	Größe	Farbe	EK-Preis	VK-Preis	Kalk. Diff. L
13		>100							
14									
15	Datum	Artikel	Anzahl	Produkt	Größe	Farbe	EK-Preis	VK-Preis	Kalk. Diff. L
16	14.5.88	111	12	Polo kurz	S	rot	14,00 DM	29,90 DM	1,90 DM
17	16.5.88	211	30	Polo lang	S	rot	16,00 DM	29,90 DM	-2,10 DM

Bereit Berechnen NUM

Die Eingabe von Suchkriterien

Die gesamte Aufstellung wird durch die Eingabe von vier Informationen auf dem aktuellen Stand gehalten:

- dem Datum,
- der Artikelnummer,
- der bestellten Anzahl und
- dem Lieferumfang des Herstellers.

Alle anderen Daten werden automatisch ermittelt. Dies bedeutet größten Komfort. Auf gleiche Art und Weise können auch Bestellungen in Rechnungsformulare eingetragen werden, womit man eine automatische Rechnungsstellung erhält. Die hier beschriebene Anwendung ist sicher in der Praxis nur in Teilen anwendbar und sollte daher eher als Anregung verstanden werden. Der Leser mag sich aufgrund dieser Information seine eigene kleine Lagerverwaltung zusammenstellen.

5.5.1 Arbeiten mit der Begleitdiskette

Starten Sie Ihren Computer entweder mit Windows oder direkt mit Excel. Wenn Sie sich in Excel befinden, wählen Sie "Laden" aus dem Menü "Datei". Legen Sie die Begleitdiskette in das eingebaute Laufwerk Ihres Computers ein und wählen Sie das Verzeichnis des eingebauten Laufwerkes aus. Öffnen Sie nun das Dokument mit dem Namen LAGER1.XLS. Das Modell wird geladen und erscheint auf Ihrem Bildschirm.

In diesem Dokument werden das Datum, die Artikelnummer, die Anzahl der Bestellungen und die Lieferung des Lieferanten eingetragen. In der Zeile 1 bis 10 können Anpassungen vorgenommen werden, die die Merkmale der Artikel betreffen.

5.6 Eine Auftragsabwicklung

In diesem Abschnitt soll gezeigt werden, wie die im letzten Kapitel beschriebene Lagerverwaltung automatisiert werden kann. Zu einer Automatisierung gehören dabei selbst definierte Menüs. Ziel ist es dabei, auch dem unerfahrenen Anwender die Möglichkeit zu geben, in Excel komplexe Vorgänge bearbeiten zu können.

Von vordringlicher Bedeutung ist dabei, daß ein solch unerfahrener Anwender keine Möglichkeiten erhält, in andere Programmbereiche zu gehen und möglicherweise Fehlbedienungen zu verursachen. Es mag daher von vornherein sinnvoll sein, den Anwender gleich nach dem Einschalten des Computers in das vorgefertigte Excel-Dokument zu führen, das ihm ausschließlich Menüs für seinen Arbeitsbereich anbietet.

Solch eine Vorgehensweise kann in einem AUTOEXEC.BAT-File festgelegt werden. In diesem AUTOEXEC-File muß ein Pfad durch die DOS-Hierarchie zu unserem Excel-Beispiel definiert sein. Danach wird automatisch die Auftragsabwicklung aufgerufen. Nach dem Einschalten des Gerätes landet der Anwender also sofort bei den vordefinierten Menüs.

Die im Hintergrund ablaufenden Makros sind natürlich in der Regel verborgen. Dies geschieht mit Hilfe des Befehls "Verbergen" aus dem Menü "Fenster". Aus Gründen der Übersichtlichkeit bei der Beschreibung der Vorgehensweise einer solchen Definition ist dieser Befehl in unserer Darstellung unterlassen worden. Alle im Hintergrund ablaufenden Makros sind also sichtbar.

Microsoft Excel - MENÜ.XLM

Auftragsabwicklung

D9 MENÜ.XLM!Beenden

	A	B	C	D
1	=MENÜLEISTE.EINFÜGEN()		Auftragsabwicklung	
2	=MENÜ.EINFÜGEN(A1;C1:D9)		Rechnung	MENÜ.XLM!Rechnung
3	=MENÜLEISTE.ZEIGEN(A1)		Lagerbestand erhöhen	MENÜ.XLM!Lagerbestand
4	=RÜCKSPRUNG()		Anschrift hinzufügen	MENÜ.XLM!Anschriften
5			-	
6			Rechnung drucken	MENÜ.XLM!Rechn.drucken
7			Bestandsliste drucken	MENÜ.XLM!Liste drucken
8			-	
9			Beenden	MENÜ.XLM!Beenden
10				
11	Beenden			Rechn.drucken
12	=BEENDEN()			=NEUBERECHNEN()
13	=RÜCKSPRUNG()			=LAYOUT("";"";0,5905511
14				=DRUCKEN(1;;;1;FALSCH;

Bereit

Die neu definierte Menüleiste

Das neu definiert Menü heißt "Auftragsabwicklung" und ist vom Anwender als einziges Menü erreichbar. Es ist im Tabellenbereich C1 bis D9 definiert. Dabei steht in der Spalte C der Menütext, während in Spalte D der Titel der zugeordneten Makros zu finden ist. So gehört beispielweise zum Menütext "Lagerbestand erhöhen" das Makro "Lagerbestand".

Bei Anwahl des Menütextes mit der Maus wird sofort das zugehörige Makro ausgelöst. Die Menüdefinition erfolgt durch das Makro in A1 bis A4, das die Menüleiste definiert und anzeigt. Dieses Makro ist ein sog. AUTOEXEC-Makro, das beim Start des Arbeitsblattes automatisch abläuft. Ein solches Makro wird mit Hilfe des Befehls "Namen festlegen" im Menü "Formel" definiert. Im Eingabefeld "Name" wird die Bezeichnung "auto_laden" eingegeben. Damit ist der Vorgang des automatischen Ablaufs vorgegeben.

Ein Anwender kann von nun an die einzelnen Befehle aus dem Menü "Auftragsabwicklung" abrufen.

Automatischer Start des Makros beim Laden des Dokuments

Microsoft
Auftragsabwicklung
Rechnung
Lagerbestand erhöhen
Anschrift hinzufügen
Rechnung drucken
Bestandsliste drucken
Beenden

Das definierte Menü

Wählt er z. B. den Befehl "Rechnung", so wird die Datei "Anschriften", die Datei "Lager" und das Rechnungsformular geladen. Das Rechnungsformular wird neu berechnet und die Cursorposition wird auf A16, also den ersten Eintrag gesetzt. Nur die Eintragefelder "Artikelnummer" und "Stückzahl" sind für den Anwender freigegeben, ebenfalls die Firmenbezeichnung.

Der Anwender gibt also die neue Firmenbezeichnung ein, wodurch Ansprechpartner und Anschriften automatisch eingelesen werden. Des weiteren wird die Artikelnummer und die bestellte Stückzahl eingegeben, wobei alle anderen Daten aus der Datei "Lager" eingefügt werden. Dies hat natürlich zur Folge, daß vorher in unserem bereits bekannten Rechnungsformular die Zuordnungen entsprechend geändert wurden.

Microsoft Excel - MENÜ.XLM

Auftragsabwicklung

D14 =DRUCKEN(1;;;1;FALSCH;FALSCH;1)

	A	B	C	D
21	Liste drucken		=NEUBERECHNEN()	
22	=LADEN("Lager1.XLS")		=SPEICHERN()	
23	=AUSWÄHLEN("Z41")		=RÜCKSPRUNG()	
24	=DRUCKTITEL.FESTLEGEN()			
25	=AUSWÄHLEN("Z42S1:Z446S		Rechnung	
26	=DRUCKBEREICH.FESTLEGE		=LADEN("ANSCHR1.XLS"	
27	=LAYOUT("&N";"Seite &S";0;		=LADEN("LAGER1.XLS")	
28	=DRUCKEN(1;;;1;FALSCH;FAL		=LADEN("RECH1.XLS")	
29	=RÜCKSPRUNG()		=AUSWÄHLEN("Z16S1")	
30			=RÜCKSPRUNG()	
31				
32				
33				
34				

Bereit NUM

Das Makro zum Befehl "Rechnung"

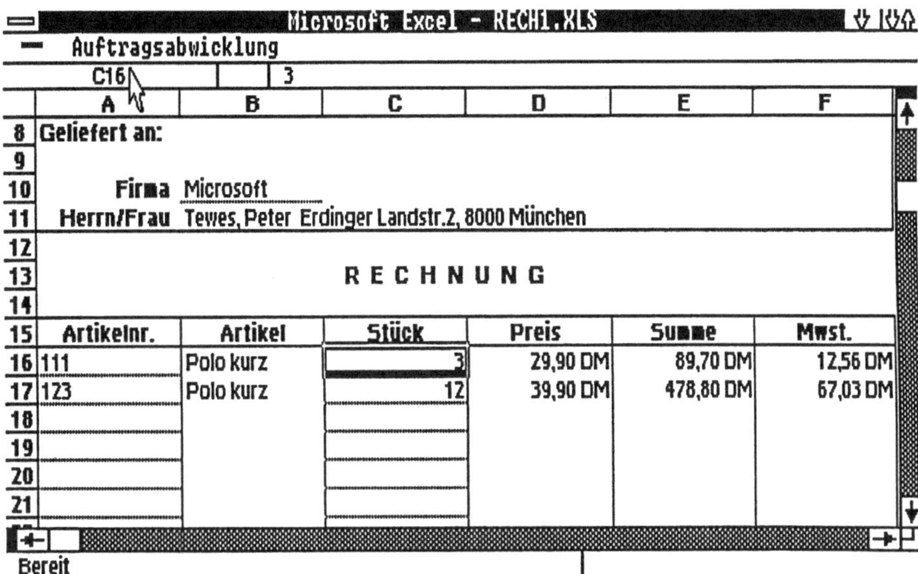

Microsoft Excel - RECH1.XLS

Auftragsabwicklung

C16 3

	A	B	C	D	E	F
8	Geliefert an:					
9						
10	Firma	Microsoft				
11	Herrn/Frau	Tewes, Peter Erdinger Landstr.2, 8000 München				
12						
13			R E C H N U N G			
14						
15	Artikelnr.	Artikel	Stück	Preis	Summe	Mwst.
16	111	Polo kurz	3	29,90 DM	89,70 DM	12,56 DM
17	123	Polo kurz	12	39,90 DM	478,80 DM	67,03 DM
18						
19						
20						
21						

Bereit

Das Rechnungsformular mit den Eintragebereichen

Die entsprechend definierten Verweise müssen nun auf das Dokument "Lager 1" bezogen werden. Dadurch ändern sich die Formeln wie folgt:

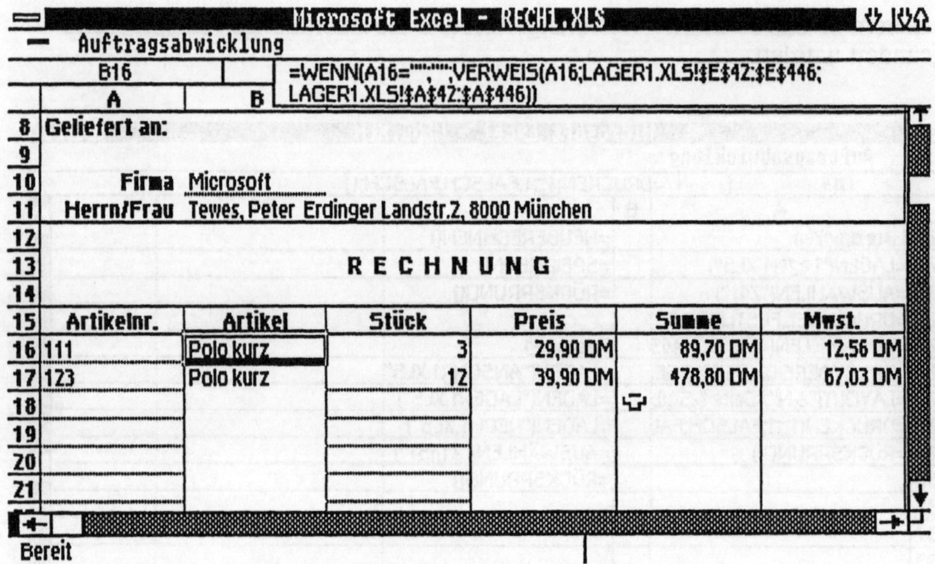

Die Übernahme der Artikelbezeichnung aus der Lagerdatei

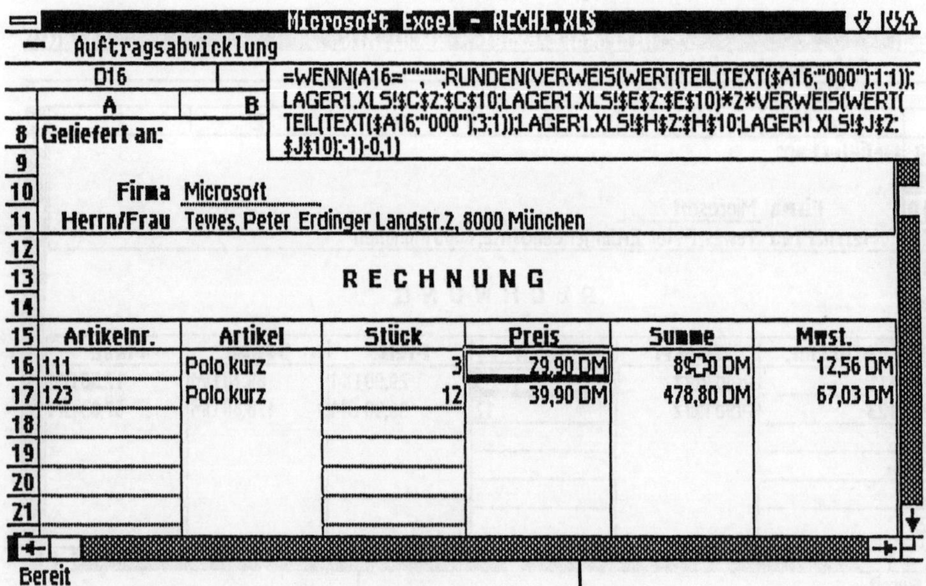

Die Übernahme des Preises aus der Lagerdatei

Alle anderen Zuordnungen können erhalten bleiben. Im nächsten Schritt kann die Rechnung vom Anwender gedruckt werden.

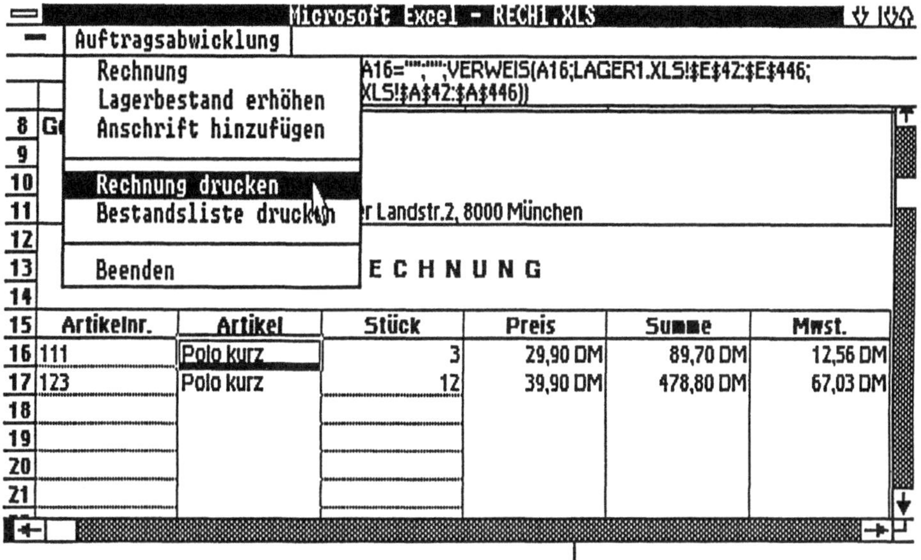

Der Befehl zum Drucken der Rechnung

```
10
11 Rechn.drucken
12 =NEUBERECHNEN()
13 =LAYOUT("";"";0,59;0,59;0,984;0,984;FALSCH;FALSCH)
14 =DRUCKEN(1;;;1;FALSCH;FALSCH;1)
15 =RÜCKSPRUNG()
16
Bereit
```

Das Makro zum Drucken der Rechnung

Der Druckvorgang läuft mit Hilfe des Makros "Rechnung drucken" ab. Zunächst wird das Rechnungsformular neu berechnet, das Layout eingestellt und danach der Druck in Gang gesetzt.

Ein zweiter Vorgang für einen Sachbearbeiter ist die Aktualisierung des Lagers nach eingehenden Lieferungen. Zu diesem Zweck wird der Befehl "Lagerbestand erhöhen" angewählt. In die Eingabebox wird die Artikelnummer der Lieferung eingetragen.

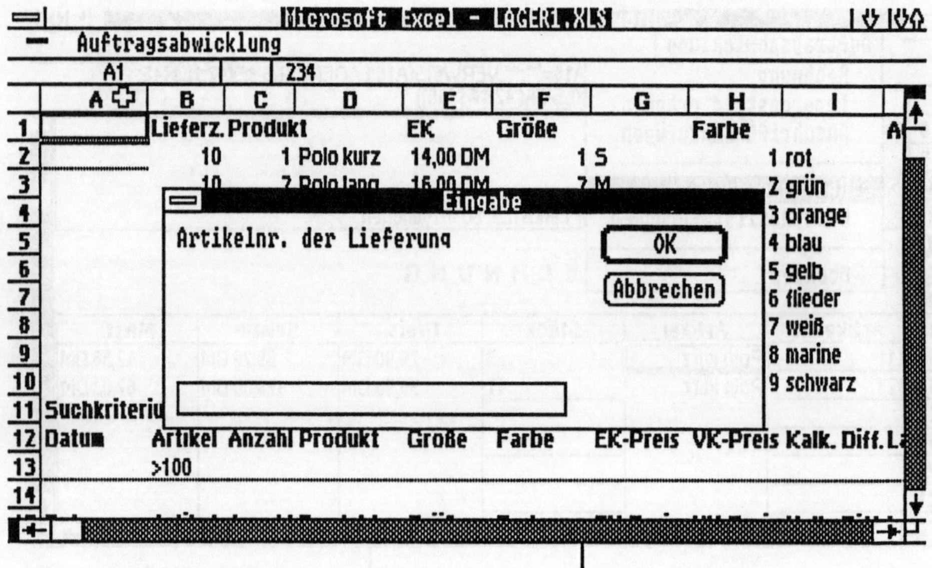

Dialogbox zur Eingabe der Artikelnummer

Als nächstes wird die gelieferte Menge abgefragt.

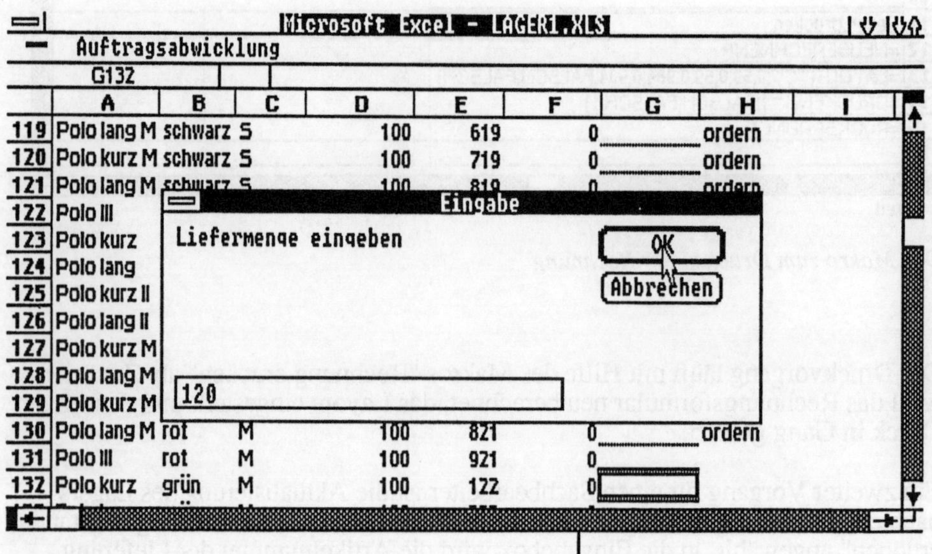

Dialogbox zur Eingabe der Liefermenge

Diese Liefermenge wird in die Lageraufstellung übertragen, wonach alle Berechnungen erneut durchgeführt werden. Das aktualisierte Lager wird im letzten Schritt abgespeichert.

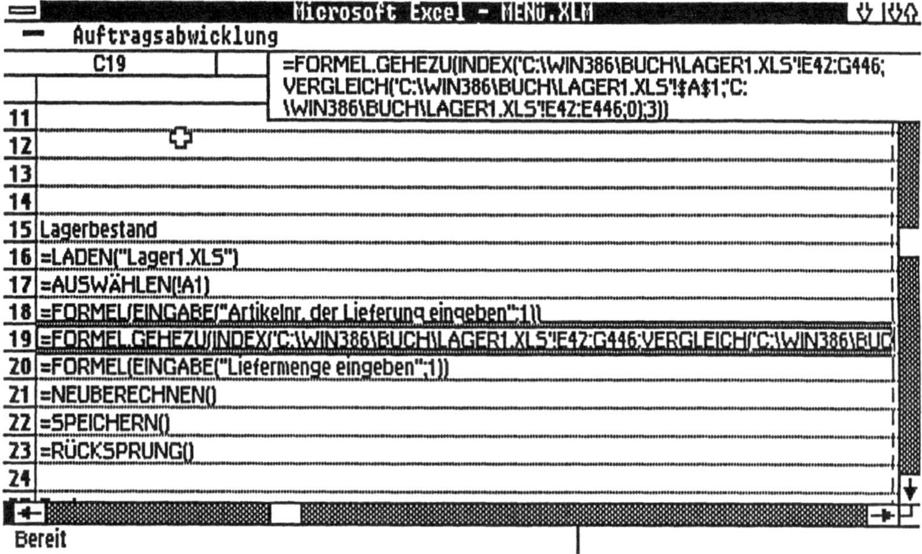

Das Makro zur Erhöhung des Lagerbestands

Hin und wieder kann mit dem Befehl "Bestandsliste drucken" der aktualisierte Lagerbestand mit dem entsprechenden Makro ausgedruckt werden. Zu beachten ist dabei, daß es sich um einen Auszug aus dem Modell "Lager 1" handelt. Deshalb muß der entsprechende Druckbereich festgelegt werden. Da es sich um einen mehrseitigen Ausdruck handelt, ist es sinnvoll, die entsprechenden Drucktitel auf jeder Seite erscheinen zu lassen. Dies geschieht mit Hilfe des Befehls "Drucktitel festlegen". Alle anderen Befehle werden wie bei den vorher beschriebenen Makros ausgeführt.

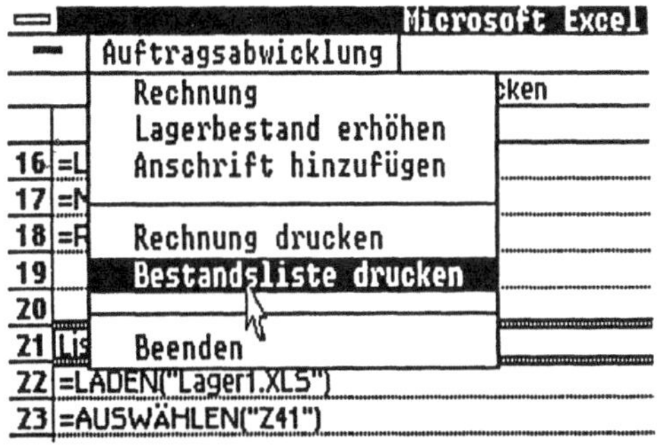

Der Befehl zum Drucken der Bestandsliste

Microsoft Excel - MENU.XLM

Auftragsabwicklung

A21 | Liste.drucken

	A	B	C
21	Liste.drucken		=NEUBERECHNEN()
22	=LADEN("LAGER1.XLS")		=SPEICHERN()
23	=AUSWÄHLEN("Z41")		=RÜCKSPRUNG()
24	=DRUCKTITEL.FESTLEGEN()		
25	=AUSWÄHLEN("Z42S1:Z44S8")		Rechnung
26	=DRUCKBEREICH.FESTLEGEN()		=LADEN("ANSCHR1.XLS")
27	=LAYOUT("&N";"Seite &S";0,787;0,787;0,984;0,984;WAHR;FALSCH)		=LADEN("LAGER1.XLS")
28	=DRUCKEN(1;;;1;FALSCH;FALSCH;1)		=LADEN("RECH1.XLS")
29	=RÜCKSPRUNG()		=AUSWÄHLEN("Z16S1")
30			=NEUBERECHNEN()
31			=RÜCKSPRUNG()
32			
33			
34			

Bereit

Das Makro zum Befehl "Bestandsliste drucken"

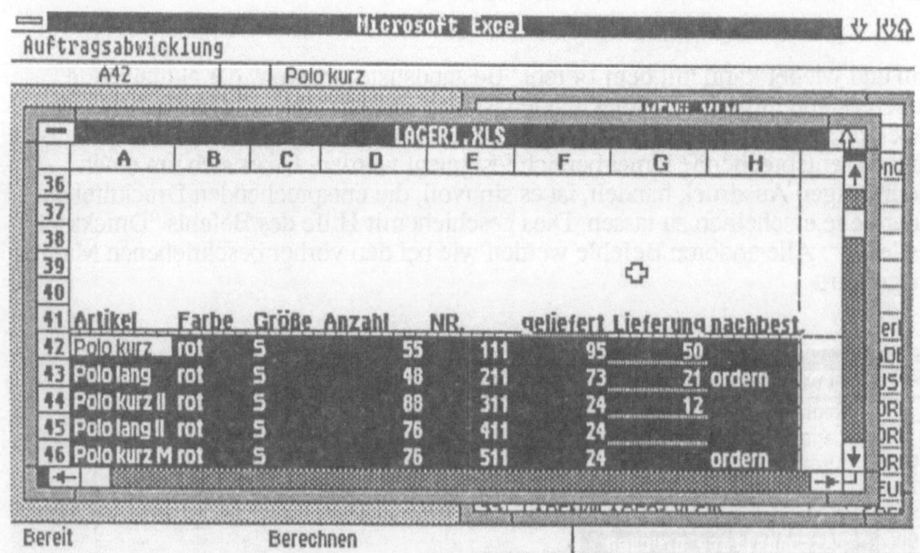

Microsoft Excel

Auftragsabwicklung

A42 | Polo kurz

LAGER1.XLS

	A	B	C	D	E	F	G	H
36								
37								
38								
39								
40								
41	Artikel	Farbe	Größe	Anzahl	NR.	geliefert	Lieferung	nachbest.
42	Polo kurz	rot	S	55	111	95	50	
43	Polo lang	rot	S	48	211	73	21	ordern
44	Polo kurz II	rot	S	88	311	24	12	
45	Polo lang II	rot	S	76	411	24		
46	Polo kurz M	rot	S	76	511	24		ordern

Bereit Berechnen

Der definierte Druckbereich der Liste

Mit Hilfe des Befehls "Anschriften hinzufügen" erscheint eine Eingabemaske am Bildschirm, die es ermöglicht, die Anschriftendatei zu erweitern. Die Eingabe erfolgt, wie es im Kapitel über Datenbanken beschrieben wurde. Auf diese Weise läßt sich die Anschriftendatei permanent pflegen, da hier auch gesucht werden kann und somit Änderungen möglich sind.

Microsoft Excel - MENÜ.XLM

Auftragsabwicklung

A15 | Anschriften

	A	B	C
14			
15	Anschriften		Lagerbestand
16	=LADEN("ANSCHR1.XLS")		=LADEN("Lager1.XLS")
17	=MASKE()		=AUSWÄHLEN(!A1)
18	=RÜCKSPRUNG()		=FORMEL(EINGABE("Artik
19			=FORMEL.GEHEZU(INDEX
20			=FORMEL(EINGABE("Liefe
21	Liste drucken		=NEUBERECHNEN()
22	=LADEN("Lager1.XLS")		=SPEICHERN()
23	=AUSWÄHLEN("Z41")		=RÜCKSPRUNG()
24	=DRUCKTITEL.FESTLEGEN()		
25	=AUSWÄHLEN("Z42S1:Z446S8")		Rechnung
26	=DRUCKBEREICH.FESTLEGEN()		=LADEN("ANSCHR1.XLS"
27	=LAYOUT("&N";"Seite &S";0,787;0,787;0,984;0,984;WAHR;FALSCH)		=LADEN("LAGER1.XLS")

Bereit

Das Makro zum Hinzufügen von Anschriften

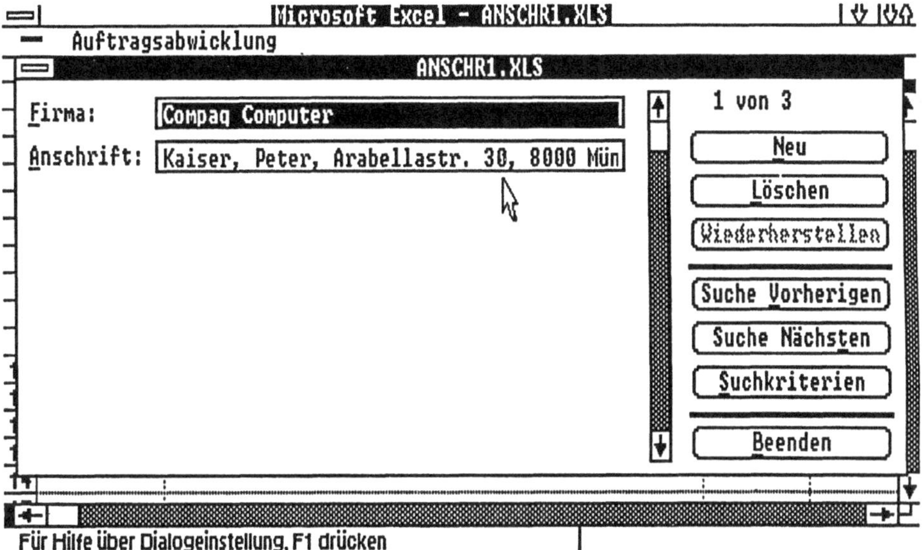

Die Maske zur Eingabe der Anschriften

Der letzte Befehl "Beenden" schließt das Dokument und führt den Anwender zurück auf die DOS-Ebene. Er kann nun sein Gerät ausschalten bis zum nächsten Vorgang, der bearbeitet werden soll.

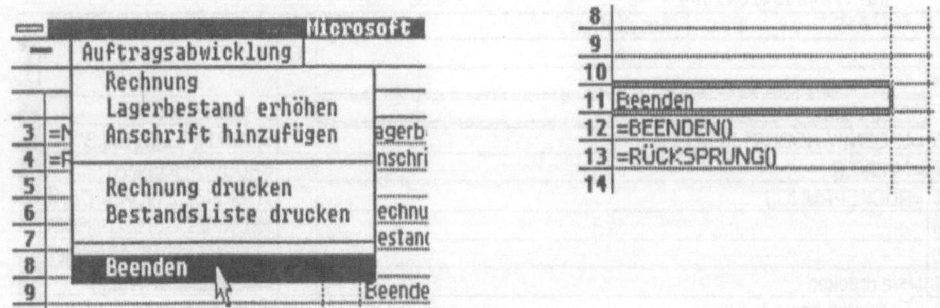

Menü und Makro zum Beenden der Auftragsabwicklung

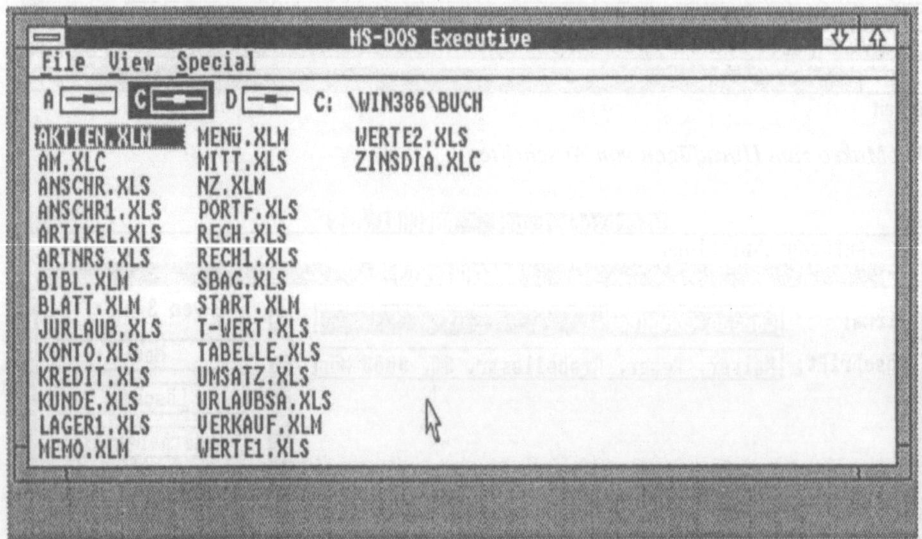

Inhaltsverzeichnis nach dem Befehl "Beenden"

Anhand dieser kurzen Darstellung werden sicherlich die verschiedenen Möglichkeiten von Excel deutlich, mit denen man eigene Anwendungen erstellen kann. Dabei können bis zu 15 verschiedene Menüleisten miteinander kombiniert werden, sodaß auch komplexere Vorgänge mit Excel abgewickelt werden können.

5.6.1 Arbeiten mit der Begleitdiskette

Starten Sie Ihren Computer entweder mit Windows oder direkt mit Excel. Wenn Sie sich in Excel befinden, wählen Sie "Laden" aus dem Menü "Datei". Legen Sie die Begleitdiskette in das eingebaute Laufwerk Ihres Computers ein und wählen Sie das Verzeichnis des eingebauten Laufwerkes aus. Öffnen Sie nun das Dokument mit dem Namen MENÜ.XLS. Das Modell wird geladen und erscheint auf Ihrem Bildschirm.

Sie haben keinen weiteren Einfluß auf die Artikelverwaltung, da das Menü in sich abgeschlossen ist. Falls Sie jedoch Eingriffsmöglichkeiten suchen, ist es möglich, den Makrobefehl im Makro "Beenden" durch den Befehl

MENÜLEISTE.ZEIGEN(1)

zu ersetzen. Wenn Sie danach mit Hilfe des Systemmenüs Excel beenden, bestätigen Sie, daß die Änderungen abgespeichert werden sollen.

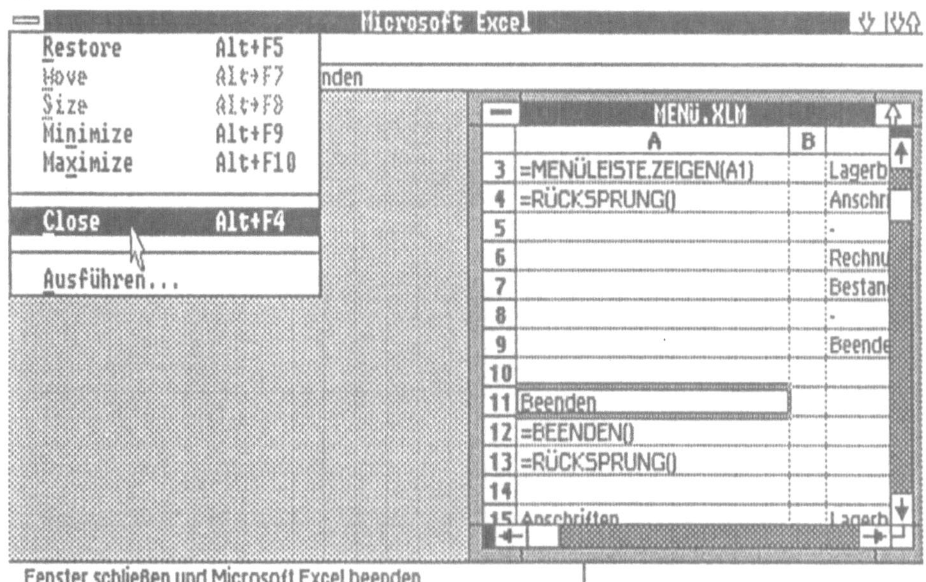

Beendigung von Excel über das Systemmenü

Rufen Sie dann MENÜ.XLM ein zweites Mal auf, und wählen Sie nun unter dem Menü "Auftragsabwicklung" den Befehl "Beenden" an. Nun werden wieder die ursprünglichen Menüs und Befehle am Bildschirm sichtbar. Sie können entsprechende Änderungen vornehmen, z. B. das Arbeitsblatt verbergen oder einzelne Makros ändern.

Sachwortverzeichnis